KB169238

전쟁 기획자들

전쟁 기획자들

불가능한 시장을 만들어낸 사람들 　서영교 지음

BRAIN OF
WARS

글항아리

이 책은 급격히 변화하고 있는 국제정세와 연관된 시장의 각축을 상세히 다루고 있다. 이 책은 크게는 국가 간의 전쟁부터 작게는 보이지 않는 조직 간의 음모와 테러 등에 시장이 원인을 제공하거나 혹은 시장이 전쟁의 성격을 규정짓는 메커니즘으로 기능하는 측면을 정확히 드러내고 있다. 저자는 20세기 냉전의 시대를 역사에서 아주 짧았던 특수한 이념 분출의 기간으로 규정짓고, 긴 역사의 흐름에서 볼 때 냉전 이후 도래한 무한 이윤의 시대는 특이한 것이 아니라 오히려 제 위치를 찾은 것으로 보고 있다.

하지만 우리의 사고가 20세기의 강력한 경험적 주술에서 빠져나오지 못하고, 여전히 냉전의 시각으로 전쟁을 바라보고 있다는 저자의 지적은 매우 경청할 만한 것이다. 서문에서 밝혔듯 6·25와 베트남전 등을 거치면서도 한 번도 자신의 돈으로 전쟁을 치러보지 못했던 우리의 경험이 전쟁과 시장의 관계를 고려하지 못하게 했다는 저자의 시각이 예리하다.

인간은 역사를 만들어가지만, 언제나 변화된 상황을 정확히 인지하고 역사를 만들어가는 것은 아니다. 인간은 스스로 선택한 환경 속에서가 아니라 과거에 이미 존재했던 상황의 기억 속에서 역사를 만들어가는 것이 아닌가 하는 생각을 해본다. 과거 세대의 시대상이라는 망령이 현재 살아 있는 사람들의 머리를 짓누르고 있기 때문이다.

우리는 여기서 새로운 언어를 배우기 시작한 초보자는 항상 외국어를 모국어로 번역한다고 한 마르크스의 지적을 상기할 필요가 있다. 그에 의하면 새 언어를 사용할 때 모국어를 떠올림 없이 그 언어 속에서 나름대로 길을 찾고 자신의 모국어를 망각할 정도가 될 때에만 그는 새로운 언어의 정신에 동화되고, 그래서 그 언어로 자신을 자유롭게 표현할 수 있게 된다고 한다.

저자와 나는 대전대 군사연구원에서 연구프로젝트로 인연을 맺었다. 군사연구원은 설립 7년째를 맞아 이제 지식대중 사회로 그간의 연구를 확장해나가는 중이다. 전쟁을 시장의 시각에서 바라본 이 책은 군사학에 대한 대중들의 관심을 고양시킬 것으로 여겨지며, 경제상황이 급변하는 현재의 시점에 군에도 많은 시사점을 줄 것이라 믿는다.

이강언
대전대 군사학과 교수·군사연구원장

『전쟁기획자들』초판을 낸 지 6년이 흘렀다. 필자는 그동안 미 제국이 우리에게 어떠한 존재인가 여러 각도로 더 생각했다. 미국은 달러를 전 세계에 통용시키면서 먹고 사는 나라다. 발행한 달러의 75퍼센트는 미국에 들어오지 않고, 해외에서 순환한다. 미국은 달러를 찍어낼 때마다 그 75퍼센트만큼 해외에서 공짜 쇼핑을 하는 셈이다.

강력한 군사력을 가진 미국은 이렇게 달러라는 화폐를 통해 세계를 착취한다. 대한민국은 미국에게 착취당하는 존재인가? 확실히 한국의 공업 생산력과 달러 보유고 그리고 여기에 발을 딛고 선 원화는 미국의 달러화를 받쳐주는 강력한 기둥이다. 그렇다면 현재 대한민국의 번영은 어떻게 설명할 수 있을까.

미국 달러화의 붕괴가 우리에게 더 나은 미래를 약속해줄까? 필자는 감히 아니라고 결론을 내렸다. 미 달러의 우위를 지켜낸 것은 미 항공모함과 F21 전투기였다. 이는 도박하우스에서 가장 주먹이 센 조폭이 발행한 칩을 사용해야 한다는 규칙과 다르지 않다. 미국은 석유 대금으로 유로화를 받겠다고 선언한 사담 후세인을 잡아서 기어코 사형에 처했다. 다른 곳에서 발행한 칩을 사용하면 죽이겠다고, 전 세계에 경고했던 것이다.

미 제국을 도박하우스의 주인으로 비유하면 우리와 그들을 입장을 보다 선명하게 볼 수 있다. 하우스 주인인 미국은 도박장 내부에 소란이 발생하면 언제든지 무력으로 진압할 수 있도록 경비들을 대기시켜두었다. 물론 하우스 외부도 철저히 경계하고 있다. 또한 그 내부에는 '쩐주'도 있다. 도박에서 진 사람들이 재기하고자 할 때에 이들은 담보를 잡고 고리로 돈을 빌려주면서 여러 가지를 요구한다. IMF와 같은 세계은행이 그들이다. 모든 사람은 도박을 할 때 자신의 현금을 달러, 즉 주인이 발행한 칩으로 바꾸어야 한다. 도박판이 바뀔 때마다 주인은 세금(데라)을 뗀다. 때문에 주인은 도박판이 멈추지 않고 계속 잘 돌아가기를 원하며, 평화를 갈망한다. 그래야 더 많은 사람이 하우스에 와서 도박을 하고 주인은 더 많은 세금을 거둘 수 있다. 도박장 내부를 지킬 주먹들과 외부의 경비를 계속 보충해가면서 이런 상황을 지속시키려 하는 것도 이 때문이다.

지금까지 필자는 세계무역을 도박으로 비유했다. 세계에서 생산되는 모든 화폐와 상품은 달러를 기준으로 교환되거나 달러로 거래된다. 특히 모든 나라가 소비하는 석유 거래는 철저히 달러로만 이루어진다. 미국은 이러한 '룰'을 위해 이라크와 아프가니스탄에서 알카에다와 전쟁하는 데 수조 달러를 쏟아 부었고, 지금 시리아 IS와도 같은 일을 벌일 가능성이 있다. 해외에 파병할 때마다 미국은 그것이 자유를 지키기 위해 치르는 희생이라고 말한다. 우리는 여기서 말하는 자유를 인간의 자유로 착각해서는 안 된다. 이는 달러를 기축으로 하는 자본 이동의 자유를 의미한다.

대한민국은 도박하우스에서 유능한 도박사 가운데 하나다. 주인에게 세금을 내고도 돈을 많이 따서, 먹고살고 번영을 누린다. 세계 최대의 무역대국인 독일과 견줄 수준은 되지 못하지만 그에 버금가는 중국과의 무역으로 한 해에 1000억 달러 정도를 벌고 있다. 그 돈으로 석유를 구입하고 식량을 산다.

우리는 한때 일본이라는 도박사에게 다른 곳에서 번 돈을 다 주다시피 한 적이 있다. 일본에서 부품을 수입해 미국과 유럽에 완제품을 만들어 수출을 해야 했던 무역 구조 때문이었다. 하지만 시간이 지나고 디지털 혁명이 일어나면서 판도가 바뀌었다. 여전히 일본에 의존하는 분야도 있지만 그 반대의 경우도 늘어나고 있으며, 이제 세계 최대 무역국 가운데 하나인 중국이 미국과 유럽에 완제품을 수출하기 위해 한국에서 부품을 수입해야 하는 무역 구조가 만들어졌다. 영원하지는 않겠지만, 아직까지 미국 달러화 체제의 최대 수혜국 가운데 하나는 한국이다.

2014년 9월
서영교

왜 전쟁과 시장인가
─시장은 전쟁을 배태하는 자궁이다

그는 가장 위대한 고구려인이었다. 정복 군주였던 그는 391년 18세에 왕위에 올라 413년 40세에 세상을 떠날 때까지 전쟁을 지속했다. 내몽골에서 낙동강까지 그 먼 거리를 오가며 그러했다는 것은 해골의 입이 벌어질 만한 이야기다.

한국의 어두운 근·현대 역사는 고대사를 바라보는 시각에 큰 영향을 주었다. 현재 우리의 좁은 영토는 과거 넓은 영토를 바라보게 했고, 나약한 근현대의 한국인들은 강력한 고대의 군주를 회상하게 했다. 필자의 뇌리에서 위대한 정복 군주 광개토왕을 떠올리게 한 것도 이와 무관하지 않다.

그는 결국 과로사 했다. 현재 필자의 관심은 그의 위대한 승리에 있는 것이 아니다. 22년 동안 전쟁을 지속하려면 상상도 하지 못할 정도의 재화와 돈이 소모된다. 광개토왕은 그 많은 전비를 어떻게 충당할 수 있었을까? 이 책은 이러한 의문에서 시작되었다.

그가 고구려인들의 애국심에 호소했다는 것을 상상해볼 수도 있다. 하지만 고구려의 무장들이 순전히 그것 때문에 거의 한 세대 동안이나 대왕을 묵묵히 따라주었을까? 결코 그렇게는 생각하지 않는다. 전쟁을 지속하게 하는 원동력은 무엇인가? 그는 수지맞는 전쟁을 했고, 지나친 출혈을 피했던 것은 아닐까?

우리는 지금까지 냉전의 관점으로 고대를 이해한 것 같다. 냉전은 인류의 역사에서 아주 짧은 특수한 시기였을 뿐이다. 그것이 절정에 다다랐을 때 한반도에서 터진 6·25 전쟁은 미국의 전폭적인 원조를 받아 수행되었다. 재정적으로 한정해보았을 때 우리는 공짜 전쟁을 했다.

이로부터 14년 후 베트남 전쟁의 수렁에 빠진 미국은 우방인 우리에게 손을 내밀었고, 한국은 기꺼이 전쟁에 참여했다. 많은 젊은이들이 피를 흘렸다. 참전 연인원 32만5517명 중 사망자 5099명, 부상자 1만1232명에 이르렀다(1965~73년). 미국은 그 대가를 돈으로 우리에게 지불했다. 1966년 파월 장병이 국내로 송금한 직접 수입액은 1억7830만 달러였다. 월남 파병 동안 베트남에 수출과 군납, 용역 및 건설로 민간 파월 기술자가 국내로 송금한 수입액은 6억9420만 달러였다. 당시 국내 총 외화 획득의 80퍼센트가 되는 큰돈이었다. 베트남 전쟁에서도 우리는 전비를 투입한 것이 아니라 미국으로부터 참전의 대가를 받아냈다.

현대사에서 한국은 돈을 지불하고 전쟁을 수행한 경험이 없다. 따라서 우리는 광개토왕이 넓혀놓은 땅의 규모에만 주목했고, 그가 22년간 쏟아 부었던 막대한 전쟁 비용에 무감각할 수밖에 없었다. 이 책이 광개토왕의 전쟁을 주제로 한 것은 결코 아니다. 하지만 그의 존재는 다음과 같은 것을 말해준다. 고대에도 전쟁은 소모적이었지만 승리는 그 이상의 막대한 이익을 안겨주는 그런 것이었다는 것을 말이다. 그렇지 않고서 그의 전쟁이 그토록 오래 지속될 수는 없었을 것이다.

다소 극단적이지만 독자들의 이해를 위해 한 가지 예를 들어보겠다. 콜롬비아의 마약 카르텔은 정부군과 당당히 전쟁을 수행했고, 현재도 지속하고 있다. 마약 카르텔은 너무나 거대한 규모여서 국가의 면모를 보일 때도 있다. 정부의 집요한 공격으로 지배적인 마약 조직이 전복되었다고 해도 반드시 새로운 조직이 등장해 그 자리를 차지한다.

미국 정부는 콜롬비아를 포함한 남미 마약 조직의 근절에 상당한 비용을 지불하고 있다. 남미 각국의 중앙정부에 원조를 하고 나아가 사설 용병회사들에게도 돈을 대고 있다. 하지만 마약 조직은 결코 근절되지 않는다.

마약 조직의 불가사의한 영속성의 비밀은 무엇일까? 그것은 미국의 거대한 마약 시장에서 기원한 것이다. 남미의 마약 조직은 미국에 마약을 판매하고 그 수익으로 무장을 하고 조직을 정비·확장하고 전쟁을 수행하고 있다. 미국에서 마약에 대한 수요가 있는 한 그들은 계속 자신을 보호하고 조직을 팽창시키기 위해 전쟁을 수행할 수 있다. 마약 전쟁은 마약 시장이 존재하는 한 영원할 수 있다.

현재 아프가니스탄에서 미국과 캐나다, 프랑스, 영국 등과 전쟁을 하고 있는 탈레반도 마찬가지이다. 탈레반은 전쟁 비용을 외부의 어떠한 세력에게도 원조받기 힘들다. 하지만 아프간은 세계 아편의 90퍼센트를 생산하고 있다. 아프간의 많은 농민들이 아편을 재배하고 있는 이유는 곡물보다 4배의 수익을 보장해주기 때문이다. 탈레반은 아편을 헤로인으로 정제해 세계 마약 조직을 통해 미국과 유럽에 판매하여 전비를 마련하고, 마약을 구입해준 그 나라와 전쟁을 한다. 전쟁이 시장이란 자궁에서 배태되었을 때 그것은 영원히 죽지 않는 괴물이 된다. 또한 그 전쟁을 이끄는 '전쟁두뇌'들은 우리가 생각하는 것 이상으로 민활하고 창조적이다. 그들은 불가능한 시장을 만들어 시장의 주인이 된 자들이다. 시장의 판을 교체해서 승리하는 사람들의 사유방식이 궁금한 분들은 이 책에서 많은 도움을 받을 수 있을 것이다.

이 책의 글들은 지난 1년간 국제신문에 연재된 것을 대폭 수정·보완한 것이다. 시장이라는 자궁에서 전쟁이 태어나는 모습을 동서양의 전쟁사를 통해 보여주고자 했다. 또한 이데올로기 대립이 끝난 이후 지속되는 현재의 전쟁이 과거의 전쟁과 어떤 메커니즘을 공유하는지 살펴보고자 했다. 지난 10년간 전쟁 연구에 시간을 바쳐왔지만, 그것을 시장이라는 새로운 주제와 연관시키기 위해 나는 또 수많은 자료더미 속에서 헤매야 했다. 도서관에서 살다시피 한 지난 1년은 나에게 행복과 고통을 동시에 안겨주었다. 그 시간은 앞으로도 상당히 오래 지속될 것 같다. 책이 나올 수 있도록 귀한 지면을 제공해준 국제신문에 고마움을 전한다.

2008년 10월
서영교 씀

추천사 • 4
개정판 머리말 • 6
머리말 • 9

제1부 치열한 격전지

01 대의를 위한 전쟁은 없다 _ 이라크 유전과 가야의 철 • 17 ㅣ 02 누가 군대를 국가주의의 화신이라 일컫는가 _ 이라크의 미군 용병과 고구려의 유목민 용병 • 33 ㅣ 03 다이아몬드의 핏물은 빠지지않는다, 수요가 있는 한 _ 전쟁 기획자들 • 42 ㅣ 04 시장, 전쟁을 도발하거나 억지하거나 _ 미국의 딜레마와 수 제국의 참패 • 50 ㅣ 05 빈 라덴이 원한 것, 미 경제를 수렁으로 끌어들일 전쟁 _ 혈우병 환자 미국 • 62

제2부 달러의 그늘

06 무기를 팔 때는 분쟁국의 요구에 맞춰라 _ 무기산업의 악마적인 매력 • 73 ㅣ 07 자본은 정치를 움직이고 이권은 반란을 획책한다 _ 자본가의 국제정치 • 82 ㅣ 08 비단은 '사용가치'라도 있지만 달러는? _ 중국의 비단과 미국의 달러 • 93 ㅣ 09 방탕한 왕자들, 뇌물을 좇아 세계 시장을 누비다 _ 고려 충혜왕과 사우디 왕자들 • 105 ㅣ 10 패권화폐 그 허망한 영광을 경계하라 _ 화폐폭탄, 달러 • 113 ㅣ 11 제국의 번영은 '물고 물리는' 대가를 치른다 _ 미 제국과 당 제국 • 121 ㅣ 12 공포가 만들어낸 '기이한 공생' _ 미 재무부 채권과 남송의 세폐 • 130

제3부 먹거리 시장 쟁탈전

13 탐욕으로 왜곡된 시장, 기아와 폭동의 원흉 _ 곡물전쟁 · 139 | 14 사실은 거란에 농락당한 서희의 담판 _ 거란이 만든 1000년 전 WTO · 147 | 15 사료 값 폭등과 시장 개방의 이중고 어떻게 넘을까 _ 고기와 곡물 · 157 | 16 고구려 장수왕의 몽골 개척이 식량무기 시대의 해법이다 _ 해외 식량기지-할흐골과 지두우 · 165

제4부 시장 속의 군주

17 시장 창출로 '전비戰費'를 마련하라 _ 광개토왕과 정주영 회장 · 177 | 18 시장의 붕괴는 '분열 왕조'의 몰락을 재촉했다 _ 고구려와 현대 재벌 · 194 | 19 한국과 신라는 어떻게 확대재생산의 길로 들어섰나 _ 장보고와 이병철 · 208 | 20 해외에서 구축한 재력 기반으로 모국서도 '소왕국' 건설 _ 장보고와 신격호 · 216 | 21 판단은 빨랐고 결정은 냉혹했다 _ 고구려 장수왕과 이건희 회장 · 224 | 22 "시장에 대한 권력의 지나친 개입은 독입니다" _ CEO 출신 국왕과 대통령 · 233 | 23 과도한 해외투자 · 영토 확장 예측 불허 변수에 무너지다 _ 김우중과 의자왕 · 242 | 24 절대권력, 세계화 앞에 무력했다 _ 최충헌과 수하르토 · 251 | 25 참혹한 상처의 대가로 경제 도약을 얻다 _ 박정희와 고려 원종의 파병 · 260

제5부 자유 시장의 본질, 선량한 사기

26 낙랑 통해 신문물 흡수한 고구려의 실용정신 _ 낙랑 PX와 미군 PX · 271 | 27 철저한 '정복' 위해 철저한 '자유' 허용 _ 홍콩과 낙랑의 자유경제 · 280 | 28 반시장적 금기법은 악을 잉태한다 _ 황소와 알 카포네 · 288 | 29 감언이설로 타국을 기만한 희대의 사기극 _ 일왕을 속인 신라 왕자 · 296 | 30 불합리한 탕진의 놀라운 생산성 _ 일본 황제와 신라 신문왕 결혼식 · 310 | 31 한국과 티베트, 중국의 양끝에서 수천 년 시소 타기 _ 멈추지 않는 역사의 수레바퀴 · 319 | 32 좁은 국내시장이 배태한 비극 _ 전쟁 수요와 이민자 입대 · 327 | 33 애국했지만 죄인이 된 사람들 _ 로버트 김과 신라인 우로 · 338 | 34 무엇이든 받아들이는 자가 승리한다 _ 제국의 약탈 항해의 시대 · 351

참고문헌 · 364

제1부

치열한 격전지

BRAIN OF WARS

대의를 위한
전쟁은 없다

"쿠르드 지방정부와 한국 기업들이 맺은 원유 관련 계약은 불법입니다. 파기하지 않으면 석유 공급을 중단하겠습니다."(2008년 1월)

한국에 대한 이라크 중앙정부의 항의는 이러했다. SK에너지에 대한 이라크의 원유 수출이 중단되었다.

한국석유공사는 2008년 2월 14일 서울 신라호텔에서 쿠르드 지방정부 대표단과 양해각서를 체결했다. 이때 확보된 유전은 최소 15억 배럴에서 최대 20억 배럴로 추산된다. 하지만 이라크 중앙정부가 인정하지 않은 이 사업이 제대로 진행될지는 미지수이다. 그동안 쿠르드 지방정부는 자치권 획득의 핵심인 석유 자원을 손에 넣으려고 중앙정부의 견제에도 불구하고, 외국 기업들과 독자적인 유전개발 계약을 연이어 맺어 왔다. 쿠르드 유전 개발에 뛰어든 영국 BP 사와 오스트리아 OMV 사도 이라크 중앙정부의 경고를 받았다.

이라크 유전 개발 놓고 강대국 각축전

세계 석유업계는 이라크에서 '유전개발 대전大戰'을 준비하고 있다. 경쟁은 벌써부터 시작됐다. 세계 굴지의 70여 개 석유업체가 2008년 2월 18일 마감한 유전개발 사업에 참여하겠다는 투자 제안서를 이라크 중앙정부에 접수했다. 우리나라뿐만 아니라 외국 기업들은 이라크 정부와 쿠르드 지방정부 간의 대립으로 선택의 갈림길에 서 있다. 세계의 석유 기업들은 '눈앞의 이익이냐 아니면 미래를 볼 것이냐'를 놓고 딜레마에 빠진 셈이다.

이라크 사마라 지역을 통과하는 송유관이 무장세력의 공격을 받아 불타고 있는 가운데 이라크 병사가 그 앞에서 보초를 서고 있다 (2005년 10월 19일). 이라크가 보유한 막대한 원유는 부를 보장하는 신의 축복이자 전쟁을 유발시키는 저주이기도 하다.

이라크 중앙정부에 막강한 영향력을 행사하고 있는 미국은 쿠르드의 독자 행동이 못마땅하다는 입장이다. 미국 국무부는 2007년 9월 세계 메이저 석유회사에 이라크 중앙정부의 허락 없이 쿠르드와 별도 계약을 하지 말라는 지침을 통보하기도 했다. 후세인 정권을 붕괴시킨 부시 행정부에게 이라크 유전은 '전리품'이기 때문이다.

이라크는 석유라는 바다에 둥둥 떠다니고 있다. 확인된 원유 매장량은 1150억 배럴(10.5퍼센트)로 사우디아라비아(2627억 배럴)와 이란(1360억 배럴)에 이어 세계 3위이다. 하지만 이라크의 원유 매장 추정치는 2150억~4320억 배럴이나 된다. 더욱 매력적인 것은 원유를 퍼올릴 수 있는 가채 연수가 115년으로 세계 최장이며, 원유가 지표면으로부터 낮게 묻혀 있어 개발 비용이 적게 들고 질도 좋다. 1달러면 원유 1배럴을 생산할 수 있다. 유엔의 이라크 위임 기간이 올해 말로 만료된다. 미국은 이후에도 계속 이라크에 자국의 군대가 주둔할 수 있도록 중앙정부와 협정을 맺을 계획이다.

문제는 중국이 석유를 대량 소비하면서 시작되었다. 세계의 석유 공급량이 점차 빠듯해지자 미국은 그동안 잠가두었던 이라크의 석유 꼭지를 다시 열어야 했다. 사담 후세인이 권좌에 있는 상황에서 이라크에 대한 석유 금수 조치를 해제한다는 것은 위험한 일이었다. 후세인이 막대한 부를 거머쥔다는 것은 무엇을 의미하겠는가? 9·11 사태가 터지자 전쟁을 벌일 빌미를 잡았다. 미국은 이라크를 점령하고 사담 후세인을 처형했다. 중국은 전근대 시대에 세계 최대 부국의 자리를 지켜왔다. 중국의 정세 변화는 주변 나라에 곧바로 파급되었다.

기원후 3세기 초 후한이 붕괴되면서 황건적의 반란이 일어났다. 한나라는 극심한 혼란에 빠졌고, 그 와중에 철 산업이 철저히 파괴되었다. 철의 품귀 현상은 한반도에 중국인들이 건설해놓은 낙랑군에 파급되었다. 본국으로부터 철이 들어오지 않자, 낙랑인들은 철광산을 찾기 위해 한반도 전역을 탐사했고, 낙동강 중·하류에서 철광산이 터졌다. 낙동강 하구에 위치한 김해가야에 철이 집산되었고, 시장에서 철덩어리가 화폐로 활용되었다. 가야 여러 나라의 철은 일본열도에 있는 수많은 나라들과 한반도 남부의 삼한지역 나아가 낙랑과 대방으로 수출되었다 (『삼국지』).

고구려에 쫓긴 백제는 왜에 도움 요청

397년 광개토왕의 등장 이후 고구려에 밀려 많은 영토를 상실한 백제 왕이 왜에 자신의 아들을 보내 도움을 청했다.

"우리가 가야지역에 가지고 있던 이권을 양도할 터이니 일단 고구려에 붙어 있는 신라를 치시오."

400년 신라의 해안이었다. 푸르른 바다 수평선 너머에 뭔가 검은 점들이 보이기 시작했다. 그리고 그 점들의 면적이 넓어지다가 바다를 새까맣게 뒤덮었다. 왜군의 선단이었다. 왜의 대군이 상륙해 신라 왕경을 향해 진군해왔다. 노도처럼 난입한 왜군은 순식간에 양산 일대를 제압한다.

전령이 도착해 신라 왕에게 보고했다.

"양산에 있는 거점 성들은 모두 적들의 마구간으로 변했습니다. 장군들이 병사들의 질서를 잡으려고 노력했습니다만, 왜군들의 기세에 눌려 어떻게 할 수도 없었습니다. 주민들 가운데 몸값이 될 만한 사람들은 다 포로가 되고, 그렇지 않거나 조금이라도 반항하는 자는 살해되었습니다."

상황이 다급해지자 내물왕은 북쪽에 사신을 보냈다. 신라가 이렇게 고구려에 군사 요청을 할 수 있었던 것은 전부터 관계가 있었기 때문이다. 내물왕은 인질(실성)을 보내 고구려와 굳게 손을 잡고 있었다. 그는 신라 역사상 드물게 47년을 재위에 있었던 장수한 왕으로 고구려와의 관계 강화에 일생을 바쳤다. 당시 신라는 고구려를 통해 중국과 최초로 접촉할 수 있었다. 377년 봄 내물왕이 보낸 신라 사절이 고구려 사신과 함께 중국 전진前秦의 부견을 만났다. 내물왕은 중국의 기록에 자신의 이름을 남긴 최초의 신라 왕이었다.

광개토왕은 평양에서 내물왕이 보낸 신라 사신을 만났다.

"왜군이 신라의 성들을 함락시키고 우리 신라인들을 그들의 노예로 삼으려 합니다. 우리 신라는 왕께 귀의하여 구원을 요청합니다."

광개토왕이 말했다.

"가야·백제가 왜와 손을 잡았다는 정보는 들었소. 그런데 왜국이라는 나라는 도대체 어떠한 존재요? 한 명의 왕이 나라 전체를 통치하고 있는 것 같지는 않은데 말이요."

신라 사신이 대답했다.

"일본열도는 우리가 생각하는 것보다 광활합니다. 온난하고 따뜻하며, 지진은 많으나 화산재가 지속적으로 떨어져 토질이 아주 좋습니다. 생산되는 것도 풍부하고, 인구도 생각 이상으로 많습니다. 그 넓이는 현

낙동강 동부에 국한된 신라 영토의 수십 배 이상입니다. 물론 나라도 셀수 없이 많습니다. 오사카 바로 위에 있는 나라분지에 왜국을 대표하고 있는 왕이 있다고 합니다. 그 정권을 대왜大倭라고 하는데 그들은 대화大和(야마토)라고 부르고 있지요. 하지만 그 왕조차도 오사카 동북지역 여러 호족의 대표에 불과합니다. 그러니 그 서남의 오카야마나 구주지역에 대한 직접적인 통제는 할 수 없다고 보시면 됩니다."

"그러면 어떻게 해서 나라분지에 있는 왜왕이 일본열도 전체를 상징하는 그러한 존재가 되었소?"

"한반도와 가까운 구주 중심으로 생각을 하면 이해하기가 어렵습니다. 나라분지 북쪽에도 광활한 땅이 펼쳐지는데 그곳에도 많은 나라가 있습니다. 땅 자체로 보면 남쪽보다 훨씬 큽니다. 그곳에서 생산되는 물자도 무시할 수 없을 정도로 많습니다. 큐슈, 오카야마, 시코쿠 등 일본 서남지방에서 생산되는 물품이 일본 내해를 통해 오사카에 집결되어 나라분지로 들어가고 동북지역에서 생산되는 것이 나라에 들어옵니다. 나라분지에 있는 호족들이 부유해진 것은 이 때문이고 그들의 수장이 일본 전체를 대표하는 것처럼 되어버린 것이지요. 왜왕은 서남쪽에 있는 나라들에게 동북쪽에서 생산되는 물품을 통제할 수 있는 권한이 있지요. 그것이 그를 왕으로 만들었습니다."

일본은 왜 신라를 침략했는가

"그들의 군대는 우리 고구려처럼 일괄된 중앙의 통제에 따르는 것은 아니라고 들었는데?"

"예, 그러합니다. 일본열도에 있는 여러 호족들이 각기 차출하는 군대입니다."

"그렇다면 그들이 왜 한꺼번에 가야지역에 상륙해 신라를 칠 수 있다는 것이요?"

"가야지역에서 생산되는 철鐵 때문입니다. 철은 일본에서 아직 생산되지 않고 있습니다. 나라분지의 왜왕도 가야에서 생산되는 것에 의존하고 있습니다."

"과인도 백제가 그들을 끌어들일 수 있었던 것이 철이라 들었소만."

"이야기는 낙랑군이 존재했던 313년 이전 시기로 거슬러 올라갑니다. 후한 말 황건적의 반란이 중국 대륙 대부분을 휩쓸어 무정부 상태에 빠졌습니다. 이 과정에서 중국은 철 산업이 완전히 파괴되었습니다. 무정부 상태가 정리되고 위 · 촉 · 오의 삼국지 시대가 도래했습니다. 중국 대륙의 3개 나라는 중원의 패권을 놓고 끊임없이 전쟁을 했습니다. 철이 절대적으로 부족하게 되었습니다. 철의 가격이 천정부지로 오르고 중국에서 낙랑으로 철이 들어오지 않게 되었지요. 낙랑 상인들이 한반도 곳곳을 뒤지게 되었고, 낙동강 유역에서 철광산을 발견했습니다. 그 뒤 가야지방의 철은 낙랑과 대방, 그리고 일본

가야지역에서 생산된 철로 만든 갑옷.

열도로 수출되기 시작했습니다. 가야지역의 시장에서는 지금도 철덩어리를 화폐처럼 사용하고 있지요."

"과인이 듣기로 철을 매개로 한 교역이 금관가야를 중심으로 이루어지고 있다고 하던데?"

"폐하! 낙동강 유역 가야의 여러 나라 가운데 중심적인 역할을 하는 곳은 김해의 금관가야입니다. 낙동강 하구에 위치한 곳이지요. 철을 비롯하여 낙동강 각 지역에서 생산된 물품은 금관가야에 집결됩니다. 동시에 백제의 영향 아래에 있는 서남해안과 그 내륙에서 생산되는 각 지역의 물품이 강과 바다를 통해 금관가야에 집중되고, 그곳에서 다시 낙동강을 통해 내륙의 각 지역에 유통됩니다. 금관가야에서 철 생산량은 풍부합니다. 하지만 중요한 것은 수로를 통해 그곳에 집중되어 가격이 결정된다는 점입니다. 금관가야의 시장에서 가야지역의 각 나라는 일본열도의 수많은 호족들과 교역했습니다. 일본 호족들도 각자 그들과 교역했고요. 통제란 것은 없었습니다. 다만 일정한 세금만 금관가야에 내면 됩니다."

광개토왕이 자신의 참모에게 물었다.

"신라가 왜인들의 공격을 받는 이유는 대충 알겠소만 좀 상세히 말해 보시오."

"신라는 지금 경주지역을 중심으로 하여 강력한 세력이 존재하고 있습니다. 그들은 수백 년 전부터 큐슈에 있는 왜의 호족들로부터 지속적인 공격을 받았고, 질기게 버텨 이제 완전히 자리를 잡았습니다. 그러더니 주변 소국에 대하여 힘을 뻗치기 시작했고, 결국 여러 소국들이 그 지배 아래에 들어가게 되었습니다. 그들의 힘이 철이 생산되는 낙동강 유역 가야의 소국들에게까지 뻗치고 있습니다. 신라에 철 수요가 증가하자 금관가야에 집산되는 철의 양이 줄었고, 가격을 상승시켰습니다. 철을 생산하고 판매하는 가야의 국가들과 그것을 구입해야 하는 일본열도의 여러 호족들이 막대한 피해를 보게 되었습니다. 그들이 신라를 침공하는 것도 이 때문입니다."

"신라에 들어와 있는 왜군을 격파하고 그들을 가야지역에서 일소하려면 막대한 병력과 군량이 소요되는데, 이 전쟁을 수행해 승리한다면 그 이상의 이익이 돌아올 수 있을 것 같소?"

"폐하! 가야의 철을 장악하고 그 유통권이 우리 손에 들어온다면, 우리가 철의 가격 결정권을 가지게 되고, 가야의 철에 의존하고 있는 신라는 물론이고 일본열도에 있는 수많은 나라들의 목줄을 쥐게 되는 것이지요. 그들은 우리가 철을 주지 않는다면 무기와 농기구를 제대로 만들수 없습니다. 철이라는 자원을 무기화하여 그들에게 많은 요구를 할 수있습니다. 가령 우리가 흉년이 들어 곡물이 모자라면 곡물을 많이 가져오라고 할 수 있습니다. 비단, 솜, 실도 마찬가지입니다. 왜국에는 특히 비단의 재료인 누에고치가 많이 생산되고 있습니다. 그것을 풀어서 솜으로 만들 수도 있고, 물레를 돌려 비단실을 뽑아낼 수도 있습니다. 솜은 군사들이 북방에서 작전을 수행할 때 입을 방한복의 재료가 됩니다. 비단은 바로 국제적 화폐로도 사용할 수 있습니다. 장기적으로 막대한 이익이 되는 전쟁이라고 생각됩니다."

"과인이 5년 전 충주지역을 점령하고 그곳에 국원성을 건설해 남쪽 진출을 위한 교두보를 만들었소. 거기에는 여분의 식량과 병력이 항상 있지요. 하지만 이번 작전에는 5만 이상의 병력을 동원해야 할지도 모르오. 그 병력이 먹을 군량과 보급품을 지고 소백산맥을 넘는 것은 한계가 있소. 확실히 그것은 우리가 낙동강 중상류에서 작전을 펼 수 있는 기간을 제약하고 있어요."

"예, 그러합니다. 낙동강 하구 부근인 양산에 물금勿禁이란 곳이 있습니다. 그곳에서 강의 폭이 완전히 줄어들지요. 물금이란 지역의 이름도 내려오는 물을 막는다는 뜻입니다. 여름이 되어 비가 많이 내리면 강물이 불어나는데 물금에서 물이 상당량 막혀 낙동강 하류 수계 전체에 홍수가 일어납니다. 물금에서 역류하다시피 한 물은 남강 유역인 함안安羅까지 미치고 본류인 창녕까지 물바다로 만듭니다. 하지만 자연은 그 자신이 홍수를 만들어내지만 그것을 자체적으로 조절할 능력 또한 주지요. 그 주변의 광활한 저지대에는 자연 호수와 늪들이 산재하고 있습니다. 진창과 물은 기병이 주력인 우리 고구려 군대가 낙동강 유역에서 작전을 수행하는 데 큰 장애가 됩니다."

석양의 사천만.

"경은 남쪽으로 군대를 보내자고 하는데 대안이 있을 것 아니오?"

"예, 폐하. 신라 사신 양반, 어서 폐하에게 말씀을 올리시오."

고구려 군대, 뗏목을 타고 낙동강까지 내려오다

"낙동강 지역은 전체적으로 지대가 낮습니다. 뗏목과 배를 많이 이용하고 말로 보조를 하면 됩니다. 그것은 지금 회하 이남의 중국에서도 사용하고 있는 작전 패턴입니다. 폐하께서 잘 아시다시피 낙동강은 북쪽에서 남쪽으로 흐르고 있습니다. 충주의 국원성에서 소백산맥만 넘어서면 낙동강이 나오는데 그곳에서 뗏목과 배에 병력, 식량, 군수물자를 싣고 남쪽으로 흐르는 물을 타고 내려오면 됩니다. 뗏목과 배 위에는 방향을 잡는 현지인 사공이 배치됩니다. 그들은 출발 후 목적지까지 얼마나 시간이 걸리는지 정확히 알고 있지요. 고구려 군대는 강변을 따라 뗏목과 배와 함께 내려오면서 보급을 받으면 됩니다. 이미 우리 신라는 낙동강 상류지역의 사람들에게 방대한 물자를 수취하고 배를 징발하고 뗏목을 만들게 하고 있습니다. 신라는 낙동강의 수로를 이용해 고구려 군대에 지속적인 보급을 해줄 수 있습니다. 신라의 운명이 걸린 일이니 그렇게 할 수밖에요."

낙동강으로 병력 파병이 결정된 후 충주의 국원성에 병력과 물자가 집중되기 시작했다. 고구려 군대는 주로 현지에서 생산이 불가능한 보급품을 챙겼다. 소백산맥을 넘은 5만의 고구려 군대 가운데 기병이 먼저 신라의 왕경을 향했다. 시간이 지체되면 뒷북을 칠 수밖에 없다. 고구려 기병은 중간 중간 촌락에 들러 보급을 받았다. 남거성男居城에서 잠시 쉬었다. 왕경에서 파견된 관리가 촌락 사람들을 부려서 고구려군의 수발을 들게 했다. 도착하면 먼저 말에 염분이 있는 물을 주고 건초를 먹였다. 기병들은 보통 세 마리의 말을 끌고 왔다. 말이 지치면 바꾸어 타기 위해서였다. 그리고 말에서 내린 기병들을 먹였고, 갑옷 안의 더러워진 속옷을 벗기고 새 옷을 입혔다.

고구려 기병들이 신라의 왕경으로 향하고 있다는 소문이 벌써 왜군의 귀에 들어갔다. 약탈에 정신이 팔려 있었던 그들은 당황했다. 이제 화려한 축제가 끝이 나고 북쪽에서 내려온 무시무시한 백정들과 싸워야 한다. 왜군들도 백제를 통해 고구려 군대가 얼마나 야수 같고 거칠며, 동시에 규율이 잘 잡혀 있는지 알고 있었다. 왜인들은 한 사람의 지휘를 받는 군대가 아니었다. 그들 사이에도 사투리가 심해 의사소통이 쉽지 않을 정도였다. 여러 호족들이 각기 거느린 군대라 누구 하나가 통제할 수도 없었다. 약체인 신라인들에게 기세로 몰아붙였던 그들이었지만 고

고구려 무용총 사냥도. 고구려인들은 말을 타고 이동하면서 움직이는 짐승을 활로 쏘아 맞출 수 있었다. 사냥을 자주했던 그들에게 기사騎射 실력은 훈련이라기보다 생활 속에서 배양된 것이다.

구려 군대가 온다는 소식에 마음이 편치 않았다. 누구 하나 고구려 군대를 어떻게 막을 것인지에 대해 작전회의를 열자는 말도 없었다. 약탈한 물품을 가지고 고향으로 돌아가고 싶은 생각밖에 없었다.

왜군 부대들이 하나둘씩 신라의 왕경 부근에서 빠져나가기 시작했다. 그들의 목적지는 낙동강 유역에 있는 가야의 소국들이었다. 그곳에 가면 보급도 받을 수 있고, 늪이 많아 기병의 공격으로부터 안전할 거라 여겨졌다.

대열이 전혀 정비되지 않은 상태로 낙동강을 향했다. 고구려 기병이 도착하자 그들의 발걸음도 빨라졌다. 왜인들도 자신들의 고향에서 말을 탄 기병을 보았지만 말 위에서 활을 쏘거나 창을 휘두를 수 있는 기예는 없었다. 그들에게 말은 택시였다. 말을 타고 전장에 도착하면 말에서 내려 싸웠다. 당시 일본열도에는 심한 내전이 없었다. 그들끼리의 분쟁이 없을 수 없겠지만 후대 전국시대와 같은 장기적인 싸움은 없었다. 중세의 왜인들보다 고대의 왜인들은 상대적으로 덜 호전적이었다.

'말 탄 보병'만 보았던 그들은 북방의 기병을 보고 두려움에 사로잡혔다. 싸우기도 전에 이미 진 것이나 마찬가지였다. 도주하던 왜군들 중에 가장 뒤처지는 자들이 당했다. 바람처럼 달려와 활을 쏘는 고구려 기병 앞에서 왜군은 마치 혼란에 빠진 짐승 무리와 같았다. 왜인 사냥이 시작되었다. 우선 흩어진 왜군들을 몰아 다루기 쉬운 곳으로 갈라 넣고 측면으로 돌아서 뒤로 도망가지 못하게 했다. 그 우두머리를 고립시키고, 선택한 일부를 먼저 죽여 왜군의 무리가 한꺼번에 반항을 못 하게 했다.

그 뒤를 급히 추격하여 김해의 임나가라任那加羅(금관가야)의 종벌성從拔城에 도착했다. 아무도 저항하려고 하지 않았다. 성문이 곧바로 열렸다. 이 성은 고구려 군대가 가야지역을 공략하는 데 중요한 거점이 되었다.

이로써 왜군이 한반도 남부에서 일소되었고, 낙동강에서 바다로 나가는 출구인 김해가 고구려의 손에 떨어졌다. 한편 고구려 군대는 진주의 남강에서 가까운 바다인 사천만을 점령했고(곤양군), 만의 입구에 있는 창선도를 장악했다(『고려사』『동국여지승람』). 고구려는 가야의 철이 바다로 나갈 수 있는 두 개 수로의 출구(김해·사천)를 봉쇄했다. 가야의 철 시장이 고구려 손에 들어갔다.

남강은 사천만에서 지척의 거리이다.
사천만은 남강 때문에 바다의 창구가
되었다.

이라크 반군 기승에 국제 유가 앙등

석유 가격 급등의 직접적인 원인은 미국이 이라크 반군의 저항을 효과적으로 제압하지 못한 데에서 비롯되었다. 중국을 비롯한 러시아 · 브라질 · 인도 · 동유럽에서의 석유 소비가 급증하고 있는 가운데 이라크 내 치안 불안으로 석유 증산이 불투명했던 것이다.

하지만 최근 들어 치안이 점점 좋아지자 생산량이 크게 늘어나기 시작했다. 2008년 1월 원유 수출량은 하루 평균 200만 배럴에 육박했다. 2003년 전쟁 발발 이래 최고치였다. 2008년 말까지 하루 290만, 5년 후에는 600만 배럴로 확대할 계획이며, 2020년까지 800만 배럴 생산을 최종 목적으로 잡고 있다. 엑슨과 칼텍스를 비롯한 미국 석유회사들은 미국이 이라크를 완전히 장악하길 간절히 바라고 있다. 부시 행정부의 이라크 침공을 부추겼을 바로 그들이 최대의 수혜자가 될 수도 있다.

광개토왕도 신라와 가야에서 왜군을 일소하는 데 막대한 인력과 전비가 소요되는 것을 잘 알고 있었다. 하지만 가야를 장악하고 철 시장이 고구려 손에 들어오면, 가격에 대한 결정권을 가지게 된다. 나아가 백제와 신라는 물론이고 일본열도에 있는 수많은 나라들의 목줄을 잡을 것이었다. 교역에서 철을 무기화하여 그들에게 많은 요구를 할 수도 있었다.

전쟁에서 승리하면 예상 이익이 막대하다는 것을 절감한 그는 군대 투입을 결정했다. 그해(400년) 2월 요하 서쪽 후연의 공격을 받고 서북방의 영역을 상당히 상실했는데도(『삼국사기』) 광개토왕은 기수를 북으로 되돌리지 않았다. 대왕은 가야의 철 확보가 막대한 이익을 줄 것이고 향후 후연에 반격을 가하는 데 재원이 될 것이라고 판단했다.

두 사례가 우리에게 주는 메시지가 있다. 하나는 전쟁이 단순한 영토의 확장이라기보다 시장에서 유리한 고지를 점령하기 위한 작업의 일환이라는 점이다. 다른 하나는 시장 가격으로부터 자유로운 자는 거의 없다는 점이다. 석유 가격의 폭등은 저항세력을 포함한 모든 이라크인들에게 희망을 주었던 것은 아닐까. 최근 미국의 이라크 치안 안정화 작업이 일부 결실을 거두고 있는 것도 이와 무관하지 않으리라. 천문학적 비용이 투입되는 상황에도 불구하고 미군이 이라크를 떠날 수 없는 것도 마찬가지 이유이다. 하지만 한 치 앞도 알 수 없는 상황에서 우리는 이라크의 안정을 바라고 있을 뿐이다. 치솟는 석유 가격의 최대 피해자는 바로 우리 자신이다.

누가 군대를
국가주의의
화신이라 일컫는가

이라크에서 활동 중인 용병들. 그들의 역할은 날로 증대하고 있고, 용병 시장은 끊임없이 팽창한다.

"우리는 위험을 퍼뜨리는 게 아니라 위험을 막는 기업입니다. 이라크로 가려는 한국인들은 위험(분쟁)지역 보험에 가입해야 합니다. 우리는 현지에서의 안전을 보장합니다."

스웨덴 용병회사 '다인섹Dynsec' 한국 지사장의 말은 이러했다.

다인섹이 서울 삼성동 무역센터에 사무실을 개소했다. 이라크 재건 사업에 참여할 한국 기업이 늘어날 것은 자명하다. 언제 납치될지도 모르는 그곳에서 미군에게 경호를 의뢰할 수 없다. 그렇다고 한국 군인을 데리고 갈 수도 없다. 그것이 가능하다고 하더라도 현지 사정을 모르기 때문에 제대로 임무를 수행하기 힘들다. 현지에서 영업하고 있는 용병회사에 경호를 의뢰해야 한다. 그것도 한국에 그 회사의 지사가 있다면 매우 편리할 것이다. 다인섹은 한국 기업인들의 이라크 경호 수요 증가를 간파했다. 서비스의 대가는 엄청나다. 바그다드를 방문한 어떤 일본인은 자동차로 30분 거리인 15킬로미터를 이동하면서 민간회사에 3000달러를 지불했다고 한다.

한국에 상륙한 스웨덴 용병회사

엄밀히 말해 다인섹이 한국 최초의 외국 용병회사 지사인 것은 아니다. 서울 용산 미군기지에는 다인코프DynCorp 사의 파견소가 있다. 그들은 주한미군에 대한 특수작전 교육을 하고 있다. 다인코프는 미국 버지니아에 본사를 둔 회사로 아프가니스탄과 남미 쪽에서 활동 중이다.

용병업체가 맡는 일은 경호 업무나 전쟁터에서의 전투 스파이 활동까지 광범위하다. 그들은 전투 경험이 있는 특수부대 출신 용병 수백~수천 명을 상시 대기 상태로 관리하다 일거리가 생기면 즉각 배치하는 기동성을 과시하고 있다. 미 국방부에서도 긴박한 일이 생겼을 경우 복잡한 명령체계를 따라야 하는 정규군을 호출하기보다는 용병업체에 의뢰하는 일이 많아지고 있다. 용병들에게 '살인 면허'도 발급해주었다.

현재 이라크에서 용병들의 수입은 미군 병사의 10배를 넘는 게 보통이다. 한 달에 2~3만 달러는 보통이고 맡은 임무에 따라 10만 달러를 웃돌기도 한다. 이라크에서 전투 중인 상당수의 미군들은 하루빨리 제대해 용병으로 취직하기를 원하고 있다.

미국 정부의 이라크전 예산 20퍼센트 정도가 용병업체로 흘러들어가는 것으로 알려져 있다. 미국의 '블랙 워터' '트리플 캐노피', 영국의 '아모르' 등 쟁쟁한 용병기업들은 돈방석에 앉았다. 세계 용병회사의 전체 수입은 연간 1000억 달러에 이르는 것으로 추산된다.

미군 당국은 용병들을 선호하고 있다. 용병들은 전장에서 사망하더라도 공식적인 사망자 수에 포함되지 않기 때문에 미국 내에서 정치적 부담이 없다. 재정적인 이점도 있다. 경제학자들은 이라크 전쟁 부상병을 수십 년 동안 치료하는 비용이 2조5000억 달러에 이를 것으로 내다보았다. 미 국방부가 용역 계약을 한 민간용병에게는 이 비용이 지출되지 않는다.

너무나 오래된 역사의 비즈니스

기원전 401년에 페르시아 왕 아르타크세르크세스의 아우 키로스는 형에게 모반하는 군사를 일으켜 바빌론으로 쳐들어가려고 그리스에서 용병을 모집했다. 소크라테스와 절친했던 크세노폰도 키로스가 고용한 1만의 그리스 용병 가운데 하나였다. 바빌론 근처 전투에서 키로스가 전사하자, 그는 그리스 용병대를 지휘하면서 눈이 쌓인 아르메니아로부터 흑해 연안을 지나 소아시아까지 온갖 고난을 겪은 뒤에 2년 만에 귀환하였다. 이때의 사정을 산문 형식으로 쓴 수기가 「아나바시스Anabasis」이다.

고구려의 경우도 국초부터 전투에 능숙한 유목민들을 용병으로 활용했다. 기원후 49년 봄 고구려는 선비족 용병을 고용해 북평·어양·상곡 등 북중국을 약탈했다. 선비족들은 하북과 북경 주변의 현지 사정에 밝았다. 고구려의 목적은 중국과의 정기적인 불평등 교역이었다.

뒤로 돌아 활을 쏘는 유목민 기병. 그들은 말의 발이 공중에 떠 있을 때 쏜다. 진동이 없는 한 순간을 놓치지 않는다. 기사騎射란 움직이는 물체를 움직이는 와중에 사격을 하여 적중시키는 인간이 할 수 있는 최고의 기예이다.

그해 요동의 태수가 고구려에 사람을 보내 초대했다. 고구려에서 사신과 상단이 파견되었다. 고구려 사신은 형식적으로나마 중국에 복속한다는 의례적 절차를 치렀다. 고구려인들은 현실적으로 이익이 된다면 무엇이든 하는 사람들이었다. 고구려는 담비가죽으로 만든 외투와 말을 현도군에 증여했다. 그러자 중국은 그 두 배의 가치에 해당하는 대가를 주었다. 교역은 후한의 재정이 허락할 때까지 지속되었다. 후한으로서는 엄청난 손해였다. 변경에 군대를 계속 주둔시킨다면 약탈을 방지할 수도 있다. 하지만 많은 군대를 상주시켜야 하고 엄청난 비용이 소요된다. 군대의 주둔 비용보다 출혈교역의 비용이 적게 먹혔다(『책부원귀』).

후한에 물건을 강매하고 엄청난 대가를 받은 고구려는 용병들에게 충분한 급료를 줄 수 있었다. 그 후 선비족은 고구려가 부르면 언제든지 왔다. 후한이 출혈교역의 횟수를 줄이거나 약속을 이행하지 않을 시 언제든지 그랬다. 2세기 들어 약탈은 만성적인 것으로 변했다. 121년의 경우를 보자. 그해 여름 고구려가 요동에 거주하는 선비족 8000명을 데리고 요동군을 약탈했다. 많은 사람들이 고구려로 잡혀갔다. 이듬해 고구려는 후한에 인질을 돌려주는 대가로 엄청난 비단을 받아냈다. 1명당 어른은 40필, 아이는 그 절반이었다(『후한서』).

용병이라는 양날의 칼

미군은 이라크에서 2만5000명의 용병을 고용하고 있다. 그들의 일을 정규군이 맡았을 때 5만 이상이 필요하다고 한다. 덕분에 미국은 2개 사단 이상의 정규 병력을 이라크에 보내지 않아도 되었다. 하지만 용병들의 경우 무차별 살인을 해도 누구도 처벌할 수 없다. 그 잔악상이 드러나면서 세계는 경악했고, 미국의 이라크전을 바라보는 시선을 바꾸어 놓았다.

고구려에게도 유목민 용병들은 양날의 칼이었다. 492년경 입장을 난처하게 하는 일이 발생했다. 거란족이 북중국의 강국 북위 동북방의 마을을 급습했다. 약탈이 자행되었고 60여 명을 잡아서 돌아갔다. 그 지역의 북위 정부 관리로 부임한 봉궤라는 사람이 있었다. 그가 진상을 조사한 결과 변경민을 잡아간 거란족은 고구려가 부리고 있는 용병들이었음이 밝혀졌다. 봉궤는 고구려 국왕에게 서신을 보냈다. 납치된 사람들의 송환을 부탁한다는 내용이었다. 고구려는 당시 북위와 공무역에 막대한 이익이 걸려 있었다. 외교적 문제가 일어난다면 큰 손해를 볼 수밖에 없다. 문자왕(492~518)은 거란족 용병에게 명령을 내려 북위인들과 재물을 모두 반환하게 했다(『위서』).

유목민들은 고구려 정규군에 들어와 병영에서 생활하지 않았다. 그들은 고구려 세력권 내의 어느 초원에서 부락 조직을 온전히 유지한 상태로 살았다. 만일 그들을 병영에 묶어놓는다면 유목민 고유의 기마능력이 감퇴되어 이용가치가 없어지기 때문이다. 고구려는 그들의 본성을 그대로 유지시키는 가운데 언제든지 전쟁에 동원하는 방식을 취했다. 이 때문에 그들은 고구려에 적대적인 세력에게 고용되기도 했다. 6세기말 어느 거란족 일파는 돌궐에서 이탈하여 고구려에 소속되어 있다가 중국(수나라)이 더 나은 조건을 제시하자 미련 없이 떠나갔다(『수서』).

말갈인 대조영의 경우도 고구려가 멸망하자 당나라의 용병이 되었다. 회사가 망해 급료가 단절되자 이직을 한 것이다. 용병에게 '조국'이란 관념은 없다.

악마적인 매력-용병의 효율성

역사 이래로 숱한 나라들이 문제가 많은 용병을 고용했던 이유는 무엇일까? 그것은 효율성 때문이다. 1995년 아프리카의 소국 시에라리온에서 일어난 일이다. 반군RUF 4~5만 명이 국토 전체를 장악하고 수도로 밀려오고 있었다. 정부는 남아공의 용병회사 EOExeative Outcomes에 의뢰했다. EO는 1개월에 100만 달러의 현금과 보너스로 다이아몬드 광산의 채굴권을 요구했다. 반군이 수도 20킬로미터까지 육박하자 정부는 수락했다. 남아공에서 공격 헬기와 탱크, 장갑차로 무장한 용병 400명이 도착했다. 극소수의 용병들이 내전에 개입한 지 9일 만에 반군을 수도에서 120킬로미터 떨어진 밀림으로 밀어붙였고, 한 달이 지나지 않아 반군의 자금줄인 다이아몬드 광산을 점령했다.

이라크 나자프에서의 전투 장면은 미국 용병회사 블랙 워터의 전투력을 세계인들에게 알리는 계기가 되었다. 건물에 고립된 미 정규군 5명을 구출하기 위해 12명의 용병이 투입되었다. 군인들을 싣고 이동하는 과정은 영화의 한 장면이었다. 소수의 용병들이 수천의 반군들을 무력하게 만들었다.

고구려에 고용된 용병의 역할은 다양했다. 주요 외국인 납치도 그 가

미국 용병회사 블랙 워터의 용병들.

운데 하나였다. 한상韓詳이라는 자는 영주지역의 호족이었다. 고구려 정부는 거란족에게 그와 그 일족을 잡아오라는 지령을 내렸다(525~528년). 거란 기병들이 요하를 넘었고, 영주의 용성현(현재의 조양시)으로 들어갔다. 상상도 할 수 없는 위험이 도사리고 있었다. 하지만 베테랑인 거란인들은 그와 가솔들 500가구를 고구려로 무사히 데리고 왔다. 한상은 고구려에게 이용가치가 있는 인물이라 파격적인 대우를 받았다(『한기묘지명』). 그의 집안은 용성에 근거지를 둔 봉건 세가였다. 대대로 부근의 유목민들과 긴밀한 관계를 맺고 있었으며, 북위조정과 그 사이에서 입장을 조절했다. 그의 아들 한기도 수나라대에 가서 변경정책 전문가로서 종사했다. 고구려의 군사행동은 확실한 목표 아래 이루어지고 있었다. 고구려는 한상을 이용해서 북위의 영향권에 있던 유목민들을 자신에게 끌어들였고, 나아가 영주지역의 중국인들을 고구려에 더 많이 유치할 수 있었다.

지난 세기를 돌이켜볼 때 우리는 군대가 조국을 위해 존재한다고 믿어왔다. 그러나 역사 속에서 국가주의와 무관한 용병은 언제나 존재했다. 국가가 무력을 독점해온 지난 20세기가 오히려 특별한 시대였다. 냉전이 종식되면서 분명한 적이 사라졌고 국가의 군대란 존재 의미가 옅어졌다. 퇴역한 군인들이 늘어났고, 이념의 시대에서 이윤의 시대로 바뀐 것을 직감한 자들은 틈새시장을 발견했다. 20세기와 결별하고 민영화와 시장만능이라는 시대의 조류에서 전쟁을 대행해주는 고도로 전문화되고 기업화된 전쟁자본이 출현한 것이다.

다이아몬드의
핏물은 빠지지 않는다,
수요가 있는 한

우리나라가 IMF(국제통화기금) 구제금융을 받던 시기였다. 당시 국민들이 모은 금과 다이아몬드가 해외에 매각되기도 했다. 현금이 모자랐던 탓도 있었지만 금과 다이아몬드를 매각한 대가로 달러를 가져와 나라를 구해보겠다는 마음도 있었다. 필자도 당시 집 안에 있었던 금(10돈)과 다이아몬드(2개)를 팔았다. 서울 남대문의 어느 곳이었던 것으로 기억된다(1998년 2월). 거기서 다이아몬드 감정을 하는 레바논인과 대화를 나누게 되었다.

그는 자신이 아프리카의 시에라리온에서 태어나 성장했다고 했다. 그곳은 다이아몬드가 많이 생산되는데, 그것을 놓고 내전이 지속되었다고 했다. 반군은 일반인들에게 말할 수 없는 공포의 대상이라고 한다.

"그들은 예사로 사람들의 팔과 다리를 절단합니다. 정부군도 이를 제대로 막지 못합니다. 그들도 국민들을 괴롭힙니다."

이해가 되지 않았다.

"정부군이 그렇다니?"

"지금 시에라리온에는 쿠데타와 반쿠데타가 연이어 일어나고 있는 상황입니다. 그래서 다이아몬드 수급이 달려 한국에까지 오게 되었어요."

지금 생각해보니 그의 말을 이해할 수 있었다.

개인 이익이 국지전을 유발할 수도

1997년 5월 시에라리온에서 쿠데타가 일어났다. 반군과 비밀리에 협조관계를 가졌던 정부군의 중간층 장교들이 카바흐 대통령의 민간정부를 전복시켰다. 카바흐가 불러들인 남아공의 용병회사 EO가 철수한 지 95일 만에 일어난 사건이었다. 정부군과 반군이 가정집과 상점을 약탈하면서 수도인 프리타운을 공포로 몰아넣었다. 다시 대규모 학살과 총체적 혼란으로 빠져들었다.

쫓겨난 전 대통령 카바흐에게 역쿠데타를 일으킬 자금을 밀어줄 자본가가 접근했다. 인도인으로 태국의 은행가였던 삭세나Saxena였다. 아프리카의 사업에 이권이 걸려 있었던 그는 카바흐에게 다이아몬드 광산 채굴권을 보장받는 약속을 받아냈다. 그리고 1000만 달러가 용병기업 샌드라인 인터내셔널로 들어갔다.

샌드라인은 쿠데타를 일으킨 군사정권을 흔들기 위해 과거 EO가 했

다이아몬드를 채취하고 있는 서부 아프리카 시에라리온 사람들. 얼마 전 대통령과 국회의원 선거를 끝낸 이 나라에서 '다이아몬드 내전'이 종식될 수 있을지 국제사회가 주목하고 있다.

던 동일한 방법을 사용했다. 300톤의 무기가 현지로 공수되었고, 자신들과 함께 작전을 수행할 카마조르(사냥꾼이란 뜻)라고 불리는 현지 부족 민병대를 훈련시키고 장비를 제공했다. 밀림을 속속들이 아는 사냥꾼들이었다. 작전이 개시되었고, 최종적으로 수도인 프리타운에서 쿠데타 세력과 반군을 몰아내는 과정에서 나이지리아 평화유지군을 지휘했다. 샌드라인의 군사작전은 성공을 거두었다. 결과적으로 삭세나의 의도대로 되지는 않았지만 이 사건은 군사 원조의 공여자가 반드시 국가일 수 없다는 것을 보여주었다. 부유한 한 개인이 아주 멀리 떨어진 곳에서도 군대를 증강하거나 한 지역의 힘의 균형을 기울게 할 수 있다. 국가의 무력 독점이 흔들리고 있는 것이다. 개인이 자신의 이익을 위해 전쟁을 생산하기 시작했다.

555년 초원의 길을 지배한 유목 제국 돌궐(투르크)이 고구려 신성으로 쳐들어왔다. 완강하게 버티자 돌궐군은 기수를 백암성으로 돌렸다. 고구려 양원왕(545~559)이 1만 기병을 보냈다. 돌궐인들은 1000명의 전사자와 포로들을 남기고 물러났다(『삼국사기』). 고구려는 몽골고원과 초원 길의 주인이 유연에서 돌궐로 바뀌었다는 사실을 실감했다. 돌궐의 고구려 침공의 해답은 동로마의 역사학자 시모카타Simocatta의 저술에 기록돼 있다.

"유연 잔당들이 (북중국의) 북제로 도망을 쳤고 그곳에서 다시 반란을 일으켰다가 쫓겨 동쪽의 무쿠리Moukri(貊句麗·고구려)로 도망쳤다. 무쿠리는 북제에 인접해 있다. 그들은 강인한 정신력과 매일의 신체 단련으로 투지가 매우 높았다."

이것은 중국의 기록(『북제서』)과 비교해도 정황상 일치한다. 돌궐에 쫓겨 고구려로 망명한 유연의 잔당들에 대한 사실이 동로마 제국의 기록에 남았다는 것은 흥미로운 일이다. 여기에는 이유가 있다.

568년 돌궐의 사신(소그드 상인)이 콘스탄티노플에 있는 동로마 궁정에 나타났다. 그들은 동로마 황제에게 거세게 항의했다.

"폐하께서는 어찌하여 우리를 배반하고 반란을 일으킨 유연 족속들을 보호하고 있습니까?"(룩 콴텐)

유연인들의 행방에 대한 이러한 항의는 깊은 인상을 주었고, 여기서 고구려로 들어간 일부 유연인들에 대한 기록이 남았다.

돌궐의 추격을 피해 동로마로 들어온 유연인들을 받아준 것은 지금의 유고슬라비아 출신 군인 황제 유스티니아누스(527~565)였다(562년). 이후 그들은 동로마 사람들에게 아바르Avar 족이라고 불리었고, 용병으로서 동로마 제국의 정예 기병이 되었다.

소그드 상인의 전쟁 기획

물론 돌궐 사신이 이렇게 단순한 항의를 하기 위해 온 것은 아니었다. 더 중요한 것이 있었다. 돌궐 사신은 동로마와 돌궐 사이의 비단 직교역에 대해 이야기했다. 그 사신은 중앙아시아에서 탁월한 대상이었던 소그드인 마니악Maniakh이었다. 그는 당시 세계에서 가장 부유하고 영향력 있는 비단 상인 가운데 한 명이었다. 이보다 앞서 그는 돌궐의 칸을 찾아갔다.

"칸께서도 아시겠지만 현재 비단은 북중국에서 주로 생산되고 그것은 몽골고원으로 대량 유입됩니다. 북중국은 북주와 북제로 분열되어있는 상태여서 북방초원의 돌궐 칸에게 서로 경쟁적으로 잘 보이려고 애를 쓰고 있습니다. 칸께서 양자 가운데 어느 쪽을 원조하는가에 따라 그들의 운명이 좌우되는 형편입니다."

"과인이 알기로도 우리는 북제와 북주로부터 지속적으로 비단을 받아낼 수 있소만……."

"칸이시여, 하지만 현재 유통상 문제가 있습니다. 비단의 최대 소비 시장은 서방의 부국 동로마 제국입니다. 그곳에서 비단의 무게는 황금의 무게와 동일하게 교환되고 있습니다."

"과인도 동로마에서 우리가 그대들 소그드 상인에게 넘긴 가격보다 비싸게 판매되고 있는 것은 알고 있소만, 그렇게 소비지역에서 가격이 급등한 줄은 몰랐소."

"원인은 사산조 페르시아입니다. 그놈들이 칸께서 우리에게 판매하신 비단을 중앙아시아에서 모두 매입합니다. 그리고 막대한 이문을 붙여서 동로마에 판매하고 있습니다. 이 중간 차액을 없애야 합니다."

"그러면 대안이 있소? 그들과 전쟁을 하는 것은 부담스러운데."

"그 비용은 저희가 상당 부분 부담하겠습니다."

"아니, 당신이 상당한 부자인 것은 알지만 그 막대한 비용을 어떻게 댄다는 말인가?"

"동로마를 이 전쟁에 끌어들이면 됩니다. 칸께서는 저희에게 공식적인 돌궐 사신의 자격을 주시고, 보낼 국서에 동로마와 비단의 직교역을 원한다고 쓰셔야 합니다."

"그대들의 조건은 무엇이요?"

"우리 소그드 상인에게 몽골에서 동로마로 이어지는 비단 유통의 독점권을 주셔야 합니다. 그러면 매년 우리가 칸에게 바쳐왔던 세금의 몇 배를 바치겠습니다. 직교역만 이루어진다면 수익은 충분히 창출됩니다."

마니악은 영악한 세기의 거간꾼이었다.

독자적 재정 찾는 게릴라 반군

어느 거간꾼에게 국제 수배령이 내려졌다(AFP 통신 2008년 3월 29일자). 전 영국 수상의 아들인 마크 대처 경은 아프리카 3대 산유국의 하나인 적도 기니에서 쿠데타를 획책했다. 2004년 3월 대처는 사이먼 만(영국 SAS 장교 출신)과 그의 남아공 용병들을 시켜 적도 기니의 철권 통치자 응구에마 대통령을 납치해 감금하고, 망명한 재야 인사를 대통

대처 전 영국 수상의 아들 마크 대처 경.

령으로 앉히려고 했다. 미국·영국·독일·스페인 등의 정부 관계자도 승인을 한 쿠데타 기도였다고 한다. 성공했다면 대처는 엄청난 부를 거머쥐게 되었을 것이고, 드러난 자금줄 가운데 하나인 석유 부호 엘리카딜도 막대한 유전을 확보했을 것이며, 서방의 석유회사들에게도 이권이 돌아갔을 것이다. 소그드 상인들이 전쟁을 일으켜 중간 차액을 취하는 페르시아를 제거하고 막대한 이득을 챙겼듯 현대의 자본가들은 서방 국가들의 비호·묵인 아래 아프리카 산유국 독재자의 석유를 빼앗아 잔치를 벌일 참이었다.

막대한 이익이 걸린 전쟁에 관한 브리핑을 들은 돌궐 칸은 마니악을 동로마 제국으로 보냈다. 동로마 측은 강력한 기병을 보유한 돌궐이 사산조 페르시아와 국경을 접하고 있다는 사실에 흥미를 보였다. 서로 우호적인 대화가 오갔다. 마니악이 돌궐로 떠나갈 때 동로마 제국의 사신 제마르코스Zemarchos가 동행했다. 칸은 동로마 사신을 실크로드의 천산북로에 있는 야영지에서 만났다. 공동의 적인 사산조 페르시아에 대항하기 위해 확고한 동맹이 맺어졌다. 때마침 그곳에 도착한 페르시아 사신은 추방됐다.

칸은 곧바로 사산조 페르시아에 선전포고를 했다. 실크로드 교역의 이익을 차지하기 위한 세계대전이 시작되었다. 돌궐은 동로마와 접촉할 수 있는 지역까지 팽창해야 했고, 전쟁의 승리로 중국에서 1만 리나 떨어져 있는 카스피 해까지 이르렀다. 동로마도 페르시아를 공격했다(572년). 동로마는 그 후 20년간 페르시아와 전쟁을 지속한다. 비단의 중간 차액을 가로채는 사산조를 몰아내는 전쟁에서 돌궐과 동로마의 동맹관계는 굳건했다. 양측의 사신이 빈번하게 오갔고, 엄청난 양의 비단 직교역도 있었다. 동로마와 돌궐, 그리고 소그드 상단 모두에게 이익이 되었다. 1540년 전 일어난 이 일은 상인이 전쟁을 기획한 대표적인 사례의 하나이다.

과거의 전쟁과 현재의 쿠데타 획책엔 시대를 초월한 공통점이 있다. 비단 · 다이아몬드 · 석유의 가격이 폭등했거나 상승하고 있을 때 일어난 전쟁이거나 쿠데타 기도였다는 점이 그것이다. 언급한 전쟁의 근본 원인을 찾아가보면 결국 자본가나 상인이 아니라 '시장'이 그것을 생산하고 있다. 가령 미국과 유럽 등 부유한 나라에 마약 시장이 없어진다면 폭력을 일삼는 세계의 마약 생산 조직들도 사라질 것이다.

냉전이 종식된 지금 전쟁의 지향점은 전근대로 되돌아가고 있다. 초강대국의 지원이 중단되자 캄보디아 · 앙골라 · 아프간 등 세계 각 지역의 게릴라 반군들은 독자적인 재정 자원을 찾아야 한다는 사실을 깨닫게 되었다. 이념을 내세웠던 그들이 '시장을 지향'하기 시작한 것이다. 그들은 살아남기 위해 수익 창출을 위한 전쟁을 지속해야 했다. 전쟁이 불합리한 사태가 아니라 '대안적인 이윤과 권력체계'로서 그 자체가 수단이 아니라 목적이 되었다. 시장이 존재하는 한 그들은 애초에 집단을 결성한 취지가 사라진 지금에도 재정을 확보하기 위한 폭력활동을 지속할 수 있다.

시장, 전쟁을 도발하거나 억지하거나

04

미국의 딜레마와 수 제국의 참패

"고유가로 중동 국가의 석유화학 관련 시설 건설 발주가 폭증하고 있습니다."

2008년 4월 대림산업 대표가 말했다. 대림산업은 중동에서 71억 달러짜리 프로젝트를 따냈다. 2007년의 경우 대림산업이 수주한 규모의 해외 플랜트 물량 중 90퍼센트 이상이 사우디와 이란 두 국가에 집중돼 있다고 한다.

미국이 이라크전에 개입한 지 5년이 지났다. 석유 확보를 위해 치러진 이 전쟁은 아이러니하게도 석유 가격을 폭등시켰다. 산유국에 오일 달러가 넘치게 되었고 건설 붐이 일어났다. 그 가운데 가장 큰 수혜를 누리게 된 나라가 시아파의 종주국인 이란이다.

처음에 전쟁은 너무나 쉬워 보였다. 이라크 군대가 싸움을 포기했다. 미군들은 이라크인들이 1945년 패전 이후의 독일인들이나 일본인들처럼 행동할 것으로 기대했다. 그러나 그것은 오산이었다. 부시와 토니 블레어는 "우리가 떠나면 이라크는 무정부 상태가 될 것"이라며 점령을 정당화하면서 이라크에 머물렀다. 그런데도 이라크는 무정부 상태에 빠졌다.

미국, 이라크를 이란에 헌납

미국이 석유자원 장악이라는 실리를 챙길 수 있을지도 미지수이다. 이란의 지원을 받는 시아파 게릴라들이 유전을 위협하고 있다. 이란은 미국의 전쟁 비용을 지속적으로 상승시켰다. 미국이 이라크 전쟁에 투입한 돈이 3조 달러라고 한다. 미국은 테러집단 알 카에다도 근절하지 못했다. 그들은 미국이 이라크에 몰두하는 동안 아프가니스탄에서 조직

미국 부시 대통령(오른쪽)은 유가 상승을 막기 위해 이라크 전쟁을 벌였지만 갈수록 실패감만 맛보고 있는 반면, 이란 마무드 아마디네자드 대통령은 유가 앙등으로 미국 이라크 사이에서 어부지리의 이익을 챙기고 있다. ⓒ국제신문

을 재건하고 세력을 확대하는 성과를 거뒀다. 또 고조된 반미 감정 덕분에 이라크 등 세계 각지로 세력을 넓힐 수 있었다.

미국은 이란의 강적 사담 후세인(수니파)을 몰락시켰다. 이란을 추종하는 시아파 메흐디 민병대가 바그다드의 75퍼센트를 장악했으며, 요르단과 시리아로 탈출한 인구는 220만 명이었는데 그들 대부분은 수니파였다. 선거는 인구의 과반인 시아파가 권력을 장악하게 했고, 합법적으로 정당화시켰다. 미국이 이라크를 점령해 이란을 견제하겠다는 지정학적 목적도 시아파가 이라크 정부를 장악함으로써 물거품이 됐다. 미국은 이라크를 이란에 헌납했다.

마무드 아마디네자드 이란 대통령은 2008년 3월 2일 역사적인 이라크 방문에서 미국을 마음껏 조롱했다.

"독재자(사담 후세인)가 없는 이라크를 방문하니 진심으로 기쁘다."

"이라크의 진정한 파트너는 이란이며 미국은 이라크 내에서 절름발이 영향력을 행사하고 있다."

"6년 전 이곳엔 테러리스트가 없었는데 이방인(미국)이 오자마자 그들이 생겨났다."

미국에 거침없이 모욕을 주는 발언이었다.

2007년 부시 대통령은 자신의 군대 16만 명이 주둔하는 이라크에 '밤도둑' 처럼 왔다 갔다. 하지만 아마디네자드 대통령은 이라크 방문 일정과 동선을 예고하고 의장대 사열까지 받았다. 이라크에 대한 이란의 영향력을 가시적으로 보여주고 있다. 미국이 이란과 2007년 3차례나 접촉한 것은 미국이 이라크 저항세력을 누르고 이라크를 안정화시키는 데 이란의 역할이 중요하다는 사실을 단적으로 보여준다. 부시 자신이 '악의 축'으로 몰았던 이란에 고개를 숙여야 할 상황이다.

돌궐 궁정에서 만난 수 황제와 고구려 사신

612년 수나라의 황제는 고구려를 '악의 축'으로 몰고 선전포고를 했다.

"고구려는 일찍이 나의 관대함을 무시하고 오히려 '악'을 쌓았다. 거란(용병)의 무리들과 함께 바다의 수나라 경계병들을 죽이고, 말갈(용병)을 이끌고 요서를 침범하였다."

고구려로 향하는 황제의 군대 숫자는 상상을 초월했다.

"모두 113만3800명이었는데 200만 명이라 일컬었으며, 군량을 나르는 자가 (전투 병력보다) 두 배 많았다."(『삼국사기』).

607년 8월 초원에 가을이 왔다. 수양제는 선물을 갖고 돌궐 계민칸의 천막 궁정으로 찾아갔다. 고구려 사신이 이미 도착해 있는 상태였다. 계민칸은 수양제를 기만할 수 있는 처지가 아니어서 고구려 사신의 방문 사실을 보고했다. 수양제는 당황했다. 계민칸은 수양제에게 고구려 사절을 의례적으로 소개함으로써 마무리를 잘 지으려고 최대한 노력을 기울였다. 하지만 수양제의 눈에는 가상의 적국끼리 눈에 띄지 않는 은밀한 왕래가 유지되고 있다는 증거로 포착되었다. 북방초원에 잠입한 고구려 사신 앞에서 그는 진노했다.

수양제는 자신의 후궁을 침범한 사내를 보듯 고구려 사자를 바라보고 있었다. 평양에서 직선거리로 1200킬로미터 떨어진 이곳에 고구려 사신이 자신보다 먼저 와서 신임하던 계민칸과 사사로이 통하려 했다는 것은 무엇을 의미하겠는가. 전부터 감히 수나라의 영토(요서)를 유린하기 시작했고, 지금 자신의 영역이라고 생각하던 이 북방초원에까지 촉수를 뻗치고 있는 고구려는 양제에게 치욕감을 주는 존재였다. 후한 이후 근 400년간의 분열을 통일한 수 제국을 감히 유린하고도 무사히 존재하는 나라는 이 세상에 고구려밖에 없었다. 9년 전(598) 아버지 수문제가 고구려를 치려다 턱없이 실패한 바 있기 때문에 그의 심사는 더욱 불편했다. 중국의 황제에게도 적발될 정도로 북방초원으로의 고구려 사절과 상단의 왕래 횟수는 많았다.

공교롭게도 그해(607) 핼리혜성이 출현해 하늘에 120일 이상 떠 있었다(『수서』). 수나라와 고구려 사이에 팽팽한 긴장감이 형성된 가운데 얼음에 덮인 핵核과 거대한 꼬리를 선명하게 드러낸 핼리혜성은 수양제에게 심리적으로 영향을 끼쳤을 가능성이 충분히 있다.

"전쟁이 일어날 징후야!"

수양제는 고구려 사신에게 말했다.

"돌아가거든 고구려의 왕에게 직접 수 조정에 와서 신하의 예의를 표하라고 전하시오. 만일 그렇게 하지 않으면, 수나라는 돌궐군을 지휘해 고구려를 징벌하겠소."

귀국한 사신 편에 이 말을 전해들은 고구려 영양왕은 코웃음을 쳤다.

"수양제가 또 허풍을 치고 있어. 그는 애비(수문제)가 관 속에 들어가기 전에 그 애첩을 희롱한 불한당 호색가가 아닌가? 그런 자가 나에게

도덕 선생 노릇을 하려고?"

사신이 말했다.

"폐하, 중국인들이 말을 강하게 하는 편이지만 이번만은 빈말이 아닌 것 같습니다."

"겁먹지 말게. 수나라는 30년밖에 되지 않은 풋내기 나라야. 자네, 우리 고구려가 중국의 수없는 공격에도 700년을 살아왔다는 것은 무엇을 말하겠나? 우리에게도 그들에게 맞설 수 있는 힘과 축적된 노하우가 있다는 말이야."

"하지만 폐하, 수나라는 너무나 강합니다. 그 인구와 생산력 그리고 대외공작에서 세계를 주무르고 있사옵니다."

"그렇다면 자네는 내가 복종이라도 하라는 것인가?"

"그건 아니옵고 최소한의 성의만……."

"군왕이 그렇게 하면 고구려의 백성 중에 누가 나를 왕으로 여기겠나? 백성들은 수치감을 느끼게 되고 우리 고구려의 단결력은 모래처럼 흩어지지. 수나라와의 전쟁은 이제 피할 수 없어!"

"정말 전쟁입니까?"

"자네는 가서 돌궐 공작을 맡고 있는 담당자나 부르게. 핵심은 돌궐이야."

영양왕은 복종을 뜻하는 몸짓 연기를 거부했다. 중국의 권위는 우롱 당했으며, 조만간 그에 대한 반응은 이단자에 대한 압도적인 군사력으로 베풀어질 조짐이었다. 수나라의 변경 공작정책을 맡은 배구가 수양 제에게 아뢰었다.

"고구려는 우리가 직접 공격하지 않고 돌궐인들을 시키면 됩니다. 계민칸이 고구려의 사신을 만났다고 하나 폐하에 대한 충성심은 변함이 없습니다."

"그건 그래."

"선대왕이신 수문제께서 고구려와의 전쟁에 실패하신 것은 야전 지휘부에 문제가 있었기 때문이었습니다."

배구는 수양제에게 고구려와의 전쟁이 확실한 승산이 있다고 말했고, 수양제도 그것을 믿었다. 배구는 총명했으나 뿌리 깊은 전통적인 가치관념에 흠뻑 젖어 있었다. 그는 긴장과 분쟁이 있는 몇몇 지역에 대해 매우 잘 알고 있었다. 그럼에도 불구하고 그가 적은 희생으로 쉽게 승리하리라고 확신한 고구려에 대해서는 완전히 무지했다. 사실 고구려에 온 수나라 사신은 심한 감시 때문에 어떠한 정보도 알아내기 힘들었다. 『수서』「고려전」을 보면 수양제 자신이 그것을 말하고 있다.

"(고구려 평원)왕은 (우리 수나라의) 사자를 빈 객관에 앉혀놓고 삼엄한 경계를 펴며 눈과 귀를 막아 영영 듣지도 보지도 못하게 하였소. 무슨 음흉한 계획이 있기에 남에게 알리고 싶지 않아서 관원을 금제禁制하면서까지 방찰訪察을 두려워하시오."

고구려는 장막에 철저히 가려진 나라였다. 고구려가 최대의 판도를 누렸던 광개토왕·장수왕대의 고구려 자체 기록은 거의 없으며, 『삼국사기』에 기록된 것은 극히 소략할 뿐만 아니라 그조차도 중국 측의 기록을 옮겨놓았을 뿐이다. 다시 말해 『삼국사기』의 미미한 기록이 고구려에 대한 중국 측의 유일한 정보였다. 그것의 일부도 고구려에서 암약하던 백제 첩보원이 알아낸 정보였다.

배구의 계획대로 맞아 들어가지 않은 첫 번째 일은 동돌궐을 고구려 침공에 동원하지 못하게 된 것이었다. 충성스런 계민칸이 609년 수 왕조에 조공을 바치러 갔다가 낙양에서 죽었다. 그의 아들 시필始畢이 그를 계승해 즉위했으며, 수 왕조로부터 선물과 함께 결혼할 중국의 공주가 도착했다.

수가 고구려를 침공하는 데 있어 돌궐 기병을 동원하는 것을 가장 꺼려한 것은 고구려였다. 그것은 무엇보다 중요한 문제였다. 고구려는 모든 것을 운명에 맡기고 불구경하듯이 보고만 있지 않았다. 609년 수양제는 결국 고구려를 침공하는 데 돌궐 기병을 동원하지 못했다. 그것은 시필칸에 대한 고구려의 공작 때문이었다. 고구려는 시필에게 수의 돌궐 분열정책을 충분히 상기시켜준 것으로 보인다.

"수가 시필칸 당신의 동생을 또 다른 칸으로 세워 당신과 경쟁시키려고 합니다. 지금 돌궐이 수의 공작에 의해 얼마나 분열되어 있습니까?"

고구려는 적어도 당시 수로부터 받아온 돌궐의 물질적 수혜를 고구려가 대신해 일부나마 감당하겠다고 설득했다. 그것은 누가 보아도 타당성이 있는 것이었다. 기록을 보면 고구려가 북방 돌궐 제국과 대규모 교역을 한 증거가 포착된다(『수서』「위운기전」). 상단의 머릿수가 수만 명에 이를 정도로 대규모였다. 유목민들과 상호 밀접한 관계를 가졌던 고구려는 그들이 원하는 곡물과 철, 생필품 등을 안정적으로 공급해주고,

수나라 2대 황제 수양제.

말을 포함한 가축을 받았다. 이러한 현실적인 관계 때문에 돌궐의 계민칸은 고구려를 절대 무시할 수 없었다. 607년 수양제가 자신의 천막궁정에 행차한다는 소식을 듣고도 그는 마침 찾아온 고구려 사신을 결코 홀대하지 않았다.

수양제는 빠르고 기동성이 있으며, 보급을 자급자족하는 동돌궐의 유목민 기병을 고구려 침공에 동원하려고 했으나 무산되었다. 이는 심각한 결과를 낳았다. 수는 엄청난 보급품을 소비하는 비효율적이며 전투력이 심각히 떨어지는 농민들을 전쟁에 동원해야 했다. 비가 내리면 고향에 있는 자신의 논에 물이 제대로 배수되는지 걱정하는 사람들이었다. 수양제는 고민에 잠겼다.

수양제의 고민

"농민 대부분은 식량만 소비할 뿐 싸움에는 능하지 않아. 그들을 먹이기 위해서 식량을 운반하는 데 엄청난 사람과 짐승들이 동원돼야 해. 보급부대와 짐승들도 많은 식량을 소비하지. 보급이 보급을 낳는 악순환이 벌어질 터인데 이거 어떻게 하지? 무엇보다 돌궐 기병 없이 농민을 데리고 전쟁을 한다는 소문이 나면 시장에서 식량 가격은 폭등할 것이 확실해. 그러면 전쟁 비용은 몇 곱절로 늘어날 게야. 이거 어쩐다?"

수양제의 변경 정책가인 배구가 말했다.

"폐하, 하지만 고구려는 우리에게 최대의 위협입니다. 고구려는 이미 동돌궐을 우리의 영향에서 벗어나게 했습니다. 그들은 요서에 있는 거란족들에 대해서도 공작하고 있습니다."

"짐도 알고 있소. 유목민들은 곡물 없이 겨울을 넘기기 힘들어. 그러니 초원에 곡물을 정기적으로 판매하는 고구려인들의 영향력이 증대하는 거요."

"폐하, 우리 수의 모체는 서북 장안 중심의 북주입니다. 우리는 동북의 북제를 무너뜨리고 통일을 달성했지요. 고구려와 인접한 동북지역에는 북제 왕조 초기로까지 소급되는 분리주의의 감정이 아직도 강하게 남아 있습니다. 고구려는 이러한 우리의 내부 사정을 십분 활용하고 있습니다. 동북지역에서 암약하는 많은 고구려 간첩들이 정보를 수집해갈 뿐 아니라 민심을 흩뜨리고 있습니다."

고구려가 무기[弩] 제조 기술자를 수나라에서 빼낼 수 있었던 것도 이러한 분위기와 무관하지 않았다. 하북지방에 대해 고구려가 끼칠지도 모를 영향력을 수양제는 두려워했다. 고구려의 도발과 공작으로 불안이 가중될수록 전쟁의 가능성은 높아졌고, 중국의 곡물 가격이 상승했다. 상대적으로 상당한 곡물을 보유한 고구려가 동북방의 유목민들을 자기 편으로 끌어들이기에 유리해졌다.

시장의 전쟁 억지력

전쟁 초기 미국은 핵 개발 문제를 본격 거론하며 자국에 적대적인 이란을 겨냥한 압박을 시작했다. 그러나 이란은 핵 주권을 굳건히 내세웠다. 나아가 이스라엘-팔레스타인 분쟁에 개입해 아랍권의 이익을 대변하고, 팔레스타인의 하마스와 레바논의 시아파 헤즈볼라를 지원하고 있다. 아랍권 민중들은 미국을 향해 할 말을 하면서 행동으로 보여주는 이란에 열광하고 있다.

전 세계 원유 매장량의 10퍼센트를 넘게 보유한 이란은 얄궂게도 미국이 중동지역에서 안보 불안을 가중시킨 데 따른 혜택을 보고 있다. 이라크 사태가 악화되고 이란의 핵 위기가 고조될 때마다 국제유가는 출렁거렸고, 한번 오른 유가는 잘 내려가지 않았다. 이란은 원유를 팔아 매일 3억 달러가량을 벌어들이고 있다(연 1000억 달러 추산).

현재 이스라엘은 이란의 핵시설을 폭격하자고 미국에게 떼를 쓰고 있다. 하지만 미국은 자제하는 중이다. 이미 전쟁으로 경제가 침체된 미국이 이스라엘의 말을 듣는다면 어떻게 될까? 이미 결판이 난 과거의 사실은 해답을 준다.

수나라의 양제도 돌궐이 이탈하자 고구려와의 전쟁을 3년 이상 망설였다. 하지만 결국 사상 초유의 자금과 병력을 동원한 전쟁을 했고, 30만 명이 고구려 땅에 자신들의 무덤을 남겼다. 이런 참사는 수나라의 경제를 망쳐놓았다. 수양제는 여기서 멈추어야 했다. 하지만 시장을 무시한 고구려와의 전쟁을 계속했고, 그것은 수나라를 끝이 보이지 않는 내란으로 몰고 갔다. 그렇게 해서 당시 세계 최대의 부국 수나라는 결국

망하고 말았다.

미국이 이란과 충돌한다면 유가 폭등을 더욱 가속화시킬 것이다. 미국은 이미 인상된 유가로 인해 매년 8000억 달러를 더 지불해야 한다. 5년 전 시장에서 유가 상승을 예상한 미국은 이라크를 침공했다. 시장이 미국의 도발을 유혹했던 것이다. 하지만 지금 시장은 미국의 이란 침공을 가로막고 있다.

빈 라덴이 원한 것,
미 경제를 수렁으로
끌어들일 전쟁

05

혈우병 환자 미국

경찰청 국제범죄수사대는 2008년 7월 4일 아프간인 등 2명을 체포했다. 탈레반의 사주를 받은 그들은 헤로인과 폭약 원료 물질인 '무수초산' 12톤을 아프간으로 밀수출하려고 했다. 무수초산은 주로 헤로인 정제에 사용된다. 미국과 일본에서 생산된 무수초산이 한국을 통해 아프간으로 수없이 반입된 것으로 보인다. 어떤 한국인 화공 도매상은 총 50톤 분량의 무수초산을 아프간으로 밀수출한 혐의를 받고 있다. 탈레반의 손길이 한국에까지 미치고 있는 것이다.

이러한 가운데 같은 해 7월 6일 열린 한미 정상회담에서 부시 대통령이 이명박 대통령에게 한국군의 아프가니스탄 재파병을 요청했다. 하지만 이 대통령은 입장을 밝히지 않았다(월스트리트저널). 부시는 지금 아프간 전쟁의 수렁에 빠져 있다. 9·11 사태 후 미국은 오사마 빈 라덴을 숨겨주고 있는 아프간을 공격했다. 알 카에다와 탈레반이 카불에서 쫓겨났고, 미군이 입성했다. 하지만 현재 미국이 세운 아프간 정부는 수도 카불에서조차 완전한 통제를 행사하지 못하고 있다(2006년 이후).

복면을 한 탈레반 병사들이 아프카니스탄 변경에서 무리를 지어 경계를 서고 있다.

650년 전 고려의 공민왕도 구조적인 난관에 봉착한 원 제국의 파병 요청을 받았다(1354년 6월). 고민에 싸인 왕은 평강부원군 채하중을 불렀다.

"지금 원나라는 어떠한 상황인가?"

"남중국에서 반란이 일어나 그 불길이 꺼지지 않고 있습니다."

"그래?"

"현재 반란군은 통합 조직화되어 점차 강력한 반원 투쟁세력으로 발전하고 있습니다."

남중국의 남송은 75년 전인 1279년까지 몽골에 저항을 했다. 그곳은 중국 전체 인구의 82퍼센트가 살고 있는 곳이고, 생산력이 높고 풍부했다. 몽골인들은 그들을 가혹하게 다루었다. 유목민인 몽골인들은 강남의 토지와 백성을 자신들이 소유한 가축으로 여겼다. 이 시기를 지나면서 "가난은 강남이 으뜸이고 부유함은 북경에서 자랑했다"는 말이 유래되어 나왔다.

반란 진압과 출혈

몽골인들이 중동에서 데려온 전체 인구 3퍼센트의 아랍인들이 모든 분야에서 우위를 차지했고, 그들이 있는 곳에 몽골 기병의 정예군단이 있었다. 압도적인 군사력이 있는 한 몽골 제국 치하의 남중국인들은 꼼짝도 못했다. 하지만 1330년부터 몽골 황실의 내분이 일어났다. 병력은 양분되어 치열하게 전쟁을 벌였고, 그 수가 반으로 줄었다.

몽골의 힘이 약해지자 남중국에서 산발적인 반란이 지속적으로 일어났고, 군대는 그것을 막기 위해 많은 예산을 들였다. 비용을 마련하기 위해 더욱더 가혹한 경제적 수탈이 감행되었고, 그것이 또 다른 반란을 부르는 악순환이 이어졌다. 산발적 반란은 더욱더 조직화되어갔다.

공민왕대에 원 제국은 남중국에서 세금을 거두기가 쉽지 않았고, 어려운 재정은 지폐 발행을 증가시켰다. 지폐의 가치는 거듭 하락했고, 생필품 가격은 하늘 높은 줄 모르고 치솟았다. 현재 달러의 가치가 하락하고 금·석유와 원자재 가격이 치솟는 것도 미국이 이라크와 아프간에 쏟아 붓는 전비가 하나의 원인이 되고 있다. 실제 미 국민 10명 가운데 7명 이상이 그렇게 생각하고 있다(CNN).

이슬람 세계에 대한 미국의 만행

9·11 사태 직후 오사마 빈 라덴은 미국의 아프간 침공을 예상했고, 바로 그곳에서 미국과 전쟁을 벌이기를 원했다. 아프간 사람들은 치밀한 전략과 인내심, 종교에 기초한 불굴의 정신으로 이미 영국과 소련의 침공을 물리친 바 있었다. 이 전쟁은 근본적으로 종교적인 성격을 지닌다. 빈 라덴은 미국에 대한 이슬람 사람들의 분노 속에서 등장한 인물이다.

미국은 이슬람에 무차별 폭력을 행사하는 이스라엘을 전폭적으로 지원했고, 이란과 파키스탄의 핵 보유를 인정하지 않으면서도 이스라엘이 핵무기를 개발하는 것을 적극 도왔다. 이스라엘은 이슬람 사람들을 겨냥한 200개의 핵을 소유하고 있는 것으로 알려져 있다. 미국은 체첸에서 이슬람인들을 학살하고 있는 러시아의 만행을 묵인했으며, 신장에서 이슬람 위구르인들을 탄압하는 중국을 지지했다.

이라크의 독재자 사담 후세인을 부추겨 이란과의 8년 전쟁을 일으키게 했고(1980년), 미국은 양쪽 모두에 무기를 공급했다. 전후에 경제적으로 쇠약해진 이라크의 약점을 이용해 그 석유를 탈취하려고 했으며, 그것이 무산되자 쿠웨이트를 시켜 이라크에 채무이행을 강요하게 했다. 걸프전

신출귀몰하는 알 카에다의 지도자인 빈 라덴.

이후 이라크에 대한 경제봉쇄를 단행해 수많은 사람들이 죽거나 고통받았다.

미국은 3만 명의 왕족들이 매년 국가재정의 40퍼센트를 소비하고 있는 것으로 알려진 부패한 사우디 왕정의 버팀목이며, 국민들을 탄압하는 파키스탄 군부독재 정권의 대부였다. 쿠데타로 집권한 파키스탄의 무샤라프 대통령은 3번째 연임을 하기 위해 헌법을 정지시키고 국회를 해산했다(2007년 11월 3일). 장기 집권에 반대하는 시위가 연일 벌어진 가운데 그의 정적인 부토 전 총리가 귀국했고, 그녀는 암살되었다(2007년 12월 27일). 2001년 미국의 아프간 침공을 도운 무샤라프의 장기 집권은 무엇을 의미하겠는가.

친미적인 그에 대한 파키스탄 국민들의 분노는 탈레반이 부활하는 토양이 되었다. 이미 2006년 9월 탈레반은 아프간과 인접한 파키스탄의 와지리스탄을 접수하고 여세를 몰아 북쪽으로 도시를 하나씩 장악해갔다. 무샤라프가 국가 비상사태를 발표한 후 그들은 주민들의 도움을 받아 파키스탄 내 활동 영역을 더욱 확대하고 있다. 세계 13억 이슬람교도들의 상당수가 미국의 가치관이 아니라 그 행위 때문에 미국을 증오하고 있다는 현실을 인정하지 않으면 이 전쟁은 끝나지 않을 것이다.

달러 신앙에 비수를 꽂은 빈 라덴

하지만 문제의 핵심은 이 전쟁이 지속되기를 원하고 있는 측이 빈 라덴이라는 점이다. 다양한 인종의 미국인들을 결집시키는 힘은 '아메리

칸 드림'이다. 정확히 말해 그것은 달러에 대한 숭배다. 미국의 중심이 경제에 있다는 것을 간파한 빈 라덴은 그것에 결정타를 날리기로 작정했다. 그의 전쟁 목적은 미국 경제의 출혈을 지속시키는 일이다. 미국은 전쟁에 언제나 막대한 자금을 쏟아 붓는다.

빈 라덴은 미국 군산복합체의 본질을 꿰뚫고 있었다. 미국 군인들은 부시 대통령이 이라크로 전쟁을 확대하는 어리석은 짓을 반대하지 않았다. 역효과를 내는 정책을 그들이 묵인하는 이유는 사적인 이기심 때문이다. 퇴직을 앞둔 그들이 하는 말이 있다. "이제부터 진짜 돈 좀 벌어봐야지." 그들은 현직에 있는 동안 사사건건 반대만 했다는 오명 때문에 퇴직 후 정부의 일을 주로 하는 기업으로의 취업이 어려워질 것을 두려워한다.

퇴직과 동시에 군인들은 방위산업체에 들어가 동료들에게 군복에서 전투기까지 온갖 군수품을 팔거나, 이스라엘이나 사우디를 위해 일하는 로비스트 회사를 다니고, 펜타곤으로부터 컨설팅 계약을 따낸다. 군인들 가운데 이라크와 전쟁을 반대하는 사람이 있다면 그는 모든 사람의 적이 된다. "일자리를 만들어내는 일에 왜 반대해?"

2003년 미국이 이라크로 전쟁을 확대하자 동굴 속에서 오사마 빈 라덴은 신에게 감사드렸다. 미 의회조사국CRS에 따르면 이라크 전쟁 비용으로 지금까지 무려 6480억 달러를 지출한 것으로 집계됐다. 이는 2008년 수준으로 환산한 베트남전 비용 6860억 달러에 육박하며, 그 액수가 앞으로 얼마나 더 늘어날지 알 수 없다. 어느 저명한 경제학자는 부상자의 장기 치료비 등을 포함하여 3조 달러로 보기도 한다.

제국의 딜레마

몽골의 원 제국도 끊임없이 대외 팽창을 시도해 세금을 낼 수 있는 인구와 자국의 지폐 사용 지역을 확대했다. 그 팽창은 어느 순간 멈췄지만 관성이 붙은 지폐 발행은 끊이지 않았다. 물가가 오르고 인플레이션은 지속되었고, 그것이 반란의 토양이 되었다. 인플레이션은 지폐를 소유한 모든 사람들을 자연스럽게 착취한다. 원 제국이 고려에 파병을 요구했을 때는 나라 형편은 이미 돌이킬 수 없는 상태였다. 몇 년 후 원 제국에 반란을 일으킨 홍건적이 고려에 침입해 들어왔을 때 백성들은 이를 실감했다(1359년). 현재 한국의 아프간 파병을 원하고 있는 미국은 어떠한 상태에 봉착했을까?

막대한 마약 자금을 배경으로 탈레반은 병사들에게 적지 않은 급료를 주고 있다. 그들의 아편 생산량은 6100톤으로 전 세계의 92퍼센트에 이르는 규모다(2005년). 아이러니하게도 미국과 유럽에 거대한 마약 시장이 존재하기 때문에 그들은 미군과 전쟁을 지속할 수 있다. 미국이 아프간과 이라크에서 지금 떠나면 모든 것을 잃을 것이고, 떠나지 않으면 멈추지 않는 출혈 속에서 고사할 것이다.

□◇ 탈레반Taliban

1994년 10월, 2만5000여 명의 학생들이 중심이 돼 아프간 남부 칸다하르에서 결성한 수니파 무장 이슬람 정치조직. 1994년 아프가니스탄 국토의 80퍼센트 정도를 장악한 뒤 이듬해 수도 카불을 점령, 14년간 계속된 아프가니스탄 내전과 4년 동안의 모자헤딘 권력투쟁을 종식시켰다. 9·11 테러의 배후인 오사마 빈 라덴과 알 카에다를 숨겨둔 채 미국에 인도하지 않음으로써 미국의 침공을 받았다. 하지만 탈레반은 파키스탄과 접경지역으로 숨어들어 세력을 키웠고 아프간의 대부분을 장악했다. 나아가 파키스탄 국경을 넘어 세력을 확장하고 있다.

□◇ 공민왕恭愍王(1330~1374)

충숙왕의 둘째 아들이다. 1341년(충혜왕 2) 원나라에 가서, 위왕의 딸 노국대장공주魯國大長公主와 결혼했다. 원나라의 지시로 충정왕이 폐위되면서 왕위에 올랐다. 원나라가 쇠퇴하자 원나라 배척 운동을 일으키고, 원 왕실과 인척관계를 맺고 권세를 부린 기철奇轍 일파를 숙청했다. 1368년 명나라가 건국하자 이인임을 보내어, 명나라와 협력하고 요동에 남은 원나라 세력을 공략했다. 그러나 그 뒤 홍건적·왜구의 계속적인 침범으로 국력이 소모되었고, 1365년 노국대장공주가 죽자 정치를 신돈에게 맡겨 정국이 문란해졌다.

제2부

달러의 그늘

무기를 팔 때는
분쟁국의 요구에 맞춰라

06
무기산업의 악마적인 매력

"엄청나게 처벌하게 안 하면 우리가 계속 대우 인터내셔널을 엄청나게 처벌할 수 있도록, 미얀마 민중에게 사죄할 수 있도록 우리는 (시위를) 계속하겠습니다."

미얀마 민족민주동맹의 대표 한 사람이 어설픈 한국말로 분노를 토로했다. 미얀마에서 민중항쟁이 진압된 직후라 그의 분노는 대단했다. 서울 서초동 법원종합청사 앞 미얀마 민족민주동맹 등 10개 시민단체 회원 10여 명은 미얀마에 불법으로 무기 수출을 한 7개 방위산업체의 결심공판을 앞두고 항의 집회를 가졌다(2007년 10월 23일). 이들은 대우 인터내셔널의 이태용 전 사장과 6개 업체가 2001년 초 미얀마 정부에 연간 수만 발의 포탄을 생산할 수 있는 공장 설비와 기계류, 기술자료

등을 1억3380만 달러를 받고 불법 수출한 것에 대한 엄중한 처벌을 촉구했다. 대우 인터내셔널 등은 105밀리미터 곡사포용 대전차 고폭탄 등 6종의 포탄을 생산할 수 있는 공장을 미얀마에 지어주었다. 당시 환율로 1600억 원짜리 사업이었다.

아랍에미리트와 수출 협상이 진행 중인 초음속 고등 훈련기 T-50.

한국이 치열한 국제 무기 판매 시장에 뛰어들었음을 실감케 하는 사건이었다. 한국은 1975년에 47만 달러 규모의 방산 수출을 시작했다. 경공업 수준이었다. 32년 후인 2007년 현재, 2만여 명을 고용하는 국내 방산업체 수는 거의 90개, 연간 수출액은 약 11억 달러에 달한다. 5년 전까지만 해도 한국이 수출한 방산물자 중 탄약이 가장 큰 비중을 차지했지만, 2007년 1월 기준의 통계에 의하면 현재는 항공(23.8퍼센트), 함정(23.8퍼센트), 탄약(21.1퍼센트) 순이다. 세계의 무기 수출 국가들

중 17위를 차지한 한국은 곧 10위권에 진입할 것이다. 미국 방위산업 전문지인 『디펜스포스』는 한국을 '세계 정상급 무기를 생산하는 글로벌 파워'로 인정했다.

치열한 무기 시장

2006년 노무현 전 대통령이 아프리카를 방문했을 때도 그들은 이구동성으로 한국의 무기를 원했다. 현재 우리 군이 접촉 중인 국가는 이집트와 알제리, 모로코 등 주로 아프리카 북부에 위치한 나라들이다. 노 전대통령 순방 당시 알제리 정부 관계자들은 과거 프랑스 식민지 시절 사용하던 군수품과 러시아 등지에서 공급된 재래식 무기 전반을 교체할의사를 밝힌 것으로 전해졌다. 알제리가 원하고 있는 무기는 통신·야간투시 장비, 함정, 항공기에 이르기까지 다양하다. 실무자들의 협상이본격화되고 있다.

이집트와는 K-9 자주포 수출 협의가 진행 중이다. 이미 2007년 9월이집트 군 관계자들이 육군 모 포병여단을 방문, K-9 자주포 운용 시범사격을 참관하는 등 긍정적인 반응을 보인 바 있다. 알제리와 경쟁관계에 있는 모로코와는 막후 접촉이 진행 중인 것으로 알려졌다. 나이지리아는 이미 5만 정 이상의 K-2 소총을 구입해간 것으로 알려졌다. 그 총은 싸고 가벼운 데다 적중도가 높아 소년병들을 무장시키는 데 안성맞춤이라 한다. 한국 무기에 대한 국제적 평가는 이렇다.

"독일제와 성능이 비슷한데 가격이 훨씬 싸지?"

한국의 무기가 세계에서 주목을 받게 된 것은 2001년 터키에 K-9 자주포를 판매하면서부터였다. 10억 달러의 무기 수주였다. 미국도 신형 자주포 사업에 실패했을 정도로 자주포 제작은 어렵다. 여기서 미국의 실패란 고성능의 자주포를 생산했지만 가격이 높아 구입할 수 없음을 말한다. 산업공학적인 면에서 실패했던 것이다. 지금 K-9 자주포와 비슷한 성능을 지닌 것은 독일의 자주포 PZh2000밖에 없다. 하지만 가격이 K-9보다 두 배 정도 비싸다.

　초등연습기 KT-1(웅비)도 인도네시아에 이어 작년에 터키에 55대를 판매했다(5억 달러). 특히 산악이 많은 나라에서 이 비행기에 대한 관심은 지대하다.

한국산 K-9 자주포와 완전 자동화된 내부 모습. 세계 최강의 무기라고 해도 과언이 아니다. 호주군도 이 자주포를 도입하려는 움직임을 보이고 있다.

최근 한국의 최신형 전차 XK-2가 터키에 팔리게 됐다(15억 달러 이상). 프랑스의 최신 전차 르끌레르를 치열한 경합 끝에 제쳤다. 한국형 단거리 지대공地對空 미사일인 '천마天馬' 100여 대도 터키에 수출하는 일을 추진 중이다. 수출액은 약 25억 달러(약 2조3000억 원)로 추산되며, 이것이 성사되면 방위산업 수출 사상 최대 규모가 될 것으로 예상된다. 천마는 궤도 장갑차량에 유도미사일 8발, 탐지 및 추적 장치, 사격 통제장치를 장착하고 있다. 터키군은 한국의 최대 고객이다.

현재 터키 군대에서 차지하는 한국산 무기의 비중은 앞으로 더욱더 확대될 것이 확실하다. 몽골고원에 살았던 5세기의 고대 터키인들도 고구려의 중요한 거래 파트너였다. 고구려는 몽골지역으로부터 정기적으로 말을 가져왔고, 대금으로 곡물과 생필품을 주었다. 당시 터키인들은 유연이란 지배 씨족 아래에 있었다.

고구려와 유연의 말 거래

유목 제국 유연은 고비사막 남쪽 북중국에 북위라는 강력한 나라와 군사적으로 치열한 대결을 하고 있었다. 이 때문에 그들이 겨울을 날 때 필요한 곡물의 상당 부분을 고구려에 의존하지 않을 수 없었다. 양자 강남의 유송도 북위와 전쟁과 휴전을 반복하고 있었다. 북위가 양자 강남의 유송을 침공하면 언제나 사막 북쪽의 유연이 북위를 공격했고, 북위가 유연을 침공하면 유송이 북위를 공격했다. 이로 인해 북위는 남과 북에 있는 두 나라를 상대로 확실한 승리를 거둘 수 없었다. 유연과 유송

두 나라는 지리상 완전히 격리되어 있지만 중간에서 고구려가 군사적 동맹관계를 이어주고 있었다.

439년 이후 양자 강남에 있는 유송의 황제는 고구려에게 끊임없이 전마를 요구했다(800필). 전투용 말은 당시 최고의 무기였다. 그때마다 고구려는 바빠졌다. 하지만 대금으로 막대한 곡물을 실은 배가 평양으로 들어왔다. 실로 언제나 거절을 할 수 없는 엄청난 양을 보냈다. 고구려는 잘 훈련된 전마를 보유하고 있었다.

말은 언제나 몽골고원 유연에서 고구려로 들어왔다. 고구려의 국영목장은 북쪽에서 남쪽으로 말들의 수입 경로를 따라 배치되었다. 말을 양육하고 조련하는 것은 고구려에 복속된 유목민 거란족이었다. 말들은 분류되었다. 훈련을 시켜도 가망성이 없는 말은 먹이를 축내기 전에 그 자리에서 도살돼 고기가 되었다. 가능성이 있는 말은 고구려의 국영목장으로 보내졌다. 최대 국영목장의 하나가 백두산에 있었다. 해발 고도가 2000미터 이상이 되면 나무가 없고 광활한 초원지대를 이룬다. 그러니까 천지 분화구를 중심으로 주변에 광활한 초원이 펼쳐지며 그곳이 바로 중국의 기록 『한원』에서 말하는 마다산馬多山 목장이다.

전마는 여러 단계의 훈련과정을 거쳤다. 다양한 상황에서 말의 갤럽(말이 걸음마다 네 발을 모두 땅에서 떼고 뛰는 일), 속보에서 갤럽으로, 갤럽에서 속주로 넘어가기와 갤럽에서 발 순서 바꾸기이며, 양 방향 및 1/4원-반원-전원으로 급격하게 방향 바꾸기이다. 말에게 매일 정해진 숙제를 부여하고, 반드시 휴식시간을 주었다. 훈련은 매일 변화를 주었고, 끊임없이 반복학습을 시켰다.

하지만 백두산에서 훈련을 받은 전마를 바로 양자 강남으로 가는 배에 실으면 환경에 적응을 하지 못하고 죽어버린다. 말은 소와 다르게 예민한 동물이다. 적응 훈련은 상식이었다. 내몽골 부근의 대동에서 낙양으로 수도를 옮긴 북위도 융마의 최대 목축지역인 하서목장(오르도스)에서 키운 말을 바로 낙양으로 가져오지 않았다. 중계지인 병주목장(산서성 태원)으로 일단 이동시킨 후 점차로 남쪽으로 옮겨 수토水土에 익숙해지게 했다. 그 후 하양목장(하남성 황하연변)으로 옮겼다.

남쪽으로 여러 고구려 국영목장을 거쳐 한강 유역까지 내려온 전마들은 그곳에서 적응 기간을 마친 후 배에 실려 제주도를 향했다. 장수왕대 제주도는 고구려의 지배 아래에 있었다(『위서』). 화산지대인 제주도는 1년 내내 풀이 마르지 않는 푸른 상태를 유지하고 있었다. 제주도에 하역된 말들은 그곳에서 다시 적응 기간을 보냈다. 제주도에서 덥고 습한 여름을 넘긴 말들은 양자 강남에서 살아남을 수 있었다. 그곳은 아열대지역으로 가는 말들의 마지막 졸업 관문이었다. 전마를 판매하고 유송으로부터 받아낸 막대한 곡물은 고구려 사회를 풍요롭게 하는 원천이었다. 그 때문에 장수왕은 백성들을 굶기지 않을 수 있었다. 나아가 그 곡물은 고구려가 유연에서 말과 육류를 구입하는 밑천이 되었다.

곡물이 많이 나는 양자 강남 지역이 전마의 주요 판매지였다면 지금 우리 무기의 주요 판매지역은 오일 머니가 넘치는 곳이다. 한국 산업기술의 총집결체인 고등훈련기(T-50)의 수출 가능성이 점쳐지는 아랍에미리트는 2007년 말 한국, 영국, 이탈리아 3개 후보 기종에서 T-50(한국)과 M-346(이탈리아) 두 개 기종으로 압축했고, 최종 결정을 앞두고 있다. 아랍에미리트 측은 "속도·경공격기로의 전환 가능성 등을 볼 때 여러 기능 면에서는 T-50이 앞서는 것이 사실"이라고 말했다. T-50이

채택될 경우 수출 규모만 1조3000억 원 안팎에 달하며 그리스와 싱가포르 역시 그것을 수입할 가능성이 높아진다.

군용 항공기가 30년을 유지하는 데 필요로 하는 부품의 가격은 기체 가격의 20배 이상이 될 수도 있다. 장기적인 관점으로 보았을 때 T-50(50대)의 아랍에미리트 수출은 26조 원 이상의 가치가 된다. 기체 가격은 빙산의 일각에 불과한 것이다. '죽음을 파는 무기산업'의 '악마적인 매력'은 여기에 있다. 전차와 자주포에 들어가는 부품도 수만 개 이상을 상회하며 정기적으로 교체해야 할 것이 너무나 많다.

한국 무기업체, 기술까지 통째로 이전

전마도 철저한 소모품이었다. 전쟁터에서 말은 1년 이상 생존하기 힘들다. 많은 말들이 소모되었고, 고구려로부터 끊임없이 말을 가져와야 했다. 몽골의 유연, 북중국의 북위, 남중국의 유송 등 3개의 대국이 경쟁적인 상태를 유지하는 한 고구려는 호황을 누렸다. 정확히 말해 그것은 북중국에 강력한 북위라는 나라의 존재 때문에 그러했다.

현재 한국에서 무기를 구입하는 주요 나라들이 염두에 두는 것도 강력한 이란의 등장과 무관하지 않다. 이라크에서 미군의 철수가 기정사실화되고 있는 가운데 이라크의 절반 정도가 이란의 영향에 들어갈 것이며, 터키와 적대적인 쿠르드족이 이라크 북부에 나라를 세우게 된다. 향후 이스라엘은 군사적으로 더욱 강경하게 나올 것이다. 터키가 한국의 무기를 대량 구입하고, 아랍에미리트와 이집트가 한국산 무기를 구

백두산 해발고도 2000미터의 광활한 초원. 이곳이 641년에 고구려를 방문한 당나라 정보부장 진대덕의 보고서 「고려기」(『한원』에 실림)에 보이는 마다산馬多山 목장이다.

입하기 위한 절차를 밟고 있는 것도 바로 이러한 변화 때문이다.

고구려는 남쪽의 끝 제주도에 목장을 개발하여 몽골 산 말이 아열대인 양자 강남에서도 살아남을 수 있도록 훈련을 시켜주었다. 한국의 무기업체들도 현지에서 무기를 완벽하게 만들도록 해주었다. 유럽, 미국, 러시아와 같이 무기만 판매하는 것이 아니다. 한국은 터키에 K-9 자주포를 생산할 수 있는 공장을 지어주고 기술을 무제한 이전해주었다. 이러한 철저한 계약 이행은 터키 주변의 중동 국가들에게 깊은 인상을 주었다. 세계 각국이 한국으로부터 무기 도입을 선호하게 된 이유는 여기에 있다. 아이러니하게도 한국 무기업체에 대한 이들의 신용도는 서초동 법원 앞에서 미얀마 청년이 내지른 처절한 절규와 비례한다.

자본은 정치를 움직이고, 이권은 반란을 획책한다

07
자본가의 국제정치

서울의 궁정동에서 총성이 울렸다. 박정희 대통령이 시해되었다(1979년 10월 26일). 그의 죽음에는 유가의 국제정치가 반영되어 있다. 그해 이란은 회교혁명으로 팔레비 독재정권이 무너졌고 원유 수출을 중단했다. 유가가 치솟았다. 제2차 오일쇼크였다. 한국은 직격탄을 맞았다. 물가가 상승했고, 경상수지가 악화되었다. 경제적 불안은 정치적 불만과 결합했고, 부산과 마산에서 소요 사태가 일어났다. 저격자 김재규는 여기서 용기를 얻었다. 그해 12월 12일 쿠데타가 일어나 신군부가 사실상 정권을 장악했다. 이란 사태는 신군부에게도 행운이었다. 미국은 이란에 자국의 인질이 잡혀 있어 한국에 관심을 가질 수 없었다.

이란인들은 미국을 석유 도둑으로 알았고, 그 도둑이 국왕을 뒤에서 조종하고 있다고 생각했다. 그들의 증오는 57년 전부터 시작되었다. 한국전쟁이 한창이던 1951년 이란 수상 라즈마라가 저격으로 사망했다. 그는 이란 석유의 국유화가 비현실적이라고 주장했었다. 국왕 팔레비는 당시 이란의 석유를 독점한 영국의 허수아비였다.

이란의 민족주의자 모사데크

오랜 세월 영국의 지배를 받은 이란에는 한 사람의 선동가가 있었다. 민족전선을 이끌고 있던 모사데크는 의회 석유위원회 의장이었다. 석유만 국유화되면 이란이 짊어지고 있는 모든 문제가 해결된다는 그의 주장은 열광적인 지지를 받았다. 1951년 4월 의회에서 석유 국유화가 만장일치로 가결되었고, 2년 후 국왕이 서명했다. 동시에 모사데크가 수상에 임명되었다.

"석유 도둑 영국(앵글로 이라니언)을 몰아내자."

하지만 석유 시장에서 유통권은 엑슨모빌, 텍사코, 쉘 등 메이저 회사들이 가지고 있었다. 서로 경쟁적인 그들도 단합을 했다.

"석유는 피보다 진하다. 이란 산 석유는 사지도 팔지도 말자!"

이란의 석유는 시장에서 거래가 중지되었다.

모사데크는 초조해지기 시작했다. 국고가 바닥을 드러냈고, 실업과 인플레이션은 통제가 불가능했다. 이란은 무질서 상태에 빠졌다. 메이저 석유회사들은 쯔데당(공산당)이 정부를 탈취하고 이란이 소련의 영향권으로 들어가는 것은 시간 문제라고 판단했다. 그렇게 되면 중동 전체가 위험해진다. 그들은 미국 정부에 압력을 넣었다. 미국의 CIA가 움직이기 시작했다. 이란에 잠입한 요원들이 공작을 시작했다. 이란의 국왕 팔레비에 접근한 CIA 요원 슈파츠코프는 모사데크의 파면을 선언하게 했다. 새로운 수상으로 자헤디 장군을 임명했다. 하지만 모사데크의 반격은 만만치 않았다. 라디오를 통해 반反팔레비 운동을 선언했다. 하룻밤 사이에 반팔레비 구호를 부르짖는 군중들로 테헤란 거리는 가득 찼다(1953년 8월).

CIA의 쿠데타와 석유 재벌들

이란 국왕 팔레비의 서구화 세속화에 반대하면서 이란혁명을 주도해 지금도 최고의 지도자로 숭배받고 있는 호메이니. 그는 석유 민족 자본주의를 내세우면서 반미주의 노선을 걸었다. 그가 이끈 이란혁명 기념 행사 사진.

팔레비는 그의 가족들과 함께 로마로 피신했다. CIA는 2단계 '아작스' 작전에 들어갔다. 군대와 경찰 조직 내 인맥을 끌어 모았고, 사람을 시켜 이슬람 성직자 집을 폭파시켜, 그 일을 모사데크가 했다고 누명을 씌웠다. 그리고 테헤란 거리에 있는 사람들에게 막대한 돈을 살포했다. 친親국왕 구호를 외치며 거리로 나간 군중은 눈 깜짝할 사이에 흘러넘쳤다.

모사데크는 군과 경찰을 동원하여 이를 진압하라고 명령을 내렸다. 하지만 그들은 CIA의 조정을 받고 있었다.

군부의 탱크가 모사데크와 그를 따르던 자들을 포위했다. 미국이 획책한 쿠데타가 성공했다. 귀국한 팔레비는 영국의 허수아비에서 미국의 꼭두각시가 되었다. 석유의 이권은 엑슨, 걸프 등 미국의 5대 메이저와 영국(BP), 네덜란드(쉘), 프랑스(CEP) 등에게 분할되었고(1954년 7월), 이란 공작을 지휘한 CIA 요원 루즈벨트는 걸프의 부사장이 되었다. 최대의 수혜자는 미국 석유회사들이었다. 이후 그들은 이란뿐만 아니라 이라크와 사우디아라비아의 대유전지대에 손을 뻗치게 되었다. CIA가 획책한 쿠데타는 외세의 개입 사실을 부각시켰고, 이란 국민들에게 반미국적인 정서가 자리 잡게 했다. 미국의 지원을 받는 국왕은 정적들을 처단하고 완벽한 경찰국가를 만들었다.

안시성의 은광산

주필산 앞 구릉에 당군 10만과 15만의 고구려군이 대진했다. 안시성에서 16킬로미터 지점까지 펼쳐지는 그 넓은 평원이 좁아 보였다. 양군은 화살의 사정거리가 못 미치는 지점에 자리 잡았다. 고구려군의 고수들이 북을 치기 시작했다. 양군의 선두 대열이 가까워질수록 북소리는 점점 커졌다. 고구려군의 뒤로 안시성이 솟아 있었다. 안시성은 수비대가 철통같이 지키고 있었지만 전장은 잡풀이 무성한 들판의 구릉지대에서 벌어질 참이었다.

양군이 마주보며 진용을 갖추자 기병들이 상대편 진영으로 바짝 다가가 활을 쏘았다. 기병들은 여러 대로 나뉘어 공격을 했고 공격 방향도 각기 달랐다. 기병들은 말의 옆구리에 빗자루를 달아 엄청난 먼지를 일으켜 어느 쪽을 공격할지 예측하지 못하게 연막을 피웠다.

여느 때처럼 고구려군은 이민족 출신 기병대를 선두에 세웠다. 정확히 말해 그들은 흑수말갈로 북부 연해주 지역에서 왔다. 말갈 기병 대열이 사방 40리에 뻗치는 규모였다. 돌궐 기병을 대거 보유한 당이 여기에 맞섰다. 그들과 말갈 기병이 싸우기 시작했다. 서로 달리면서 활을 날렸다. 서로 기마의 속력과 화살이 지면에 떨어질 시간을 감안해 발사했다. 싸움은 돌궐 기병 쪽에 불리하게 돌아갔다. 고구려의 전 군대가 12킬로미터 전진해 산기슭에 진을 쳤다. 결과적으로 안시성과는 거리가 멀어졌다. 석양의 하늘에는 까마귀 떼가 몰려오고 있었다.

전투는 만주평원의 찬란한 햇빛 속에서 며칠 동안 계속됐다. 키 자란 풀들은 금세 수십만 명의 인간과 말의 발에 짓밟혔고, 대기는 흙먼지와 죽음의 냄새로 자욱했다. 한 병사가 쓰러지면 다른 병사가 그 자리를 메웠다. 하지만 그것은 서막에 불과했다. 양군은 결정적인 전투를 하지 않았다.

이세적 휘하의 당군이 고구려 군대를 향해 진격해왔다. 고구려의 말갈 기병이 이세적의 군대를 보고 앞으로 돌격했다. 이세적의 군대가 포위됐고 수천의 사람이 전사했다. 말갈 기병들이 당군을 정신없이 살육하고 있는 사이에 당의 장군 장손무기의 돌궐 기병 1만1천이 먼지를 일으키며 고구려 주력 군대의 배후에 나타났다. 고구려군은 급소를 맞았다. 당의 장군 이세적의 병력을 요리하던 말갈 기병들은 고구려 군대의 배후를 막으라는 명령을 받고 급하게 움직였다. 이세적의 당군에 대한 포위망이 자연스럽게 풀렸다. 순식간에 일어난 일이었다.

동시에 당태종이 친히 기병을 이끌고 고구려군의 측면을 쳤다. 하지만 당태종은 고구려 군대의 배후로 돌아가던 말갈 기병과 부딪쳤다. 당태종은 불리한 상황에 몰렸다. 짧은 순간이지만 수많은 부하의 희생을 딛고서야 겨우 살았다.

그런데 앞서 고구려 말갈 기병에 몰렸던 이세적의 부대가 대열을 전개했다. 장창보졸 1만이 장창을 세우고 정연한 대열을 유지하고 있었다. 고구려군이 당군에 의해 후면과 측면에 압박을 받고 있는 상태에서 정면에 장창을 세운 벽이 나타났다. 동시에 이세적 휘하의 기병 5천이 말갈 기병의 배후를 쳤다. 돌궐 기병이 고구려군에 충격을 주는 망치라면 한인으로 구성된 이세적의 장창보병은 모루였다. 역시 당군은 한인 보병과 유목 기병의 전력을 절묘하게 결합시킨 무서운 군대였다.

순식간에 고구려군은 대열이 흩어졌고, 지옥이 펼쳐졌다. 많은 고구려 병사가 죽어갔다. 당군은 고구려군이 대열을 추스를 시간을 주지 않았다. 결국 패배를 맞은 고구려 장군(고연수·고혜진)들은 병력 3만 6800명을 이끌고 항복해왔다. 고구려군과 말갈군 상당수가 전사했지만 많은 수는 흩어져 달아났다. 고구려군의 장교급 3500명을 잡아다 중국 내지로 옮겼고, 나머지는 모두 풀어주었다. 노획한 말이 3만 필이고, 소가 5만 두였으며, 갑옷이 1만 벌이었다. 당태종을 위협에 빠뜨린 흑수말갈 기병 3300명에게는 가혹한 처벌이 내려졌다. 기다란 구덩이가 만들어졌고 그들을 모두 산 채로 밀어 넣었다. 이는 고구려에 협력하던 말갈인들에 대한 당태종의 엄중한 경고였다. 이렇게 안시성을 구원하러 왔던 고구려 군대는 궤멸했고, 안시성은 당군에게 포위됐다.

당태종은 이미 고구려의 요동성과 비사성 등 여러 성을 함락한 상태였다. 하지만 그들은 안시성을 두고 고구려 심장부로 진격할 마음이 없었다. 안시성 부근에는 은銀을 막대하게 생산하는 은광산이 있었기 때문이다. 641년 고구려를 방문했던 당의 정보부장(병부 직방랑중) 진대덕이 남긴 보고서는 이렇게 기록하고 있다.

> "은산銀山은 안시安市의 동북 100여 리에 있다. 수백 가구가 그것을 채집해 국용國用으로 공급하였다."(『한원翰苑』)

고구려는 은을 채굴해 화폐로 사용했다. 은덩어리는 고구려 국가재정에 없어서는 안 되는 중요한 자산이었다.

안시성 앞에서 중앙군 15만이 대파된 후 연개소문에게 선택의 여지는 크게 줄었다. 당시의 전세로 보아 시간이 흐르면서 요동에 있는 여러 성이 당군에게 차례로 함락될 것이 분명했다. 연개소문 자신도 함락시키지 못했던 난공불락의 안시성은 완강히 버틸 것이 확실했지만 그마저 장담할 수 없을 만큼 상황이 좋지 않았다.

연개소문의 쿠데타 사주

연개소문의 입장에서는 어떻게든 안시성을 사수해야 했다. 그것이 가능하려면 극적인 반전이 필요했다. 당군의 사기는 하늘을 찌르고 고구려가 연전연패하는 불리한 상황에서 전세를 역전시킬 가능성은 거의 희박하며, 결정적인 반격은 더욱 힘들었다. 희망을 걸 수 있는 곳은 당의 유일한 적수인 설연타를 움직이는 길밖에 없었다. 연개소문은 사절단(말갈인 상인들)을 설연타에 파견했다(645년 6월). 그들은 고구려와 몽골고원 간 교역에 종사했다. 고구려가 사라지면 그들의 부와 조직도 모두 붕괴될 상황이었다.

도박이란 마지막 판까지 거금을 건 사람에게만 기회를 준다. 연개소문의 의도대로 상황이 돌아가 좋은 결과가 나올 것인지는 불확실했다.

연개소문과 당태종.

실패의 가능성이 큰 만큼이나 성공의 효과는 극대화된다. 국운을 건 도박이었다. 그런 만큼 설연타에 파견된 사신에게 준 공작금은 막대한 규모였다.

고구려에서 온 사절이 설연타에 도착했을 때 칸은 병석에 누워 있었다. 하지만 곡물의 절대량을 고구려에서 수입해 먹는 설연타의 칸은 고구려 사절을 만나주지 않을 수 없었다. 사절이 말했다.

"지금 당태종의 군대는 고구려에 있습니다. 칸께서 군대를 일으켜 당의 수도 장안을 접수할 수 있는 절호의 기회입니다."

"당태종에게 몇 년 전 우리 설연타가 패하여 짐의 체면이 말이 아니오."

고구려 사절은 칸이 당태종에게 깊은 공포감을 느끼고 있으며, 그의 생명의 불도 꺼져간다는 것을 직감했다. 절망적이었다. 하지만 그대로 물러섰다가는 그들은 모든 것을 잃을 판이었다.

'칸의 자리를 이어받을 아들을 상대해야 해! 하지만 아들이 두 명 있는데 누구에게 줄을 서는 것이 효과적이지?'

말갈 상인의 공작

칸의 적자 발작을 찍었다. 그리고 거금의 공작금을 들고 그를 찾아갔다.

"8년 전 당태종은 아버님이신 진주칸의 서자인 예망을 돌리실칸으로, 적자인 발작 당신을 사엽호칸으로 책봉했습니다(637년)."

"그렇소. 중국인들은 아버지가 돌아가신 후 나와 배다른 형제 사이에 일어날 소비적인 혈투를 바라고 있소. 이대로 가다간 나는 이복형제와 내분에 들어갈 것이 확실하오."

"그것을 피할 수 있는 방법이 있습니다. 민망하지만 이복형제분을 죽여야 합니다."

"의심 많은 그놈을 어떻게 여기로 끌어들인다 말이오?"

"기회는 한 번뿐입니다. 당신의 아버님이신 진주칸께서 돌아가시면 예망도 오지 않을 수 없습니다. 저희가 자금을 댈 터이니 사람들을 모으시지요."

"알았소."

"발작 님이 거사에 성공을 한 후 해야 할 조치가 있습니다. 내란을 방지하고 단결을 강화하기 위해 당과 전쟁을 해야 합니다. 지금 당의 주력은 우리 고구려에 와 있으니 그 심장부는 비어 있습니다."

그해 9월 진주칸이 죽고 장례식이 있었다. 상주인 발작이 예망을 불렀다. 예망은 음모를 꾸밀 것이라는 것을 직감했다. 불안에 떨던 예망은 장례가 끝나자 서둘러 자신의 근거지로 돌아갔다. 그것을 예측이라도 한 듯이 발작은 예망을 추격해 습살했다. 고구려의 획책으로 쿠데타가 일어나고 설연타는 하나로 통일되었다.

초원에서 반당적인 설연타의 새로운 칸이 즉위했다는 소식이 들려왔을 때 태종의 마음은 어떠했을까? 최악의 시나리오가 현실로 나타났다. 645년 9월에 정권을 장악한 설연타의 발작은 기마군단 10만을 이끌고 하주夏州(오르도스)를 공격했다. 당의 수도권과 인접한 곳이었다. 설연타의 공격에 태종은 안시성에서 철수를 하지 않을 수 없었다(645년 9월). 당태종은 그해 12월 오르도스와 인접한 영주에 도착했다. 설연타와 싸우는 당군을 독려하기 위해서였다. 이동 중의 가마에서 당태종은 심하게 앓았다고 한다. 그것은 살인적인 스트레스 때문이었다. 646년 3월 전쟁터에서 돌아오던 태종을 마중 나간 황태자(당고종)가 본 것은 영웅이 아니라 병든 노인이었다. 그의 회한은 끝없이 깊어갔다. 그러고는 결국 세상을 등졌다.

　석유 재벌들은 이란의 위기를 이용해 영국이 독점한 석유를 나누어 가졌다. 말갈 상인들은 고구려의 곡물에 의존적인 설연타의 왕위 계승에 개입해 자신의 말을 듣는 자를 등극시켜 당을 공격하게 했고, 이권을 지켜냈다. 양자는 시공간의 차이만큼 입장이 달랐다. 하지만 공통점도 있다. 시장을 장악한 현대 자본가들과 고대 상인들이 자신의 이익을 위해 국제정치에 개입하거나 적극적인 노력을 기울인다는 점이 그것이다. 석유 재벌들은 중동의 석유를 차지하기 위해 의회와 행정부에 끊임없이 영향력을 행사했고, CIA를 움직였다. 몽골고원과 고구려 사이의 교역에 거대한 이권이 걸린 말갈 상인들도 연개소문이 사주한 이상의 것을 해냈다.

비단은 '사용가치'라도
있지만 달러는?

"자유시장이 부와 번영으로 이르는 길임을 확신합니다."

1990년대 미국은 자유시장 개혁, 사유화, 달러 민주화라는 '복음'으로 무장하고 자본 이동의 벽을 허물기 시작했다. 배후에는 월스트리트의 금융기업들이 있었다. 비판자들은 그것을 제국이라 불렀고, 미국은 자유와 인권의 확대라고 주장했다. 확실한 것은 여기서 자유란 인간의 자유가 아니라 자본의 자유였고, 그 자본은 달러였다는 점이다.

1980년대 말 소련의 위협이 사라지자 자본주의 동맹국들에 대한 미국의 통제력도 약화될 터였다. 일본과 한국 등 동아시아와 유럽연합이 미국의 지배권에 대한 경제적 주요 경쟁자가 되었다. 미 행정부는 '글로벌화'라는 덫을 개발했다. 눈치를 챈 사람은 거의 없었다.

해외 단기 자본의 유입

일본 은행들이 자국의 증권 및 부동산 시장 폭락에 맞서 고투를 벌이고 있을 때였다. 1993년 아·태 경제협력체APEC 정상회담에서 미국은 동아시아 경제권에 대해 금융시장을 개방하라고 요구했다. 그동안 동아시아 나라들은 제조업에 대한 투자를 제외하고는 외국자본에 대한 의존을 피해왔다.

한국에도 해외 투자가 자유롭게 들어오고 나가도록 허용되었다. 한국의 고금리에 현혹된 외국 투자가들이 몰려왔다. 그들은 해외에서 6~7퍼센트의 저금리로 자금을 빌려 원화로 환전하여 12~13퍼센트의 고금

대우조선 노동자들이 여의도에서 자사의 해외 매각에 반대하는 집회를 열던 장면. 산업은행이 대우조선 매각 주간사로 선정한 골드만삭스는 초국적 자본이다. 이들은 전 세계 곳곳에서 숙주처럼 기생하며 고도 금융 기법과 무분별한 투기를 통해 카지노 자본주의를 실현하고 있다.

리로 운용했다. 재미를 본 그들은 우리의 주가가 저평가되어 있다고 생각하고, 많은 주식을 매입하였다. 외국인 증권 투자가 610억 달러까지 늘어났다(1991~1996년). 해외자본 유입에 따른 통화 증발과 인플레 압력을 상쇄하기 위하여 정부와 한국은행은 유입된 외화를 외국으로 다시 내보내는 정책을 시도했다(불태화不胎化 정책). 해외 여행자들의 환전 한도를 1만 달러로 상향 조정하는가 하면, 외환 보유고 일부를 은행을 통해 종금사에 예탁해 그들이 해외 증권에 투자하는 길을 텄다.

만성적 국제수지 적자에도 불구하고(1996년 적자 237억 달러) 단기 자본 유입으로 환율이 안정되었다. 분명히 왜곡된 현상이었지만 세계화 시대에는 국제수지 적자의 의미가 달라진다고 착각했다. 아시아의 다른 나라들도 달러의 유입에 휩쓸리고 있었다. 호화 부동산, 주식 등에 투기적인 거품이 일어났다.

울퉁불퉁한 자본 흐름의 홈을 대패질한 IMF

국제 은행들로부터 받은 비밀 여신한도로 무장한 투기꾼들은 가장 취약한 태국을 골랐다. 1997년 4월 태국 바트화에 대한 투기 공격이 감행되었다. 6월 태국은 달러화에 대한 바트화의 고정 환율을 폐기했고, IMF에 구제 요청을 했다. 헤지펀드와 은행들은 필리핀과 인도네시아를 강타했고, 곧바로 한국에 상륙했다.

동남아 여러 나라들이 외환위기에 봉착하고 일본에서도 잇따른 은행 파탄이 일어났다. 서방의 투자가들은 과연 한국이 예외가 될 수 있느냐고 의심했고 자금을 회수하기 시작했다. 주식을 투매하자 주가가 폭락하고, 일시에 자금을 회수하니 환율이 폭등했다. 외환 보유고가 바닥이 났다.

1997년 12월 3일, 한국 정부는 IMF로부터 구제금융 580억 달러를 차입하는 약정서에 서명했다. 경제 운영은 IMF체제로 넘어갔다. 언제나 그러하듯이 IMF는 고환율, 고금리 정책을 썼다. 이듬해 5월 1만5000개 이상의 기업이 부도를 냈고, 정상 기업의 조업률도 60퍼센트 이하로 떨어졌다. 구제금융과 외환 사정 호전의 대가로서는 너무나 가혹했다. 고금리는 기업들에게 노동자의 임금 삭감, 정리해고 등을 강요했다. 많은 사람들이 빈곤으로 빠져들었고, 한국의 알짜배기 기업과 부동산이 헐값에 매각되었다. 서방의 투기꾼들과 금융자본들은 천문학적 이익을 챙겼다.

IMF는 아시아에서 자본의 흐름에 걸리는 울퉁불퉁한 홈들을 매끈하게 대패질했다. 1998~1999년 국제결제은행BIS이 870억 달러, 2002년에 2000억 달러로 흑자의 정점을 기록하는 동안 아시아 국가들은 천문학적 적자를 기록했다. 흑자의 대부분은 미 재무부 채권을 구입하는 형태로 미국으로 흘러갔다. 이것이 미국에게 막대한 이익을 안겨주었듯이, 유일 강대국의 지위를 지탱하는 구조는 그러했다.

궁지에 몰린 수나라의 선택

전쟁에서 패한 북제의 황제가 북주 수도인 장안의 승전 개선식에 개처럼 끌려왔다(577년). 높은 단 위에 그를 꿇어앉혔다. 형리가 칼에 물을 적시고 칼날이 번뜩했다. 사람들은 땅에 떨어진 머리를 보면서 북제가 멸망한 것을 실감했다. 그동안 돌궐은 분열된 북중국의 정세를 이용하여 양자로부터 엄청난 비단을 착취해왔다. 북중국이 하나가 되면서 더 이상 그렇게 할 수 없게 되었다. 북주의 남쪽 양자 강남에 진陳이라는 나라가 있었지만 약체였다. 세계는 돌궐과 북주 양극 체제로 굳어졌다.

외척이었던 양견(수문제)이 북주의 실권을 잡았다. 그는 돌궐과의 전쟁을 염두에 두고 이란의 페르시아에서 만주의 고구려에 이르는 방대한 지역에 공작을 개시했다.

"당신들이 돌궐을 격파하는 데 일조를 한다면 비단 교역에 대한 독점권을 주겠소."

페르시아는 서방에서, 고구려는 동방에서 비단 교역의 중간 차액을 가질 터였다.

양견이 왕위를 찬탈하고 수나라를 세웠다(582년). 돌궐은 침공의 빌미를 잡았다. 이쉬바라칸을 비롯한 5명의 칸은 40만의 기병을 이끌고 만리장성을 넘었다. 10월에 가서 전황은 불리해졌다. 동에서 고보령이 북경을 위협하고, 서에서는 타르두칸이 공격해왔다. 12월 홍화에서 방어하던 수군이 패하고 난주가 함락되었다. 수는 엄청난 타격을 입었고, 수도권인 관중지역까지 위협받는 심각한 사태에 이르렀다.

연이은 패전으로 작전을 총괄 지휘하고 있던 수나라 조정의 분위기는 어두워졌다. 급한 소식을 가지고 달려온 파발마가 도착했다. 전령이 말했다.

"폐하, 지금 돌궐 서군의 주력인 타르두칸의 군대가 그들의 본거지로 철수했습니다."

"뭐라! 지금 돌궐군에게 우리가 한참 밀리고 있는데 왜 그러지?"

"타르두의 군대는 수나라의 수도 장안에 당장 들이닥칠 기세였지만 웬일인지 군대를 이끌고 사라졌습니다. 확실한 사실입니다."

옆에서 듣고 있던 변경공작 전문가 장손성이 말했다.

"폐하, 우리가 이전부터 치밀하게 공작을 해놓은 것이 이제 효과가 나타나고 있는 것 같습니다."

"그래, 나도 자네의 건의로 공작을 허락했지만 이렇게 현실로 나타날 줄은 몰랐어."

"사산조 페르시아와 유목민 에프탈이 중앙아시아의 서돌궐 본거지에 대한 공격을 개시한 것이 확실합니다."

"사산조 페르시아는 돌궐 때문에 동로마와 우리 사이의 비단 무역에서 중개 이익을 상실했고, 에프탈은 돌궐의 공격을 받아 나라가 거의 망가졌습니다."

"그렇지. 서쪽의 두 나라가 돌궐에 앙심을 품을 만한 충분한 이유가 있지."

"돌궐이 우리 수나라를 공격하는 사이에 그들의 본거지를 비웠고, 두 나라는 기회를 잡았던 것입니다. 중앙아시아 방면을 지배하는 돌궐은 이제 힘을 회복하기 힘들 정도로 유린되었을 것입니다."

수나라 조정의 어두운 분위기는 완전히 사라졌고, 활기가 넘쳤다. 2~3일 후 파발마가 다른 소식을 가지고 왔다. 전령이 말했다.

"폐하, 돌궐 중군을 이끌던 이쉬바라가 군대를 이끌고 고비사막 이북으로 철수했다고 합니다."

"왜 그렇게 되었지?"

"고구려와 키르키즈가 움직였다고 합니다."

"그래?"

"사산조 페르시아와 에프탈 등 서방에서 일어난 대돌궐 공세에 동방의 고구려와 북방의 키르키즈도 호응을 했다고 합니다."

장손성이 말했다.

"고구려와 키르키즈도 돌궐의 팽창으로 극심한 피해를 입었습니다. 돌궐은 고구려 휘하의 말갈족이나 거란족을 많이 포섭해갔고, 고구려는 비단 교역에서 완전히 제외된 상태였습니다. 키르키즈도 돌궐의 공격을 받고 가난한 북쪽의 타이가 산림으로 밀려났습니다!"

황제가 전령에게 말했다.

"내용을 자세히 말해보거라."

"고구려가 말갈 기병을 거느리고 대홍안령산맥을 넘어 동돌궐 이계찰移稽察의 기병을 공격해 격파했다고 합니다. 동시에 북방의 키르키즈도 돌궐의 사비설沙毗設의 군대를 궤멸시켰다고 합니다."

장손성이 말했다.

"돌궐이 우리 중국을 공격하는 사이에 사산조 페르시아, 에프탈, 호탄은 서쪽에서, 고구려와 키르키즈는 동북쪽에서 각각 협공을 가했던 것입니다. 유라시아 대륙 전체를 상대로 한 우리의 대외공작이 대성공을 거두었던 것이지요."

수의 대외공작 대대적 성공

비단을 교역 무기로 사용했던 수나라 문제.

사방에서 화살처럼 날아오는 동시다발적인 공격으로 돌궐은 크게 동요할 수밖에 없었고, 이는 돌궐 칸들의 권위를 실추시켰다. 583년 돌궐에 복속된 부족들이 반란을 일으켰고, 초원에는 기근이 일어나 악재가 겹쳤다. 이를 알아차린 수문제는 대대적인 돌궐 공격을 감행한다. 4월에 백도천白道川에서 수문제는 이쉬바라칸을 크게 격파했다.

돌궐은 더 이상 수와 전쟁을 할 수 없었다. 초원에 자연재해와 전염병이 한꺼번에 몰아닥쳐 많은 가축이 죽었다. 사람들도 굶어 죽었다. 기근이 심해 식량을 구할 수 없었다. 유목민들은 뼈를 갈아서 먹어야 했다. 돌궐이 수를 침공하다가 역전패를 당한 상황에서 천재지변으로 경제적인 곤궁에 빠졌다. 어려운 상황에서 돌궐의 여러 칸들은 극도로 이기적으로 변해 있었다. 582년에서 584년 사이에 서돌궐의 타르두가 동돌궐의 이쉬바라칸과 결별하고 스스로 칸이라 칭했다.

수문제는 고비사막 이북에서 벌어진 돌궐 칸들 간의 내분에 개입했다. 돌궐 분열 공작을 담당하는 전담 팀이 생겼고, 유라시아를 상대로 성공적인 공작을 수행한 경력이 있는 장손성이 그것을 맡았다.

장손성은 돌궐 여러 칸 사이에 이간책을 쓰기 위해 초원으로 향했다.

처음 그는 서돌궐의 타르두를 지원했다. 이것은 성공적이었다. 이로써 돌궐은 동서로 분열됐다. 둘은 결코 다시 통합되지 못했고, 향후 적대적인 관계를 지속했다.

나아가 장손성은 동돌궐 내부의 분열을 부추겼다. 동돌궐의 이쉬바라칸은 사촌인 엄라鬫羅 대라편大邏便과 몽골고원을 두고 다툼을 벌였다. 이쉬바라가 승리했다. 하지만 장손성이 동돌궐을 둘러싼 주변 세력에게 공작했다. 그러자 동돌궐의 이쉬바라는 서쪽에서 서돌궐의 타르두와 동쪽의 거란에게 협공을 당했다.

이쉬바라가 서돌궐과 거란의 협공을 받아 어려움에 처해 있을 시점이었다. 수 조정에서는 변경정책 결정을 두고 회의가 열렸다.

수문제가 먼저 말을 꺼냈다.

"지금의 상태로 간다면 동돌궐의 이쉬바라칸은 모든 것을 다 잃을 판이오. 과연 이쉬바라가 힘을 상실하는 것이 우리에게 이익이 되는지 생각해보아야겠소."

장손성이 대답했다.

"폐하, 결론적으로 말해 이쉬바라의 몰락은 우리에게 도움이 되지 않습니다."

"왜 그렇다고 생각하시오?"

"이쉬바라가 완전히 힘을 잃게 되면 서돌궐의 타르두가 초원의 패권을 잡을 수도 있습니다. 타르두가 자기에게 유리한 방향으로 돌궐 전체를 통합하면 수에게 큰 환난이 됩니다."

"그러면 익사 직전의 이쉬바라를 물에서 건져내란 말이오?"

"예, 그렇습니다. 우리가 바라는 최고의 상태는 동서돌궐의 수장 이쉬바라와 타르두가 끊임없이 싸우는 것입니다."

장손성은 역시 노련했다. 585년 수문제는 정책의 방향을 완전히 바꾸어 서돌궐에 대항해 힘겹게 싸우던 동돌궐의 이쉬바라를 지원했다. 수는 돌궐의 분열을 조장해 끊임없이 그들의 힘을 소진시켰다. 절망적인 내분에 휩싸인 돌궐은 더 이상 수나라의 적수가 되지 못했다.

동돌궐의 이쉬바라가 먼저 수에 화평을 요청했다. 그는 이제 수에 매년 공물을 바쳐야 했으며, 수 황제에게 신하의 예를 갖춰야 했다. 분열되어 있던 중국은 수에 의해 통일되고 돌궐은 분열돼 국제정세는 수의 우위로 완전히 역전됐다(르네 그루쎄).

북방의 문제를 해결한 수문제는 남조 진陳을 성공적으로 병합해 통일을 이뤘다(589년). 수는 후한 말 이후 근 400년간 지속된 분열을 종식시켰다. 수나라는 세계에서 유일한 강대국이 되었다.

수는 비단의 흐름을 방해하는 주변 나라들에 대한 정리에 들어갔다. 실크로드의 요충지를 지배하던 토욕혼이 수군에 의해 정복되었고, 타림 분지가 그 수중으로 들어갔다. 아들 수양제가 서역의 왕들을 장안에 초대했다(610년). 1개월에 걸친 축제가 있었다. 밤늦도록 불을 환하게 밝히는 가운데 풍악이 울렸고, 성대한 볼거리가 제공되었다. 중국의 풍부함을 과시하기 위해 많은 가로수에 비단을 휘감았다(『자치통감』). 더 많은 서역 상인들을 유치하기 위한 홍보는 성공했다.

더 풍부한 서역의 물산이 중국으로 유입되었고, 수 왕실의 재정은 풍요해지고 있었다. 역대 중국의 어느 왕조보다 수나라는 부유했다. 중국 비단은 현재 세계 어디서나 통용되는 달러화 같은 역할을 했다. 비단에 대한 수요가 지속되는 한 수나라의 영화는 지속될 것 같았다.

석유 거래를 오로지 달러화로만 결제하도록 하는 것이 미국의 정책이다. 석유 수입에 의존하는 나라들이 달러화를 필요로 하는 한 미국의 무역 위상이 약화되는 것을 막아준다. 적자를 달러화 발행으로 보충해온 미국에게 후세인이 도전했다. 그는 "앞으로 이라크 원유 결제 통화를 달러화에서 유로화로 전환하겠다"고 선언했다(2000년). 이란과 인도네시아 등이 동조할 움직임을 보였다. 2003년 3월 이라크를 침공해 사담 후세인 정권을 붕괴시킨 미국이 가장 먼저 한 일은 석유수출 결제 대금의 달러화 환원이었다.

비단과 달러에 대한 반란

수가 예전의 약속을 제대로 이행하지 않자 고구려가 도전했다. 비단의 최대 산지인 하북평원과 인접한 요서에 군사적인 위협을 가했던 것이다. 그 지역은 과거 북제지역으로 북주를 계승한 수에 반감이 많은 곳이라 이런 위협은 무척 민감한 사안이었다. 수 왕조는 호황을 누리고 있었지만 정작 비단을 생산하는 하북평원의 사람들은 박탈감을 느끼고 있었다. 고구려에 고용된 말갈 기병들의 습격이 지속되었고, 고구려 간첩들이 암약하면서 유언비어를 퍼트렸다(『수서』).

나아가 고구려는 수의 영향 아래에 있던 돌궐에 접근하여 곡물을 주고 전마를 받아갔다. 만주의 곡물은 돌궐을 부흥시킬 가능성을 높이고, 몽골 말은 고구려를 더욱 강력하게 만들 터였다. 612년 수가 고구려를 침공했다. 하지만 결과는 재앙이었다. 30만이 전사했고, 고구려는 그들의 뼈를 모아 승전 기념탑을 만들었다(『삼국사기』). 살아 돌아온 극소수의 병사들이 수나라 전역에 공포의 씨앗을 뿌렸다. 수의 무능이 만천하에 증명되었고, 고구려 침공에 가장 많은 물자와 노역을 부담한 하북에 반란의 기운이 무르익었다.

달러화에 대한 반란이 다시 시작되었다. 이란이 석유수출 대금을 유로화로 받을 것이라고 선언했다(2007년). 시리아가 그 뒤를 이었고, 베네수엘라도 호응하고 있다. 중국·러시아도 자국 통화로 달러를 대체하려고 한다. 달러화 약세가 계속되는 가운데 카타르와 아랍에미리트의 중앙은행들이 유로화 매입에 적극 나섰다. 돈놀이꾼 미국의 주먹이 약해진 것을 직감한 것이다. 미국은 순조롭게 이라크를 접수했지만 게릴라들의 저항으로 전쟁은 끝없는 늪에 빠졌다. 미국의 군사력이 한계를 드러냈고, 부동산 시장에 위기가 닥쳐와 미국 금융기업에 치명타를 날렸다.

중국의 비단과 미국의 달러는 성격이 다르다. 비단은 사용가치가 있지만 달러는 교환의 종이 증서일 뿐이다. 하지만 유통과 그 가치에 있어 유사한 점도 있다. 중국 비단의 원활한 유통은 실크로드를 장악할 수 있는 수나라의 무력을 필요로 했고, 1971년 금본위제가 종식된 후 달러화의 가치는 아브람스 탱크, F16 전투기와 핵무기로 뒷받침되었다. 유로를 통한 원유 거래가 늘어나면 달러는 폭락할 것이고 미국의 지배력 약화로 이어질 것이다. 그 변화가 과연 우리에게 어떠한 영향을 줄 것인지 두렵다.

방탕한 왕자들, 뇌물을 좇아 세계 시장을 누비다

09

고려 충혜왕과 사우디 왕자들

"BAE(유럽 무기제조회사)의 로비 비자금에 대한 조사가 이뤄진다면 막대한 국익을 해치게 됩니다. 사우디와 유로파이터 전투기 판매 계약이 파기되면 수많은 영국인들이 일자리를 잃게 될 것입니다."

하워스 의원 등을 중심으로 한 진상 규명 요구에 대한 토니 블레어 당시 영국 총리의 대답은 이러했다.

사우디아라비아 국방부는 2007년 시작된 영국 정부와의 협상 결과, 신형 전투기 '유로파이터' 72대를 BAE로부터 구매하는 계약을 체결했다(2007년 9월 17일). 90억 달러 규모의 계약이다. 하지만 전투기에 부착하는 무기, 장기간 유지 보수 등을 감안하면 전투기 구매 비용을 포함, 400억 달러(40조 원) 규모다. 이로써 영국이 세계 최대 무기 수출국

자리에 올랐다.

BAE는 전 사우디 주미대사 반다르 빈 술탄 왕자에게 10년 동안 20억 달러의 뒷돈을 제공했다는 의혹을 받고 있다. 마가렛 대처 수상 시절 (1985년 이후) 사우디의 반다르 왕자는 영국으로부터 토네이도 전투기 72대와 호크 전투기 30대, 공군기지 한 곳 건설 등을 내용으로 하는 770억 달러 상당의 초대형 계약을 맺었다.

BAE는 사우디 왕족 및 측근들에게 5성급 호텔, 전세기, 고급 리무진, 개인 경호 및 낭만적 휴가 등 각종 편의를 제공했다고 한다. 또한 사우디 인사들의 도박 비용을 해결하고 매춘도 알선했다.

2007년 사우디가 영국 BAE로부터 구매하기로 결정한 유로파이터 전투기.

고객을 위한 가을 연회

거래를 놓고 뒷돈과 향응은 언제나 있어왔던 일이었다. 1332년 몽골 제국 원나라의 수도 대도(북경), 원 조정의 전 승상 연첩목아燕帖木兒 아들의 저택이었다. 높고 푸른 북경의 가을 하늘에 노을이 지고 있었다. 연첩목아 아들 형제의 초대를 받은 고려의 충혜왕이 화가 나 있었다.

"이거 더러워서 못 해먹겠어!"

"폐하, 일단 한잔 받으시죠."

잔뜩 찌푸린 표정으로 술을 마신 충혜왕은 테이블 위에 있는 고깃덩어리를 잘라 끓는 국물에 담궜다.

"자네, 태보 백안伯顏 그놈 알고 있지?"

"예."

"놈이 나를 죽이려고 황제에게 자꾸 고자질을 하고 있어."

"그렇습니다. 백안 그놈은 돌아가신 저의 아버님이신 연첩목아 님을 시기했습니다. 아버님은 조정의 실세였고, 더구나 당시 세자로 우리 조정에 와 계셨던 폐하를 총애하셨지요."

"승상은 나를 친아들로 여기셨지. 내가 왕위에 오를 수 있었던 것도 그분의 덕이었어!"

"백안 그놈은 옛날에도 폐하를 예의 있게 대하지 않았습니다."

"그래, 지금은 아예 나를 공개적으로 박대하고 있어."

"예?"

"고려에서 2년 동안 왕을 하다가 그놈의 농간으로 폐위되어 이렇게 되었지 뭔가."

당시 원나라 황제가 충혜왕의 아버지 충숙왕을 다시 고려왕으로 임명한 상태였다.

"민망합니다."

"이거 큰일 났네. 내가 왕위에 있을 때에는 자네에게 고려산 인삼과 모시, 종이 등을 중국 시장과 중동 시장에 거의 독점 판매하도록 했는데……."

"저희도 가만히 있지 않을 것입니다. 폐하를 꼭 복위시키겠습니다."

고려 충혜왕은 몽골 제국 내에서 큰손 가운데 하나였다. 그는 고려에 수없이 많은 물류 창고(의성고·덕천고·보흥고 등)를 가지고 있고, 개경 시장에 거대한 점포와 창고, 수공업 작업장도 가지고 있었다. 그가 건립한 궁에는 곡식과 비단으로 가득 찬 창고 100개가 있었고, 행랑에는 천을 짜는 수많은 여공女工을 두고 있었다. 연첩목아 집안은 그와 상업상 이해를 같이하고 있었다.

고려산 물건들은 북경, 남경, 상해는 물론이고 타슈켄트와 사마르칸드, 바그다드 시장에서 인기가 높았다. 충혜왕과 가까운 연첩목아의 집안에 많은 아랍 상단들이 목을 매고 있었다. 칭기즈칸의 가혹한 군사적 공격을 받은 아랍지역의 제조업은 거의 절멸된 상태였다. 수공업 작업장은 파괴되었고, 기술자들은 모두 끌려갔다. 이 때문에 중국과 고려의 제조업 생산에 상당히 의존적이었다(워트포드).

연첩목아의 아들이 손짓을 했다. 그러자 늘씬한 아랍인 여자가 나왔다. 천하의 난봉꾼 충혜왕은 얼이 빠졌다.

"이 여인은 백인이 아닌가. 실크로드의 향이 물씬 나는군!"

"폐하, 이 여인은 중앙아시아의 상단들이 특별히 비싸게 주고 사왔다고 합니다."

"그래?"

"그뿐이 아닙니다. 그들은 폐하의 복위를 위해 지금 은밀한 로비에 들어갔습니다."

미래의 사업에 대한 이야기가 오갔다. 하지만 여자에 눈이 먼 충혜왕의 말이 자꾸만 짧아졌다.

"그래 알았다니까."

모든 사람들이 물러나고 둘만 남았다. 『고려사』는 이렇게 전한다.

"충혜왕이 연첩목아의 자제들과 회골족 사람들과 술을 마시고 농을 하며 유흥하다가 그만 회골 여자 한 사람을 사랑하여 원나라 조정에 자주 결근하였다. 이로써 백안이 충혜왕을 더욱 미워하였다."

방탕한 왕자들의 돈벌이

연첩목아의 아들들과 그 휘하의 상인들은 충혜왕이 여자라면 사족을 못 쓴다는 것을 잘 알고 있었다. 그는 힘이 남아돌아 100명 이상의 후궁을 두고 있었고, 아버지 충숙왕이 죽자 그의 여자들도 그냥 두지 않았다. 충혜왕에게 향응을 제공하지 않고는 어떤 일이든 성사되지 않았다.

현재 사우디의 왕자들도 충혜왕에 뒤지지 않는다고 한다. BAE는 사우디 왕자들과 그 수행원들에게 런던의 일류 콜걸들을 불러주고 20년 이상 매번 거액의 용돈을 찔러주었다. 사우디 왕자들은 10명 이상의 부인을 두고 있다. 하지만 지중해 연안에는 매춘부와 놀아나기 위한 그들의 왕궁이 즐비하다.

인구 1700만 명인 나라에 왕족이 3만 명이다. 왕자들은 모두 한 달에 최하 1만9000달러에서 최고 27만 달러까지 왕족 수당을 받는다. 사치에 중독된 왕자들은 이것도 부족하다는 듯이 뇌물과 무기 거래, 커미션을 찾아 헤매고 있다. 평민들의 재산을 빼앗고 심지어 비자·술·마약 거래에까지 손을 댄다(전 CIA요원 로버트 베어).

충혜왕이 자본주로서 대리인을 내세워 장사에 뛰어들었던 것도 유흥 비용을 마련하기 위해서였다. 남궁신·임희·윤장·임신 등 특허 상인이 그의 세계무역을 담당했다. 충혜왕은 고려에 장사를 하러 온 중앙아시아의 상인들에게도 자본을 대여해주었다(『고려사』). 세계 각국 상인들이 고려로 몰려왔다. 그들은 고려산 인삼과 모시, 종이를 매입해 중국과 아랍세계에 유통시켰고, 충혜왕은 고리의 이자를 받았다.

오일 달러의 재활용

이렇게 벌어들인 돈의 일부는 북경의 거물 정치가들에게 들어갔다. 그렇지 않고서는 세계무역을 지속할 수도 없었고 왕위도 위태로웠다. 『고려사』는 이렇게 증언하고 있다.

"왕은 재산과 상업적 이익에 아주 밝은 사람이었다. 털끝만큼도 손해를 보려 하지 않았다. (…) 왕은 금·은을 가지고 원나라에 가서 세력 있는 사람들에게 뇌물을 주었다."

충혜왕이 계모인 몽골 왕실 공주를 강간하고도 그 자리를 지켜낼 수 있었던 것은 그가 사라짐으로 해서 용돈을 받지 못하게 될 몽골 제국 세력가들의 변호 때문이었다. 충혜왕을 미워하던 백안이 실각한 것에도 그들의 힘이 작용했다.

사우디 왕실은 언제나 석유로 벌어들인 돈 가운데 상당액을 워싱턴에 송금해왔다. 큰 덩어리는 백악관의 은밀한 프로젝트로 간다. 일부는 부패와 테러범의 온상인 사우디 왕국에 대해 입을 다물고 있는 관료나 정치꾼들의 주머니로 들어간다. 사우디 왕실은 미국의 가장 큰 돈줄이다. 워싱턴의 정치가들은 이걸 '오일 달러의 재활용'이라고 부르길 좋아한다.

사우디의 왕족들이 석유에서 나오는 달러를 풀어 자신의 왕국을 지키고 있다면, 충혜왕은 거대한 상업자본을 운영해 자신의 위치를 사수하려고 했다. 양자는 비슷한 환경 속에 있었다. 충혜왕에게는 칭기즈칸이 칼로 건설한 세계 시장이 있었고, 사우디 왕실에게는 미국과 영국이 두 차례의 세계대전을 치르면서 만들어낸 석유 시장이 있었다.

2008년 초 매일 두려운 눈으로 그 석유 시장을 바라만 보고 있던 한국에게 오일 머니의 큰손, 아랍에미리트연합 왕세자가 찾아왔다. 한국우주항공KAI이 개발한 고등연습기 T-50 60대를 구매하기 위해서였다(25억 달러). 하지만 KAI는 거래를 성사시키지 못했다. KAI가 왕세자와 너무 투명하게 거래하려고 했던 것은 아닐까?

☐◇ BAE(British Aerospace Systems)

유럽 최대의 무기 제조회사이다. 1960년 잉글리시일렉트릭 40퍼센트, 비커스 40퍼센트, 브리스틀하이에어플레인 20퍼센트의 출자로 산하의 항공기 및 유도 무기 부문을 통합하여 British Aerospace를 설립하였고 후에 헌팅하이에어크라프트도 참가하였다. 과거에는 재규어 전투기와 콩코드 여객기를, 현재는 전투기 유로파이터 등을 생산하고 있다. 1999 년 세계 5위 군수업체인 미국 Marconi Electronic Systems 부문을 인수

영국으로부터 유로파이터 도입을 추진한 반다르 빈 술탄 사우디 왕자.

해 유럽 제1의 방산·항공업체가 되면서 지금의 이름으로 바꾸었다. 본사는 런던에 있다. 매출액은 131억3800만 파운드다(2001년).

☐◇ 충혜왕忠惠王(1315~1344)

충숙왕의 아들. 어머니는 명덕태후. 비는 원나라 관서왕의 딸 덕녕공주. 1328년(충숙왕 15) 세자로 원나라에 볼모로 가 있다가 이듬해 아버지 충숙왕이 양위를 원하여, 원나라 문종文宗이 왕으로 책봉하자 1330년에 귀국해 즉위했다. 본성이 방탕하여 주색과 사냥을 일삼다가, 원나라에 국새를 빼앗기고 부왕 충숙왕에게 양위한 뒤, 다시 원나라에 들어갔다.

한국 역사상 최고의 방탕아인 고려 충혜왕상상도.

1339년 충숙왕이 죽자 복위하였으나 방탕함은 여전하여 계모인 몽골인 경화공주慶華公主와 수비 권씨를 욕보였다. 이듬해 원나라에 가서 형부刑部에 투옥되어 경화공주의 사건을 조사받았다. 하지만 그를 미워하던 백안의 실각으로 석방되어 귀국했다. 그러나 여전히 횡포가 심해 이운 등의 상소로 1343년 원나라 사신들이 그를 귀양 보내 이듬해 죽었다.

패권화폐 그 허망한
영광을 경계하라

"달러로 드리면 안 되겠습니까?"

"달러 가치가 지금 하락하고 있는데 가만히 앉아서 고스란히 손해를 보라는 말씀입니까? 유로화로 주세요."

세계 최고의 모델 지젤 번천이 신규 계약을 체결하면서 유로화를 달라고 요구했다(2007년 말). 어떻게 달러화가 이처럼 '천덕꾸러기 신세'가 됐을까?

과거 달러화는 부의 상징이었다. 2차 대전 후 달러가 세계의 기축통화가 되고 미국은 세계 통화의 발권국의 지위를 획득했다. 전쟁으로 독일과 일본의 산업은 완전히 파괴되었고, 영국은 전비 지출로 도산했다. 미국은 세계의 모든 부를 거머쥐고 있었다.

석유와 달러의 결합

1971년까지, 미화 1달러는 고정된 양의 금과 동일한 가치를 지녔다. 외국 은행들은 보유한 달러를 금으로 교환해달라고 요구할 수 있었다. 하지만 미국은 베트남 전쟁이라는 끝이 보이지 않는 수렁에 빠졌고, 많은 비용이 들어갔다. 1971년 닉슨은 달러화의 금 교환 의무를 해제했다. 대신 미국은 OPEC(석유수출국기구)에 접근해 제안했다.

"앞으로 미국이 자국 생산 석유만을 소비하지 않고 OPEC 회원국으로부터 석유를 수입하겠소. 달러화만을 결제 대금으로 받으시오."

"좋소."

달러가 석유와 결합했다. 판도라의 상자가 열렸다.

세계 경제권을 지배해왔던 미국 달러화는 EU 제국의 유로화의 등장으로 본격적인 몰락의 길로 들어섰다. 사진은 유로화와 달러.

1971년부터 석유를 필요로 하는 나라들은 엔·마르크·프랑 등을 내고 달러를 사야 했다. OPEC 가입국은 이 달러화를 미국에서 쓸 수도 있지만 전 세계 다른 나라에서도 쓸 수 있다. 석유 수입국들은 앞으로도 계속 석유를 필요로 하고, 따라서 달러가 필요해지기 때문이다. 대부분의 달러화는 미국 바깥에서 지속적으로 순환한다.

달러화의 수요가 폭발했고, 미국은 더 많은 달러화를 찍어내야 했다. 자연스러운 방법 중 하나가 미국의 무역

적자였다. 외국에서 물건을 사오고 달러화를 주면, 이 달러화는 석유 수입국들과 OPEC 사이에서 지속적으로 순환하고 미국으로 돌아오지 않으므로, 미국은 아무런 대가도 줄 필요가 없다. 따라서 미국의 쇼핑은 공짜가 된다. 지속적인 달러 수요는 그 도둑질을 만성화시켰다. 석유의 가격과 수입량은 지속적으로 늘어났고, 무역량도 팽창했기 때문이다.

1973년 이후 미국의 무역수지는 한 번도 개선된 적이 없고, 개선 의도도 보이지 않았다. 2004년 단 한 해 동안 미국의 무역적자가 무려 6500억 달러에 이른다. 지나친 지출은 그 나라의 화폐가치가 떨어지는 것을 의미한다. 화폐의 수요는 줄어들고 환율은 떨어진다. 하지만 이 법칙은 미국에 대해서만은 예외이다. 전 세계가 석유를 수입하기 위해 달러를 필요로 하는 한, 언제나 달러화 수요는 존재한다고 전문가들은 말한다.

반란과 미숙한 응징

반란이 일어났다. 바그다드의 후세인은 2000년 11월 6일, 석유 대금을 유로화로 받겠다고 선언했다. 달러화 가치는 급락했고, 2002년 7월 IMF는 달러화가 붕괴할 수 있다고 경고하기에 이르렀다. 그러자 미국은 2003년 3월 19일 이라크를 침공했고, 같은 해 6월 5일 이라크의 석유무역 통화를 다시 달러화로 전환했다. 하지만 결과적으로 미국은 시아파 이슬람의 종주국인 이란의 강적이자 수니파의 첨병 사담 후세인을 제거했다. 이란의 조정을 받는 이라크 내 시아파가 이라크의 70퍼센트를 장악했다. 가만히 앉아 코를 푼 이란은 석유 대금을 유로화로 받겠다고 선언했다(2003년). 나아가 석유 거래소를 설립해 달러화에 심각한 타격을 입히려고 했다. 2006년 초의 팽팽한 긴장은 이 때문이었다. 그 직후 푸틴이 러시아에 석유 거래소를 열었고, 2006년 6월 8일 남아도는 달러화를 다른 중앙은행에 판매함으로써 달러화 환율에 더 이상 영향을 받지 않게 되었다. 세계 달러화 수요는 상당히 줄어들었다.

몽골 달러, 지폐 보초

이보다 800년 전 몽골이 발행한 지폐 사용에 대한 강력한 반발이 이란-이라크 지역에서 있었다. 바그다드를 포함한 페르시아와 중앙아시아 전역을 지배하고 있던 몽골의 일칸국(1259~1336)은 원나라에서 사용되는 지폐제도를 도입하려다 실패했다. 지역 상인들이 지폐라는 개념에 익숙하지 않았기 때문이다. 상인들의 불만은 폭동으로 번질 것 같았다. 당국은 이 반란의 성공적인 진압을 장담할 수 없었다. 일칸국에서 지폐제도가 철회되었고, 금과 은이 본래의 역할을 수행했다.

중국을 지배하던 몽골의 원나라 세조 쿠빌라이는 제국 전역의 교역 속도를 높이고 안전을 보장하기 위해 지폐의 사용을 급격하게 확대시켰다. 1260년 '중통보초中統寶鈔'라 불리는 지폐 7만3352정錠을 발행했다. 바로 얼마 뒤 금·은의 사적 매매를 금지했고, 쿠빌라이는 태환준비금을 은으로 확보했다. 지폐는 태환준비금 없이는 발행되지 않았고, 신용도가 높았다. 물론 세금도 그것으로 받았다. 원나라 정부의 징세가 지속되는 한 지폐는 누구나 필요했고, 금·은을 주고 지폐를 사야 했다.

이탈리아인 마르코 폴로가 원나라에 도착했을 때 이미 지폐가 널리 통용되고 있었다. 마르코 폴로의『동방견문록』은 이렇게 기록하고 있다.

"지폐는 다양한 크기의 사각형으로 잘라 그 가치를 기록하고 주홍색 도장을 찍었다. 원나라에서 지폐를 거부하면 사형을 당했다. 사람들은 지폐를 반겼다. 그것으로 진주 · 보석 · 금 · 은을 포함하여 무엇이든 살 수 있었다."

1276년에 지폐의 발행량이 100만 정을 돌파했다. 고려의 마산에서 출정한 2차에 걸친 일본 침공(1274, 1281년)과 그해 남송을 병합하면서 치러야 했던 전비가 막대했기 때문이다. 원나라는 1281년 일본으로 파병될 고려 병사들에게 급료로 모두 3000정, 은으로 환산하면 7만5000양兩을 주었고, 고려가 동원한 말 값으로 800정(은 2만 양), 전함 건조 비용으로 3000정(은 7만5000양)을 지불했다(『고려사』『고려사절요』). 고려에 엄청난 원나라 지폐가 흘러 들어왔다. 베트남전에 군대를 파병한 한국에 달러가 유입한 상황을 연상케 한다. 1287년에 원나라 정부는 '지원보초至元寶鈔'라는 고액권 화폐를 발행했다. 은과 지원보초의 교환 비율은 중통보초의 발행 때와 마찬가지로 1대 2였으며, 중통보초의 가치는 지원보초의 5분의 1로 절하됐고, 발행은 중지됐다. 엄청난 통화의 팽창이었다. 원세조 쿠빌라이는 화폐의 가치를 떠받쳐줄 실질적인 인적, 물적 자원을 확보한 상태였다. 그는 세계 최대의 생산지이자 인구 밀집 지대인 남송(남중국)을 무력으로 점령했기 때문이다.

원나라에 세금을 납부해야 할 남송 사람들은 지폐인 보초를 사기 위해 정부에 금과 은을 지불해야 한다. 가구를 구입한 뒤 가구 대신 영수증을 받고, 그 영수증을 들고 창고에 가서 가구와 교환하는 것처럼 말이다. 지폐는 기본적으로 금과 은을 빨아들이는 영수증이다. 세금을 납부하지 않으면 어떠한 경제활동도 할 수 없기 때문에 원나라 정부가 발행한 지폐를 필요로 한다. 지폐에 대한 지속적 수요가 있는 한 원나라는 재정에 문제가 없었다. 하지만 은이 중동으로 유출되고 있었다. 중동지역에서 은의 가격은 상당히 높았다. 세금으로 막대한 은을 거둬들인 원은 오르독이라는 이슬람 상인들을 시켜 중동지역에서 엄청난 물건들을 구입했고, 그것을 중국과 고려 등에 유통시켜 이익을 챙겼다. 그 이익은 은을 태환하기 위한 준비금으로 예치되지 않았고, 왕족과 귀족들의 유흥과 사치에 빠졌다. 1294년에 태환준비금으로 비축된 93만6950냥의 은 가운데 19만2450냥만이 목적대로 사용됐다. 지폐의 가치는 서서히 하락했다. 원 제국은 빚더미 위에 서 있었다.

녹색 암세포 위의 한국 경제

현재 미국도 마찬가지다. 미국이 해외부채를 무한히 늘리고 있고, 더이상 이 채무를 갚을 능력이 없다. 달러화 환율은 중국·일본·대만·한국의 중앙은행이 보유한 달러 보유고에 의해 인공적으로 떠받쳐지고 있다. 한국의 경우 달러 보유량이 줄면 원화의 환율이 하락한다. 환율방어에 천문학적 돈이 들고 달러화 약세에 따라 외환보유액의 환차손도 눈덩이처럼 불어나 국민 전체의 부담으로 돌아온다. 우리는 이렇게 미국에 세금을 내고 있다.

달러 위에 만들어진 우리 경제는 어떻게 해야 할까? 원나라 지폐 위에 만들어진 고려의 경제가 교훈을 준다. 공민왕대에 국고에서 원나라 지폐의 보유량이 천문학적으로 증가했다. 국왕의 연회비와 사찰 조영에도 지폐가 사용될 정도였다. 귀족과 관리, 그리고 사찰의 지폐 보유량도 엄청났다. 심지어 민간에서도 지폐는 광범위하게 유통되고 있었다. 하지만 원이 쇠퇴하고 있었다(1356년). 중국의 남쪽에서 대규모 반란이 일어났고, 원이 몽골고원으로 쫓겨나자 지폐는 휴지 조각이 되었다(1368년). 고려의 왕실과 귀족, 대상인들은 도산했다. 남쪽에서 왜구가 몰려와도 파산한 고려는 이를 막지 못했고, 북방의 이성계 군벌의 힘에 의존할 수밖에 없었다. 1388년 위화도에서 쿠데타가 일어났고, 이어 고려가 망하고 조선이 들어섰다. 조선이 상업을 억제하는 정책으로 일관하게 된 것도 부도난 지폐에 대한 기억 때문은 아닐까.

□◇ 유로화EURO貨

EU(유럽연합)가 사용하는 단일화폐의 명칭. 1995년 12월 15일 에스파냐 마드리드에서 열린 EU

정상회의에서 15개 회원국들은 1999년 1월 경제통화동맹EMU을 출범시키고 단일통화 명칭을

'유로' 로 하는 데 합의하였다. 유로는 7종의 지폐와 8종의 동전으로 구성되며 제작·발행은 각 나

라가 독자적으로 한다. 2002년 1월 유로 시행에 참가한 국가는 벨기에·프랑스·독일·이탈리

아·룩셈부르크·네덜란드·아일랜드·그리스·포르투갈·에스파냐·핀란드·오스트리아였

으며, 영국·덴마크·스웨덴은 불참했다.

□◇ 남송南宋(1127~1279)

여진족이 세운 금이 요를 쳐서 멸망시킨 여세로, 1126년 송나라 수도 개봉을 점령하고 휘종과 흠

종을 포로로 잡아갔다(북송 멸망). 난을 피해 남쪽으로 도망한 흠종의 동생 고종(1127~1162)이 남

중국의 임안(현재 항주)에 도읍하여 남송을 재건하였다. 금과 화의하고 중국의 남부지역을 영유하

였으나, 1234년 몽골에 의하여 금나라가 멸망하자 몽골의 압박이 점점 심해져갔다. 1276년 마침

내 몽골군에 의해 임안이 함락되어 실질적으로 멸망했다.

제국의 번영은 '물고 물리는' 대가를 치른다

11

미 제국과 당 제국

"알라는 위대하시다! 성전을 위해 싸우는 이라크 전사 만세!"

사담 후세인이 처형되기 직전에 남긴 말이다. 미국은 이라크를 침공하여 점령하고(2003년), 그 대통령을 체포하여 사형시켰다(2006년). 후세인은 본래 미국이 키워낸 사람이었다.

1937년 4월 28일 티그리스 강변의 평화롭게만 보이는 농촌에 한 아이가 유복자로 태어났다. 운명을 예견하듯 '충돌하는 자'라는 뜻의 '사담 Saddam'이라는 이름이 지어졌다. 이 아이는 가난과 계부의 구박 속에 자랐다. 주변에는 운동을 벌이던 친척들이 있었다. 투사로 자라난 그는 투옥과 도주를 반복하는 험한 인생을 살았다.

1958년 이라크에서는 카심이 이끄는 '자유장교'의 군사 쿠데타로 친

서방 왕정이 붕괴된다. 당시 가장 영향력이 큰 집단은 공산당이었다. 미국은 중동에서 안정적인 석유 자원 확보를 위해 친미적인 정치세력이 필요했고, 이라크 바트당을 앞세워 카심 정부를 무너뜨리려 했다. 바트당은 노동계급이 행위 주체가 되는 것을 배격했다.

10대의 사담 후세인과 당현종.

미국이 키운 후세인

바트당원이 된 후세인이 명성을 얻은 것은 1959년 카심 암살에 가담해 실패하고 체포되었을 때였다. 1963년 2월 미국의 지원을 받은 바트당은 군사 쿠데타로 정권을 잡는 데 성공했다. 미국 CIA는 바트당에게 공산당원들의 명단과 주소를 알려주었고, 이로 인해 수천 명이 살해되었다. 1963년 11월 알-살람 아리프의 친위 쿠데타로 바트당은 정권을 상실했고, 후세인은 체포되어 수난을 겪었다. 하지만 바트당은 1968년 7월 다시 군사 쿠데타를 일으켜 재집권에 성공했다. 후세인은 혁명평의

회 부의장이 되었다.

후세인이 1979년 대통령에 취임하였다. 그해 이란에서 혁명이 일어나 미국의 꼭두각시 팔레비 왕정이 타도됐다. 다급해진 미국은 후세인에게 원조를 제공하는 대가로 이란 혁명을 봉쇄하는 임무를 맡겼다. 미국은 무기와 기술뿐 아니라 이란군의 이동 정보까지 제공했고, 화학무기의 원료를 팔았다. 이란-이라크전에서 미국의 목표는 석유가 나는 두 나라를 모두 약화시키는 것이었다. 헨리 키신저 전 국무장관은 말했다.

"나는 그들이 서로를 죽이기를 바란다."

전후 궁핍해진 후세인은 경제 사절단을 바그다드에 초청했다(1989년 6월). 기대를 품고 있던 그에게 미국 측이 말했다.

"투자에 앞서 조건이 있습니다."

"예!"

"이라크 정부가 가지고 있는 대외 채무를 먼저 해결해야 합니다."

"뭐?"

"조건은 이라크 국영 석유산업을 우리 미국의 석유회사들에게 넘기는 것이오."

"내 정권의 돈줄인 석유산업을 포기하라니?"

"그렇지 않으면 투자를 할 수 없어요."

"외채는 미국의 적인 이란과 전쟁을 하느라 짊어지지 않았소? 내가 사기를 당했어! 당신들은 내가 약해지기를 기다려 석유를 탈취하려고 했던 것이군."

협상은 무산되었다. 미국이 약속했던 23억 달러의 차관 제공도 동결됐다. 후세인은 국제 금융계에서 한 푼도 받지 못하는 외톨이가 되었다.

8년 전쟁 동안 이라크에 막대한 전비를 지원했던 쿠웨이트도 돌변했다. OPEC이 원유 값 폭락을 막기 위해 마련한 수출량 제한 원칙을 깼고, 이라크 국경 부근에서 석유를 시추했다. 1990년 7월에는 원유 값이 절반으로 떨어졌다. 후세인은 빚을 갚기는커녕 식량 수입마저 어렵게 됐고, 8월 2일 쿠웨이트를 침공했다.

1989년 소련의 붕괴는 미 제국주의에 2차 대전 이후 최대의 승리를 안겨주었고, 1991년 이라크에 대한 전쟁의 문을 활짝 열어주었다(1차 걸프전). 10년 이상에 걸친 미국의 철저한 봉쇄정책으로 이라크는 황폐화됐다. 현재 고유가에도 불구하고 산유국들은 3년간 30퍼센트나 떨어진 미국 달러 가치하락으로 실질적 이득은 많지 않다고 한다(2007년 기준). 석유를 달러로만 구입하게 하는 석유-달러본위제 때문이다.

달러의 인플레이션이 무르익었다. 석유 대금은 싼 달러로 받고, 상품 수입 대금은 비싼 유로화로 지급해야 하는 게 산유국들의 입장이었다. 2000년 9월 24일 이라크의 사담 후세인이 원유 대금으로 달러는 받지 않겠다고 선언했고, 이라크 원유 판매를 관장하던 유엔이 후세인의 손을 들어줬다. 미 제국의 근간인 석유-달러 본위제를 위기에 몰아넣은 대반란이었다.

당 제국이 키워낸 지능적인 전쟁기계

이보다 1200여 년 앞선 시기에 당 제국을 뿌리째 흔든 반란이 있었다. 755년 11월 28일 안록산에게 운명을 결정할 시간이 다가왔다. 그날 아침 그의 친위 기병대 8000명을 중심으로 중국인 병사와 유목민 병사를 합해 20만 대군이 오늘날 북경 부근에서 일제히 남하하기 시작했다. 장안으로 향하는 행렬은 끝이 보이지 않았고, 사방에 모래 먼지가 자욱한 가운데 북소리는 천지를 진동했다(『자치통감』).

안록산은 당이 키워낸 이민족 무장이었다. 그의 아버지는 이란계 소그드인이다. 안록산이란 이름은 알렉산더Alexander를 한자로 부른 것이었다. 아버지는 돌궐의 칸을 위해 일을 하던 상인이었다. 돌궐에서 쿠데타가 일어나 정권이 바뀌었고, 10대 중반의 소년 안록산은 목숨을 부지하기 위해 중국의 북경지방으로 도피했다.

당시 북경지역은 거란과 해 등 유목민이 날뛰고 있었고, 이를 막아내기 위한 당나라의 군대가 있었다. 당은 기마에 능숙한 이 소년을 환대했다. 당나라는 북방의 유목민을 그 군대로 편성하여 유목민의 공격을 막아냈다. 군 내 유목민의 비율은 점점 상승했다. 안록산은 그렇게 중국의 국경 수비대의 일원으로 유목민과 사투를 벌이며 소년 시절을 보냈다.

733년 장규수가 북경(범양)에 절도사로 부임해왔다. 그는 거란족을 연이어 격파했고, 교묘한 책략으로 내부 분열을 유도하여 그 족장의 머리를 현종 황제에게 바쳤다. 그가 공을 세운 배경에는 안록산의 눈부신 활약이 있었다. 장규수를 통해 안록산은 궁정에 알려졌다.

그러나 사고가 터졌다. 그가 거란 토벌전에서 대패한 것이다. 투옥되어 죽는 날만 기다렸다. 1년의 시간이 지났고, 결국 현종의 사면으로 풀려났다. 관직이 박탈된 그는 백의종군을 원했다. 포승줄에 묶인 채 1년 동안이나 생사의 기로를 헤맨 것이 뼈에 사무쳐서인지 눈부신 활약을 했다. 그것이 현종의 귀에 들어갔고, 다시 세상에 이름을 드러냈다. 742

년 안록산은 북경에 본부를 둔 평로군 절도사에 임명되었다. 휘하의 병력은 3만7500명이었다.

이듬해 정월 안록산은 장안으로 갔다. 황제의 측근에게 뇌물을 충분히 뿌려놓았기 때문에 현종의 신임도 두터웠다. 연회에서 현종을 만났고, 744년 3월에 9만1000명의 병력을 통솔하는 범양 절도사를 겸하게 되었다. 현종은 이민족은 무예에 뛰어나고 정치에 해독을 끼칠 우려가 적다고 생각했다. 안록산은 전쟁의 기운이 약화되면 일부러 거란족과 해족을 자극하여 반란을 일으키도록 조장했다. 평화가 지속되면 무인의 존재는 잊히기 마련이다. 안록산은 황제나 그 측근들에게 좋아하는 전리품과 포로를 끊임없이 보내 자신의 존재를 알렸다. 750년 안록산은 하동 절도사를 겸임하게 되었다. 이로써 평로 · 범양 · 하동 절도사가 되어 휘하의 총 병력은 18만 명으로 늘어났다. 당 전체의 병력 3분의 1이었다.

하북의 세력가가 된 그는 소그드 상인을 대거 유치하여 엄청난 부를 축적했고, 영내의 활발한 유통을 위해 동전 주조권을 황제로부터 받아냈다. 벌어들인 돈은 다시 황제의 측근들에게 흘러 들어갔다. 안록산은 정계의 부패와 관료제의 약점을 날카롭게 꿰뚫어보고 교묘하게 이용했다.

753년 정적이었던 양국충이 운남南詔에 파병한 당나라 군대 10만 명이 전멸했다. 기회가 왔다고 판단한 안록산은 사사명과 함께 반란을 일으켰다. 그의 군대는 755년 12월 12일에 낙양을 함락시켰고, 이듬해 6월 8일 동관을 돌파한 10일 후 장안을 점령했다. 하지만 안록산의 죽음은 너무나 허망했다. 실명과 등창으로 건강이 악화된 상태에서 자신의 아들 안경서의 칼에 죽었다. 이어 안경서가 안록산의 부장이었던 사사명에게 살해되었으며 사사명은 아들인 사조의에게 살해되는 등 내분이 심화되었다. 안록산의 난은 그래도 끈질기게 이어져 763년에 가서야 진압되었다.

반란 진압과 제국의 내부 붕괴

후세인이 그를 키워준 미국에 토사구팽 당했다면, 안록산은 그의 주인을 물었고, 자신이 키운 자식에게 죽임을 당했다. 당 제국은 반란 평정에 8년이 걸렸다. 반면 미 제국은 반란을 일으킨 이라크를 간단하게 점령했다. 하지만 안을 들여다보면 내용이 다르다. 이라크에 들어선 시아파 정부는 이란의 조정을 받고 있고, 미국의 영향력은 약하다. 그마저 군대 주둔비로 매주 20억 달러 이상을 투입하지 않으면 불가능하다. 석유-달러 본위제의 기둥인 사우디 왕정도 언제 전복될지 모른다. 아프간 전쟁에서 미국이 키워낸 빈 라덴을 포함한 사우디 이슬람 투사들이 바로 폭탄의 뇌관이다. CIA는 폭발 시기를 21세기 초반으로 보고 있다.

당 제국의 반란 평정이란 말은 어감이 좋다. 당은 안록산의 부하들을 절도사로 임명하여 그들이 차지하고 있는 지역을 합법적인 통치구역으로 인정해주고 반란군의 붕괴를 유도했다. 달라진 것은 없었다. 단지 안록산 군벌을 여럿으로 분할한 것일 뿐 당 왕조는 군벌(변진)이 차지하고 있는 지역에 어떠한 영향력도 미치지 못했다. 이후 당 정부가 세금을 거둘 수 있는 호구는 3분의 1로 줄었고, 반란 진압에 기병을 원조한 위구르에 매년 막대한 사례를 해야 했다.

제국이 번영을 누리면 어떠한 대가를 치르더라도 그것을 지키려고 한다. 하지만 그러면 그럴수록 안에서부터 붕괴가 시작된다. 2007년 말 미국의 가계부채는 13.8조 달러로 GDP의 99.9퍼센트에 달한다. 미 제국의 가장 큰 적은 거액의 전비와 재정·무역적자로 허약해진 체질이다.

□◇ 양국충楊國忠(?~756)
□■

학식은 없었으나 계산에 밝았다. 양귀비의 친척으로 등용되어 재정적 수완을 발휘함으로써 현종에게 중용되었다. 752년 실권자가 되었고, 중앙정계를 그의 일파가 장악했다. 또 남조南詔 원정에 실패하였으면서도 이를 황제에게 숨겼고, 안록산과의 반목으로 '안사의 난'을 자초하였다.

□◇ 사사명史思明(?~761)
□■

만주 조양 출신 돌궐인이었다. 안록산과 마찬가지로 6가지 언어를 이해하였고, 장수규를 섬겨 전공을 세웠다. 안록산이 반란을 일으키자, 행동을 같이했다. 757년 안록산이 아들 안경서에게 살해되자 당나라로 귀순하였으나, 758년 숙종이 그를 살해하려고 꾀하자, 이듬해 다시 반기를 들었다. 안경서를 죽이고 스스로 반란군의 총수가 되었다. 그도 아들 사조의에 의해 살해되었다.

공포가 만들어낸
'기이한 공생'

봄기운이 완연한 하북평원의 자주磁州. 파란 하늘과 시커먼 땅이 붙은 지평선 위에 금나라 여진족 기병 17명이 북쪽으로 향하고 있었다(1126년 음력 2월). 본대에서 떨어져 나온 그들은 금나라 황제에게 전할 중요한 서신을 갖고 있었다. 금이 송나라 수도 개봉開封을 공격하고 송과 금 사이에 강화가 맺어진 직후였다. 송나라 장군 이간이 2000명의 보병으로 그들을 막았다. 기병들은 강화 사절단의 일원으로 왔다가 본국으로 돌아가는 중이라고 상황을 설명했다.

하지만 송나라 조정의 밀지를 받은 이간은 길을 터주지 않았다. 수적으로 근 120배나 많은 송나라 군대는 기세가 당당했다. 여진족 기병들은 뒤로 물러서 돌아가는 듯했다. 하지만 그것은 공격을 위한 도움닫기

공간을 확보하기 위한 것이었다. 멀리서 송나라 군대를 향해 몸을 돌린 17명의 기병은 처음엔 천천히 달리다가 점점 속력을 내며 좌(5) 중(7) 우(5) 3대로 분열했다. 쐐기 모양으로 돌진하면서 송나라 보병의 대열 한 곳에 화살을 퍼부었다. 수십 명이 그 자리에서 전사했다. 멀리서 날아온 화살이 목과 가슴을 정확히 관통했다. 놀라운 적중률이었다. 놀란 송군 2000명은 동요하여 흩어지기 시작하였다. 여기서 송군의 거의 절반이 전사했다. 그러나 17명 기병은 단 1명도 죽지 않았다. 패전한 북송北宋 측의 기록이다(『삼조북맹회편』 권36, 정강 원년 2월 조).

강화 조건으로 금은 송에게 금 500만 냥, 은 5000만 냥을 지불할 것과 중산(하북성 정현), 하간(하북성) 그리고 태원(산서성) 등 3진 20주를 요구했다. 송나라 황제 흠종은 당면한 위기를 면하기 위해 이를 수락했다. 금나라 군대가 북쪽으로 돌아간 뒤 송나라 황제는 약속을 무효화했고, 금나라 내부의 반란을 획책했다. 격노한 금나라 태종이 대군을 이끌고 개봉을 포위했다.

재앙은 입에서 나온다

말만 잘하는 문신들이 조정을 지배하고 있었던 것이 불행이었다. 포위된 상태에서 주전론자와 화평론자 간의 논쟁이 있었고, 주전론자가 승리했다. 무모한 수도 사수가 결의되었다. 개봉은 단번에 함락당했다. 금군은 황제와 그 아버지 황후 궁녀 등을 사로잡고, 성안의 보물을 약탈하여 북쪽으로 돌아갔다.

전 황제의 아들(고종)이 양자강 이남으로 도망가 임안(항주)에 도읍하고 남송을 세웠다. 요동의 벽지에서 포로 생활을 하고 있는 어머니와 아버지의 송환을 원했던 그는 금나라와의 화평교섭을 시작했다. 양국은 회수를 국경으로 확정하고 송은 매년 은 25만 양과 비단 25만 필을 세폐 歲幣로 금에게 증여한다는 조약이 맺어졌다. 죽은 아버지의 관과 어머니 위씨가 송환되고, 평화가 찾아왔다.

송나라 황제가 금나라 황제에게 신하의 예를 취해야 하는 치욕적인 강화였다. 하지만 평화는 남송에 경제적으로 번영을 가져왔다. 양자강 유역에 대한 본격적인 개발이 시작되었다. 수리와 관개에 힘썼던 결과 쌀, 차 등의 농업 생산이 급증했고, 도자기를 비롯해 비단, 제지, 목판 인쇄업 등이 각지에서 일어났다. 수리의 발달과 조선기술의 혁신에 따르는 수상교통이 활발하여 화물을 원격지로 운반하는 상업의 발달을 촉진시켰다. 대외무역은 북송시대를 훨씬 넘는 성황을 보였다. 차, 비단, 도자기, 서적이 금나라와 고려, 일본과 동남아 각국에 수출되었고, 특히 도자기는 인도는 물론 이집트, 소말리아에까지 판매되었다.

또 다른 전쟁이 가져다준 패자의 번영

전쟁에 패배했지만 경제대국이 된 나라가 현재 우리 가까이에 있다. 1945년 일본은 핵폭탄 2개를 맞고 나서야 미국에 항복을 했다. 군인 250여만 명이 죽었고, 폭격으로 민간인 수백만 명이 목숨을 잃었다. 천황이 무조건 항복을 선언했고, 일본은 미군정 아래에 들어갔다.

미국은 미쓰이, 미쓰비시, 스미토모 등 재벌은 해체했고, 일본의 잔존 공업시설을 한국과 동남아시아 등 여러 나라에게 분배하려고 했다. 그러나 1950년 한국전쟁은 모든 것을 바꾸어놓았다.

한국 가까이에 있는 일본은 포탄, 군용트럭, 항공기용 기름탱크, 가시철망, 참호용 마대, 군용모포 등의 물자 조달과 트럭, 전차, 함정의 수리 등 서비스 특수를 누렸다. 엄청난 수의 미군이 일본에서 물자를 수입해 쓰면서 전쟁 특수는 일본 전체에 파급되었다. 한국전쟁은 3년 동안 일본에게 28억 달러(8000억 엔)의 이익을 가져다주었다. 이로써 일본의 공업수준은 전쟁 이전 상태로 회복되었다. 1961년부터 1971년까지 10년간 일본의 국민총생산은 4배로 증가했고, 경제성장률은 10퍼센트대를 유지했다. 정부가 주도한 고속도로, 신칸센, 동경올림픽(1964년) 등 공공시설 건설이 지속되었고, 국민경제를 강하게 자극했다. 농촌에서 도시로 인구가 몰렸고, 1962년 도쿄 인구는 1000만 명을 넘어섰다. 호경기로 완전고용 시대를 맞이했고, 미국에 대한 무역수지가 흑자를 기록했다(1억1300달러). 1964년 조선, 라디오, 모터사이클, 카메라 등의 생산은 이미 세계 1위가 되었다.

베트남 전쟁은 일본에게 또 하나의 기회였다. 1968년 국민총생산에서 독일과 프랑스를 추월한 일본은 미국 다음으로 세계 2위가 되었고, 1970년에 전 세계 총생산의 6퍼센트에 이르렀다. 이듬해 미국은 무역수지 적자(28억 달러)로 돌아섰고, 일본의 무역수지는 79억 달러의 흑자를 기록해 세계 1위가 되었다. 두 차례의 오일쇼크는 일본의 공업을 더욱 발전시켰다. 에너지를 적게 먹는 소형차와 전자제품이 개발되었고, 미국과 전 세계에 수출되었다.

달러의 미로에 빠진 동아시아

1983년이 되자 일본의 수출은 지나치게 증가해 심한 견제를 받기 시작했다. 자동차의 대미 수출을 스스로 규제해야 했다. 1985년 나카소네 수상은 TV에 출연하여 "수입 확대를 위해 국민 한 사람이 100달러씩 외국 제품을 사주기 바란다"고 호소했다. 하지만 소용이 없었다. 이듬해 일본의 무역흑자는 1061억 달러, 대미 흑자는 전년보다 20.1퍼센트로 증가한 520억 달러로 사상 최고를 달성했다. 일본의 막대한 무역흑자 달러의 상당 부분이 미국 재무부 채권, 국채, 부동산 등으로 흘러 들어갔다.

일본이 미국의 강압에 의해 그렇게 한 것은 아니다. 안전한 미국의 자본 시장은 투자에 대한 이익을 보장했고 현금화가 가능한 좋은 조건을 구비하고 있었다. 미국 재무성이 발행한 채권은 무기명으로 24시간 내내 거래되며 그 규모는 하루에 무려 600~700억 달러였다. 유동적인 2차 금융 시장이 미국에만 존재하는 것이다. 바로 이 순환 메커니즘을 그대로 추종했던 국가가 한국과 대만이었고 현재 미국으로부터 매년 2000억 달러의 흑자를 보는 중국이 그것을 답습하고 있다.

1990년대부터 미국은 강한 달러 정책을 효과적으로 운영함으로써 낮은 금융 비용으로 막대한 해외자금을 조달했다. 미국으로 쏟아져 들어간 자본이 미국의 경상적자를 보전해주었다. 미국은 유입된 해외자금으로 다시 해외투자를 단행하고 막대한 물자를 동아시아로부터 수입하여 세계경제의 성장을 견인했다. 미국 경제의 역동성이 약화된 2000년대에도 한국, 중국, 일본 등 아시아 국가 중앙은행들이 미국의 경상적자를 보전해주는 역할을 해왔다.

2004년 1분기 이후 15개월 동안 일본의 통화 당국은 35조 엔을 만들어냈다. 일본의 민간기업이 미국에 물건을 팔고 벌어들인 달러화를 일본 통화 당국이 사들여야 했기 때문이다. 그렇게 하지 않았다면 일본의 통화는 상승했을 것이고 이는 미국 시장에서 일본 제품의 경쟁력을 약화시켰을 것이다. 나아가 일본인들이 그토록 많은 미국 재무 부채권을 사들이지 않았을 것이다.

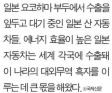
일본 요코하마 부두에서 수출을 앞두고 대기 중인 일본 산 자동차들. 에너지 효율이 높은 일본 자동차는 세계 각국에 수출돼 이 나라의 대외무역 흑자를 이루는데 큰 몫을 해왔다. ⓒ국제신문

공포 위의 경제

약 900년 전부터 매년 금나라로 들어가던 남송의 돈(1208년 은 30만 양, 비단 30만 필로 증가)은 남송의 수공업과 상업을 크게 자극하는 예상치 못한 결과를 낳았다. 남송의 상인들은 돈을 벌기 위해 금나라와의 무역에 경쟁적으로 뛰어들었고, 수공업자들은 폭증하는 주문으로 바빴다.

현재 동아시아는 생산하고 미국은 동아시아의 돈을 빌려 소비하는 구조가 형성됐다. 좋게 말해 미국은 세계의 '성장 엔진' 노릇을 하고 아시아는 달러 가치를 지탱해준다는 암묵적 균형이 만들어진 것이다. 금나라가 남송으로 인해 매년 돈을 빨아들였다면, 미국은 매년 돈을 빌린다. 900년의 시간을 넘어 이러한 두 개의 메커니즘을 가능케 하는 것은 무엇인가? 바로 '공포' 때문이다.

금나라 군대가 쳐들어와 남송을 유린한다면 어떻게 되겠는가. 침공에 대한 공포는 남송이 매년 막대한 은과 비단을 금나라로 송금하는 것을 보장했다. 금나라 국경에 개설된 시장에 상인들이 몰려가 활황을 이루었고, 세계 최강국 금나라 사람들의 소비를 증가시켰다. 특히 기호식품인 차는 생활필수품이 되어 금나라 측의 국제수지 적자를 가져오게 하였다. 무역의 확대는 금나라 여진인들을 중국화시킨 원인이라기보다는 결과였다.

미국은 동아시아 각국으로부터 지속적으로 돈을 빌릴 수 있고, 그 빚으로 소비를 지속하여 동아시아 각국으로부터 수입을 할 수 있다. 그 위험성은 누구나 잘 알고 있다. 하지만 공멸의 두려움이 이 균형을 유지해준다. '금융 공포의 균형'이 매년 동아시아에서 미국으로 달러가 들어가는 것을 보장해주는 것이다. 달러체제가 무너지고 미국이 동아시아의 물건을 수입하지 않는다면 어떻게 되겠는가?

제3부

먹거리 시장 쟁탈전

탐욕으로 왜곡된 시장, 기아와 폭동의 원흉

13
곡물전쟁

"식량 가격이 춤출 때 곡물 관련 금융상품 투자자들은 돈을 벌어 싱글벙글 웃습니다. 하지만 최빈국의 하층민들은 피눈물을 흘리고 있습니다."

어느 중남미 전문가의 지적이다. 날개를 단 식량 가격이 더욱 가파르게 오르고 있다. 보리 값은 2008년 3월까지 무려 130퍼센트나 올랐다. 쌀은 74퍼센트, 옥수수는 31퍼센트, 콩은 87퍼센트나 값이 뛰었다.

곡물 가격 급등은 시장경제 원리인 수요·공급의 법칙으로는 해석하기 어렵다. 한 해 사이에 쌀·밀 등의 가격이 두 배 가까이 치솟을 정도로 식량 생산이 감소하거나 인구가 급증하지는 않았다. 장기적으로 전 세계 식량 수급에 불균형이 발생하고는 있다. 하지만 단기간에 전 세계를 식량전쟁으로 몰아넣는 것은 세계 곡물 메이저들의 매점매석이 확대되고 있기 때문이다. 미국의 카길, 아처 대니얼 미들랜드, 프랑스의 루이 드레퓌스, 브라질의 벙기, 스위스의 가낙 등 5대 사들이 세계 곡물 시장의 80퍼센트를 장악하고 있다.

심각한 식량난에 시달리고 있는 아이티의 수도 포르토프랭스 빈민가 주민들이 구호물품 배급 도중 유엔 소속 군인과 거친 실랑이를 벌이고 있다. ⓒ국제신문

2008년 4월 초 한 주 동안 아이티에서는 식량 폭동으로 유엔군 장교 한 명을 포함해 7명이 숨졌다. 치안 유지군으로 아이티에 파견된 나이지리아 출신의 장교는 성난 군중들에 의해 차에서 끌려나와 살해됐다. 배고픔에 지친 아이티인들은 대통령궁을 에워싸는 등 주요 도시의 거리로 몰려 나와 시위를 벌여, 폭동 확산을 막는 9000명의 유엔군과 충돌이 잇따르고 있는 실정이다. 실업난과 식량 수입을 둘러싼 구조적 문제는 금방 해결될 수 없다. 소요는 계속될 것이며, 폭동은 세계 곳곳으로 확산되고 있다.

2008년 2월 카메룬에서 폭동으로 40명이 사망한 데 이어 이집트에서도 식료품 폭동으로 4명이 숨졌다. 필리핀 · 모리타니아 · 소말리아 · 모잠비크 · 세네갈 · 예멘 · 인도 · 아르헨티나 · 멕시코 등에서도 치솟는 식료품 값에 항의하는 주민들의 시위가 잇따르고 있다. 주요 식량의 세계적 가격 폭등은 극빈 국가의 소비자에게 재앙이 되고 있다. 아프리카의 경우 인구 대부분에게 식량 구입비는 전체 가계 예산의 절반을 차지한다고 한다. 식량 생산자인 농민에게 굶주림은 언제나 있었던 것이었고, 그것이 폭동으로 번지는 것은 역사상 흔한 일이었다.

가혹한 세금 포탈에 농민들 적개심 불타

신라의 상주(사벌주)에서 원종과 애노가 조세를 독촉하던 촌주를 상대로 반란을 일으켰다(889년). 두 사람이 이끄는 농민 반란군과 촌주 우련과 그 수하들이 들판에서 대치했다. 농민 반란군들은 훈련을 받은 자들이 아니었으며, 무장이 잘 되지도 않았다. 하지만 그들의 눈에는 살기가 있었다. 자신들을 가혹하게 수탈해온 촌주 우련과 그 수하들에 대한 적개심으로 불타올랐다. 거의 바닥이 난 식량으로 세금을 내고, 굶어서 죽으나 싸우다 죽으나 마찬가지였다.

촌주 측의 진영에 중앙정부에서 파견되어온 영기라는 자가 있었다. 무관이라고 하지만 군대를 지휘한 경험이 전혀 없었다. 왕경 귀족들 사이에 주고받는 대화와 예절에 대한 섬세한 교양을 겸비했을 뿐이었다. 그는 농민군이 세운 보루를 보고 기세에 눌려 감히 싸울 생각을 하지 못했다. 촌주 우련이 그의 수하들을 거느리고 용감하게 돌격했다. 상전을 몰라보는 괘씸한 놈들이라고 고함을 지르며 말이다. 하지만 그것으로 끝이었다. 그들은 증오에 찬 기세로 달려드는 농민들의 손에 걸려 최후를 맞이했다. 그날 농민들은 피를 뒤집어쓰고 있었다.

당시 촌주 계층들은 지역 사람들을 조직적으로 착취하는 기생충 같은 존재였다. 농민들은 국가에는 현물을 납부했고, 촌주 층에게는 노동으로 세금을 대신했다. 농민들은 의무적으로 촌주와 그의 수하들의 개인 땅에서 노동을 해야 했다.

그들은 아무런 식사도 제공받지 못하고 일을 해야 했다. 형편이 나은 자들은 약간의 먹을 것을 싸가지고 올 수 있었지만 주변 사람들의 눈치가 보여 그것마저 어려웠다. 촌주의 집에 특별한 행사가 있으면 식사를 대접받을 수도 있었지만 들판에 몰아치는 차가운 바람과 어깨를 찔러대는 무거운 쟁기의 고통을 보상해주지 못했다. 농민들은 의무 노동시간이 두 배 이상으로 늘어나는 수확철에는 따가운 햇볕 아래 10시간 이상 일을 해야 했다. 일이 끝나면 농민들은 어둑어둑한 황혼 속에서 귀가했다. 집에 도착하면 한밤중이었다. 초가집 좁은 방에서 식구들의 기침 소리를 들으며 쓰러져 잠이 들었다.

예고된 죽음이 항상 농민들을 둘러싸고 있었다. 죽음의 그림자는 아버지의 절뚝거리는 다리에도 어머니의 기형이 된 등에도, 나이 서른이 되어 삭아버린 마을 사람들의 얼굴에도 깃들여 있었다. 대부분 농민들은 뼈 빠지게 일하다가 대개 사십 이전에 죽었다. 그것은 매일 아침 신라의 아늑한 하늘에 해가 떠오르는 것처럼 확실한 일이었다. 신라에서 거듭된 흉작이 수년 동안 이어지는 가운데 신라의 모든 농민들은 희망을 잃었다. 반란이 일어난 원인이 흉작 하나 때문만은 아니었다. 기근은 1000년 신라사에서 끊임없이 반복되는 것이었다. 정부가 힘이 있다면 농민들의 반란은 쉽게 진압되었고, 멀리 확산될 수도 없었다. 당시 농민들은 중앙정부가 힘을 잃고 있다는 점을 직감하기 시작한 시점이었다.

식량난에 무너지는 정부

836년에서 839년까지 지속된 왕족 사이의 유혈 투쟁은 지방세력의 성장을 가져왔다. 통일기에 만들어놓은 지방통제 시스템은 붕괴되었고, 중앙정부는 지방 촌주세력을 적극적으로 견제할 수 없었다. 촌주들은 지방 농민들을 수탈하여 일부를 중앙에 바치고 나머지를 차지하는 중간 착취자였다. 중앙정부는 이를 알면서도 그들과 공존했다. 당시 신라 정부는 촌주들을 통제할 수 없을 정도로 무기력한 상태에 빠져 있었다.

만성적인 식량난에 빠져 있는 북한도 지방에 대한 통제를 어느 정도 포기하고 있다. 군 또는 면 단위의 협동농장이나 공장 등이 자급자족적 체제를 갖추었다. "중앙의 보급에 기대지 말자"라는 선전 선동 구호가 등장했다. 당과 보위부 등 권력기관의 비호 아래 그들은 식량 암거래를 하고 있으며, 그 규모도 확대되고 있다. 체제를 지탱해온 군대도 식량난 으로 규율이 무너지고 있다. 군인들이 민가나 그 논밭 수확물을 도둑질 하고, 심지어 약탈까지 자행하고 있다고 한다. 물론 공직사회에서 이권 개입, 횡령, 뇌물 수수가 만연하고 있다.

영기라는 자는 싸우지도 않고 도망을 쳤다. 진성여왕과 중앙정부가 할 수 있었던 것은 직무를 유기한 영기를 참수하는 일밖에 없었다. 농민 반란이 전국으로 확산되어 파국에 이르자 최치원은 시무책을 내놓았다. 하지만 그것은 현실감이 없는 한 먹물의 부르짖음에 불과했다. 원종과 애노는 이제 무서울 것이 없어졌다. 상주의 관아와 촌주 창고의 식량이 약탈되었고, 농민들은 그것을 먹어치우기 시작했다. 그리고 얼마 되지 않아 바닥이 났다. 약탈의 맛을 본 농민들은 귀농하려고 하지 않았던 것이 아니다. 이제 할 수가 없었다.

만인의 만인에 대한 투쟁

식량을 얻는 수단은 약탈이었다. 원종과 애노 등이 이끄는 집단은 상주와 가까운 지역을 약탈해 식량을 확보했다. 약탈을 당한 지역의 사람들도 유민이 되었고, 그들도 다른 지역을 약탈하기 시작했다. 만인에 대한 만인의 투쟁이 벌어졌다. 습격하고 습격당하는 악순환이 거듭되었다. 그럴수록 유민의 숫자는 불어갔다.

농사를 지을 수도 없었다. 그렇게 해도 다른 유민들의 약탈의 대상이 될 것이다. 그들은 그냥 앉아서 굶어 죽거나 유민이 되어 약탈을 할 수밖에 없었다. 당시 상황을 묘사한 최치원의 글이 『동문선』에 실려 있다.

"흉년이 들어 도둑이 사방에서 일어나 늑대와 이리의 탐욕을 부리고 있습니다. 성을 파괴하고, 고을을 노략질하니 농사를 지을 수가 없습니다. 지금 군과 읍이 모두 도적 떼의 소굴이 되었고, 산천이 모두 전쟁터입니다. (…) 농민 반란군이 당을 이루어 광기를 뿜고 있습니다. 관할하는 전국(구주 백군)이 모두 노략질을 당했습니다. 그들은 사람 죽이기를 마麻를 베는 것처럼 하고 내던져진 해골은 숲처럼 쌓였습니다. 만행의 불꽃은 바람같이 거세어 신라는 병든 나라가 되었습니다."

이 기록은 무정부 상태의 일상생활의 세세한 광경에 대해서는 아무 것도 말해주지 않는다. 버려진 시골의 농가에는 바람에 삐그덕거리는 문 소리, 가뭄에 농가의 초가지붕이 햇빛에 메말라 바람에 흩어지는 소 리, 삽으로 굶어 죽은 자식의 무덤을 팔 때 철퍼덕 떨어지는 흙 소리, 부 모를 잃은 고아와 자식을 잃은 부모의 울음소리, 부인들이 남편의 방에 서 납치되고, 심지어 여승들과 어린아이들이 능욕을 당할 때 절규하는 소리는 언급하지 않았다.

농민들 패거리는 서로를 죽이고 약탈했다. 그들은 절도범, 강도, 깡패 들이 벌이는 하수구 싸움을 했다. 심장부인 왕경에서도 사람들은 강도 를 당하거나 죽임을 당했으며, 모든 죄악이 제멋대로 횡행했다. 단 한 가지 법칙만이 존재했는데 그것은 바로 칼의 법칙이었다. 무정부 상태 의 두려움은 인간관계를 약화시키는 역할을 했다. 두려움 때문에 서로 적이 되고 고립되었다.

식량이 반란군의 지도자를 만들어냈고, 그 식량을 확보할 능력을 잃 었을 때 사람들은 용서라는 것을 몰랐다. 그들 스스로 치켜세웠던 사람 을 사정없이 땅바닥에 내동댕이쳐버렸다. 원종과 애노도 자신의 굶주린 부하들의 손에 살해되었을 가능성이 높다.

전근대의 생산능력은 보잘것없었다. 곡물은 항상 부족했고, 자연적 재앙과 기아는 구분이 없었다. 정부의 힘이 약화되면 기근은 무정부 상 태를 부르기도 했다. 현재 세계의 곡물 생산능력은 전 세계 인구 두 배 인 120억 명이 먹고 남을 정도로 풍족하다. 하지만 가격의 벽에 부딪혀 곡물 시장을 이용하기 힘든 나라의 사람들(8억 5000명)이 기아선상에 있고, 2000년 이후 굶어 죽은 사람이 1200만 명이나 된다. 곡물 메이저 회사들에게 더 많은 굶주림은 더 막대한 이익을 창출할 수 있는 기회이다. 향후 곡물 자본의 농간으로 가격이 지속적으로 상승한다면 무정부 상태가 도래할 나라들이 생기지 않는다고 보장할 수 없다. 곡물 메이저에게 장악된 시장이 치명적인 독을 뿜고 있다.

사실은 거란에 농락당한 서희의 담판

14

신군부가 정권을 잡은 그 이듬해(1980년)였다. 시원한 여름을 보냈다. 하늘은 흐렸고, 비가 간간이 내렸다. 추석께 시골에 갔을 때 보았던, 논에 풀어놓았던 소가 기억이 난다.

"행님아, 와 소가 논에서 벼이삭을 먹도록 놔두노?"

"저 벼는 쭉정이라 타작할 필요도 없는 기라."

그해의 냉해로 벼농사가 대흉작을 기록했다. 우리 측은 미국 정부를 찾아가 최대한 쌀을 공급해줄 것을 간청했다. 결국 1981년 한 해에 도입한 쌀은 224만5000톤(1559만 석)으로 당시 우리나라 쌀 생산량의 3분의 1을 넘어섰다. 1979년 톤당 240달러였던 쌀값이 두 배가 넘는 550달러까지 치솟았다. 세계적인 흉작이 든 1972년에는 이보다 더 심했다. 곡물 메이저는 톤당 200달러 하는 쌀을 한국에 661달러를 받고 팔았다.

곡물 메이저가 담합해 곡물 값 폭등을 조장한 사례는 비일비재하다. 1972년 세계 곡물 생산량이 약 3퍼센트 감소하자 쌀과 밀의 국제가격은 3배 이상 급등했다. 당시 미국의 곡물창고에 쌓여 있던 밀 재고분의 56 퍼센트는 이미 곡물 메이저들이 점유한 상태였다. 1973년 닉슨 정부가 100일 동안 콩 수출 중단 조치를 내렸을 때도 국제가격이 4.6배나 뛰어올랐다. 그들은 창고에 콩 재고분의 91퍼센트를 쌓아두고 있었다.

1970년대의 식량 파동을 경험한 세계 각국은 증산에 나섰고, 1980년 대에 들어서 상당 부분 식량 자급을 달성하게 되었다. 우리나라도 통일 벼의 개발로 쌀을 자급하는 수준에 이미 도달했다. 국제 농산물 가격이 하락했다. 이러한 상황은 곡물 메이저에게 위협이었다.

세계 식량 시장을 뒤흔드는 곡물 마피아

곡물 메이저들은 우루과이라운드UR 협상 당시부터 WTO(세계무역기구) 체제하 국제 농산물 자유무역에 깊숙이 개입했다. 1993년 12월에 타결된 UR 협상을 통해 이뤄진 농산물의 무역자유화를 뒤에서 조종한 것이 바로 이들이다. 예컨대, 1986년 미국이 내놓은 농산물 자유무역안을 실질적으로 작성한 사람은 카길CARGILL 사의 부회장인 대니얼 암스테드였다. 그를 실무 책임자로 한 국제농산물 교역질서 개편 기도는 UR 협상이 타결되기 10여 년 전인 1983년 이미 시작되었다고 한다.

2005년 7월 12일 중국 랴오둥 반도 남단도시 다롄大連에서 열린 WTO 비공식 장관급 회의. 농산품, 무역 서비스 자유무역에 관한 핵심 사안들이 심도 있게 논의됐다. 그러나 실제 세계 시장은 곡물 메이저 같은 '보이지 않는 손'에 좌우될 때가 더 많다.

2003년 멕시코 칸쿤에서 열린 WTO 농업 협상에서는 아예 카길이 미국 측 의견서를 작성했다. 곡물 메이저는 미국 정부뿐 아니라 세계 농업 정책 전반에 막강한 영향력을 행사한다. 세계 곡물 시장이 WTO 협정 등 국제사회의 규범과 질서보다는 곡물 메이저의 '보이지 않는 손'에 의해 움직이고 있는 것이다.

문제는 1990년대 들어 곡물 수입국들 사이에 민영화 바람이 불면서 수요자는 분산되고 있는 반면, 곡물 메이저들은 오히려 인수와 합병 등을 통해 몸집을 키우면서 시장 지배력을 가속화하고 있다는 점이다. 그들의 궁극적인 목적은 농산물의 무역자유화를 더욱 확대해 제3세계 국가의 농업을 서서히 말살하고, 세계 곡물 시장을 독점하려는 것이다.

이들은 '곡물 마피아'라 불릴 만큼 그 정체가 베일에 싸여 있다. 특정 국가에 요란하게 진입하지 않으며 진입해도 잘 드러나지 않는다. 자국 정부의 고차원적 곡물 수출정책에 기생하거나 편승해서 독점적 폭리를 취하고, 국내외에 거미줄 같은 정보망을 가지고 있을 뿐만 아니라 심지어 인공위성을 통해 밀·옥수수·쌀 등 세계 주요 농작물의 국가별 작황까지 수시로 파악하고 있다. 한국 내의 작황도 그들이 먼저 알고 있다.

거란군을 내려앉힌 귀주대첩

1000년 전 귀주성 앞 벌판에서 고려군과 거란군이 대진을 했다(1019년 2월 2일). 강감찬과 그의 병사들의 각오는 비장했다. 북소리가 빨라지면서 서로를 향해 돌격했다. 먼지가 하늘을 뒤덮고 유혈이 안개처럼 뿜어져 나왔다. 피를 뒤집어쓰고 싸우는 병사들의 광기 어린 눈에는 생존에 대한 갈망밖에 없었다. 백중세 가운데 행운의 여신은 고려의 손을 들어주었다. 장군 김종현이 이끄는 1만의 고려 원군이 나타났던 것이다.

거란군들은 당황했고 고려군은 환호했다. 바람마저 거란군을 향해 불었다. 흙먼지가 거란군의 눈에 들어갔다. 고려 병사들에게 하늘은 자신들의 편이라는 확신을 주기에 충분했다. 순식간에 거란이 무너지기 시작했다. 고려 기병은 추격했다. 거란군이 재정비할 수 있는 시간을 주지 않았다.

광활한 평지에서는 있을 수도 없는 일들이 산악 고려에서는 일어나고 있었다. 달아나는 거란군의 방향이 뻔했다. 거란의 장군 해리·고청

명·아과달·작고 등이 여기서 전사했다. 고려를 오랜 세월(24년) 동안 괴롭혀왔던 거란 왕제 친위부대는 이렇게 패배했다(귀주대첩-3차 거란 전쟁).

서희의 담판

처음부터 고려와 거란의 전쟁이 치열했던 것은 아니다. 교섭과 담판으로 끝나기도 했다. 998년, 거란 장수 소손녕이 80만 대군을 이끌고 고려를 침공했다(1차 침공). 거란의 침공에 고려는 군사적 대응을 펼칠 준비가 되어 있지 않았다. 고려는 거란 기병의 공격에 겁을 먹고 있었다.

거란 기병들도 자신들이 둔중한 고려 기병보다 한 수 위라고 생각하고 있었다. 거란 기병의 활은 동물의 힘줄을 이용하여 탄력의 강도를 높였고, 목제 화살은 적에게 겁을 주기 위해 날아가면서 요란하게 쉭쉭거리는 소리를 내게끔 고안되었다. 유목민인 거란인들이 보기에 농경민인 고려인들은 어딘가 모르게 허약하게 보이는 존재에 불과했다. 태도가 나긋나긋하고 무기도 없이 다니는 고려인 학자나 관리들은 한심한 족속, 즉 봉으로 보였다.

"저렇게 주둥이만 놀리는 놈들이 뭘 하겠어!"

거란 침공 3개월 전, 여진은 고려에 거란이 곧 침입할 거라고 경고했다. 고려 조정은 이를 믿지 않았다. 고려의 방관적인 태도는 거란에게 있어서 확실한 기회였다. 거란 기병대의 속도는 상상을 초월했다. 무방비 상태에 처한 고려 조정의 겁먹은 관리들이 평양 이북의 땅을 거란에 할양하자는 주장을 내세우기 시작했고 이 의견이 우세해졌다. 단 한 사람, 서희가 여기에 반대했다.

서희는 자신이 거란과 강화를 시도하겠다고 주장했다. 청천강 부근의 천막에서였다. 그 안에는 고려의 서희와 거란의 장군 소손영이 앉아 있었다. 적막이 흘렀다. 서희가 의례적인 인사를 거절했기 때문이다. 소손영이 말을 했다.

"당신들 말이요, 송나라와의 교역량이 거대하다고 들었소. 그런데 우리와는 왜 교역에 그렇게 인색하시오?"

서희가 대답했다.

"그건 당신도 잘 알고 있을 것 아니오. 사실 우리 고려는 당신들에게 사올 것이 없어요. 유목민인 당신들이 생산하는 가축들이 있지만 그것은 동북만주에 있는 여진인들에게 구입하면 되고, 비단과 자기는 송에서 가져오면 되지만……. 소 장군! 그러지 말고 이야기의 핵심을 말하시오. 당신들이 원하는 것은 나도 짐작하고 있소이다."

"음. 서희 장군 지금 우리가 송나라와 전쟁 중이라는 것 아시지요?"

"예, 나는 송에 직접 가서 황제를 만난 적이 있소."

"그러면 상황이 어떻게 돌아가는지 잘 아시겠군요. 여진은 지금 말의 최대 수출국이오. 우리도 매년 말 1만 필을 여진에서 들여오고 있지요. 그런데 여진이 우리에게만 말을 판매하는 것이 아니오. 송에 매년 대량의 말을 수출하고 있어요. 그 말들은 송나라 기병 육성에 핵심이 되고 있어요."

"잘 알고 있습니다. 여진 말은 압록강 입구를 통해서 산동의 등주로 수출되고 있지요. 그러니까 소 장군께서는 우리 고려가 압록강 입구까지 북진하여 이 부근에 있는 여진족을 몰아내기를 원하시는군요."

"맞소. 압록강 이남의 땅은 고려의 것으로 인정해주지요."

991년 거란은 압록강 부근에 위구, 진화, 내원 3개 성을 축조했다. 특히 내원성의 축조는 전략적으로 커다란 의미를 지닌다. 내원성은 압록강 건너편 평안북도 의주에 있었다. 의주 앞의 강가는 유속이 느려 토사가 퇴적해 광범위한 범람원과 하중도가 형성되었다. 여러 개의 하중도들이 일종의 징검다리 구실을 하므로 물살은 더욱 느려지고, 수심은 얕아진다. 갈수기엔 도보로 건널 수도 있었다. 이러한 지리적 환경은 여진의 대송 말무역의 최적의 도로였다.

거란의 책략에 넘어간 서희

소손영은 군사를 돌이켰다. 그 직후 거란 왕제의 허락을 받아 고려가 압록강 동쪽 280리의 땅을 차지하는 데 동의하는 서신을 보내왔다. 서희는 994년부터 3년간 압록강 동쪽의 여진족을 몰아낸 뒤 홍화진·용주·통주·철주·구주·곽주 등의 강동 6주에 성을 쌓아 고려의 영토로 편입했다.

서희의 담판으로 거란군이 물러나고 고려는 영토를 넓힐 수 있었다. 이는 우리 국사교과서에도 서희의 성공적인 외교로 서술하고 있다. 하지만 장기적인 안목에서 보았을 때 그것은 거란 전술가들의 책략에 넘어간 것이었다. 강화 체결 후, 거란은 의주(내원성)를 확실하게 확보하게 되었고, 고려·송 사이의 공무역을 단절시켰다. 이로써 말이 송나라

중국 쪽에서 보이는 신의주 앞 하중도, 북한 병사 3명이 걸어오고 있다.

로 들어가는 모든 길이 막혔고, 송의 기병 전력에 치명상을 주었다.

이제 거란은 송에게 두려운 강적이었다. 화북평야 중앙, 송의 수도 개봉과 거란의 국경 사이에는 시야에 들어오는 것이란 평야뿐이며, 거란의 기병을 방어할 수 있는 자연장애물이라고는 전혀 없었다. 1004년 거란군이 하북성을 남하해 송이 건설한 소택지의 방어시설을 깨고 황하의 북안에 도달했다. 송 조정은 거란 기병의 공격에 속수무책이었다. 수도를 개봉에서 양자 강남으로 옮기자는 소리도 나왔다. 하지만 재상 구준의 의견에 따라 사기를 고무시키고자 송군은 황하를 건넜다. 저항의 의지를 보이면서 사절을 거란군 진영에 보냈다. 협상이 성립돼 송이 매년 비단 20만 필과 은 10만 냥을 거란에 증여하는 조건으로 거란군이 물러갔다.

매년 막대한 돈이 거란으로 들어갔고, 그것은 거란의 경제 발전과 군비 증강의 자양분이 되었다. 송이 증여한 돈을 받은 거란은 그것을 고려 침공의 비용으로 사용했다. 전쟁의 목적은 송과 고려의 교섭을 완전히 근절하는 것이었다. 1010년 거란의 성종은 40만 대군으로 통주 부근에서 고려의 주력을 대파했고, 수도 개경까지 쳐들어가 철저히 유린했다(2차 거란전쟁). 그것은 송과의 무역을 단절하고 거란을 통해 송의 물품을 구입해가라는 강력한 경고였다. 무역전쟁이었다. 거란은 고려 · 송 · 여진 삼국의 교역로를 거란의 초원 교역로에 편입시켜, 중계무역 차익을 얻어내고자 했다.

자본의 지배는 영원하다

거란에 무력으로 눌린 송은 웅주 · 패주 · 안숙군 · 광신군의 하북 4곳에 시장을 개방했고, 거란은 신성 · 역주 · 삭주 3곳에 시장을 설치했다. 송나라 상인들은 고려행의 공빙公憑을 받아 중간에 거란으로 방향을 돌리는 불법을 감행하면서까지 거란 무역에 열을 올렸다. 매년 송에서 거란으로 들어오는 거액의 비단과 돈은 상인들을 유혹했다(20만 냥, 비단 30만 필로 증가됨).

현재 식량, 원유, 원자재와 같은 자원 문제가 심각하게 대두되고 곡물 메이저들이 맹활약할 수 있는 무대가 제공되는 근본적 배경에는 WTO 체제가 있다. 거기에 가입하지 않을 수 없는 것이 세계 각국이 처한 현실이다. 자유무역에 기반을 둔 수출산업이 수많은 사람에게 일자리를

거란무사도.

제공하고 있는데, 만약 WTO의 규정을 어기면 그 나라의 수출산업이 파괴될 것이 뻔하다.

1000년 전 세 번째 전쟁에 승리했지만 고려는 거란의 돈과 비단에 굴복했고, 결국 그 교역권에 편입되었다. 『요사遼史』 「식화지食貨志」는 이렇게 기록하고 있다.

"남쪽 송과 서북의 초원에서 모든 부가 모였다. 동북의 고려·여진·철리에서 나는 재화와 금·비단·베·꿀·밀랍과 모든 약재가 포함됐다. 말갈의 궐등부가 진주와 청설모·담비·아교를 가져와 소·양·낙타·말 털로 짠 그물과 바꾸어갔다. 모든 도로가 요(거란)를 중심으로 끈처럼 엮여 있었다."

기존의 무역체계를 무너뜨린 거란은 자신을 중심으로 한 새로운 무역체계를 만들어냈다.

130여 년 전 마르크스가 지적한 것처럼 자본의 세계 지배는 영원할 수도 있다. 자본은 끊임없이 진화할 것이고, 영향력을 행사하여 유리한 환경을 창출할 것이다. 1000년 전 거란이 만들어낸 무역체계는 그 나라가 망한 후 여진족이 세운 금나라에게 계승되었고, 무력으로 고려에서 유럽까지 이어지는 교역망을 확보한 칭기즈칸과 그의 후손들이 세운 원 제국에 의해 완성되었다. 원이 사라지자 고려도 사라졌다.

사료 값 폭등과 시장 개방의 이중고 어떻게 넘을까

어느 시골 어린이가 할아버지와 함께 외양간에 있는 소를 바라보고 있었다.

"할아버지, 저기 소 잡으면 우리 식구와 온 동네 사람들이 먹고도 남을 텐데. 우리 저거 한 마리 잡는 것이 어때요?"

"얘야, 저건 네 삼촌 등록금으로 쓸 송아지를 낳을 놈이야."

'우리 집에 소가 있는데 왜 고기를 먹지 못하는 것일까?'

소년은 자주 이런 생각에 빠져들었다. 소년이 고기를 좋아하게 된 것은 앞서 1979년 돼지 값 파동 때 그 맛을 보았기 때문이었다. 그해 초겨울 우리나라에는 우스운 속담 하나가 나돌았다.

'돼지 값은 칠푼이요, 나무 값은 서 돈이라.'

이는 돼지 값보다 돼지를 몰아내는 데 쓰인 나무 값이 훨씬 더 비싸다는 의미로 돼지 가격이 크게 폭락한 시대 상황을 잘 표현한 말이다. 정육점에서 돼지고기 1근이 120원 선에서 거래됐다. 1979년 12월 초 농수산부는 돼지 값 안정을 위해 긴급 도살령을 내렸다. 그리고 범국민적으로 '돼지고기 먹기 운동'을 벌였다.

외양간의 소는 삼촌의 등록금을 마련해주지 못했다. 1985년 이른바 소 값 파동이 터진 것이다. 사태는 정부 당국이 융자까지 해주며 소 사육을 권장해놓고는 미국으로부터 소와 쇠고기를 대량으로 수입해 소 값을 떨어뜨렸다. 소 사육농가는 막대한 피해를 입었다. 당시 개도 한 마리에 10만 원 이상을 받았는데 송아지는 10만 원도 채 되지 않았다. 소 값이 개 값만 못했다. 등록금을 내지 못한 그 소년의 삼촌은 다니던 대학을 쉴 수밖에 없었고, 결국 군대를 가야 했다. 소 값에 밀린 입대였다. 우리나라의 가축 시장의 역사는 이렇게 파란만장했다.

축산농가의 위기

현재 세계 곡물 파동은 사료의 95퍼센트를 수입하는 한국을 강타하고 있다. 사료 값은 2006년 11월부터 상승하기 시작해 2008년 1월까지 다섯 차례에 걸쳐 35퍼센트나 올랐는데도 또 20퍼센트 이상 더 인상될 전망이다. 이에 따라 양돈농가의 폐업이 늘어나고 있다. 사료 값이 오른다고 돼지 값을 쉽게 인상하지 못한다. 수입고기와 경쟁하기 때문이다. 2007년엔 돼지고기를 전년보다 16.2퍼센트 늘어난 9억385만 달러어치나 수입했다. 쇠고기 협상 타결로 미국산 쇠고기가 대량으로 국내로 유입될 것이고 소를 키우는 농가도 압박을 받지 않을 수 없다. 사료 값 상승과 고기의 대량 수입이란 이중 공격으로부터 우리의 축산업이 붕괴되고 있다. 문제는 사육 기반의 붕괴는 수입고기 값의 폭등으로 이어질 것이라는 데 있다.

미국산 쇠고기 수입 반대 촛불문화제가 2008년 한국사회를 격동에 몰아넣었다. 국내 쇠고기 시장 개방은 우리 축산업을 벼랑으로 몰아가는 창(槍)이 될 수 있다.

고대에는 짐승들에게 곡물을 거의 먹이지 않았다. 가축은 수초와 밀접한 관계에 있었고, 오히려 가축을 키우는 것을 전업으로 하는 유목민들에게나 절대로 필요한 것이 곡물이었다. 유라시아 초원의 대부분은 온대에 위치해 있다. 그것은 유목민의 이동 루트의 성격을 결정짓는 가장 중요한 요인이었다. 몽골인의 경우를 보면 이동은 대체적으로 정기적이며, 직선의 남북 방향이었다. 이동로는 상당히 안정되어 있었고, 계절 변화에 상응하는 목초지 이용도 분명했다. 여름에는 식수가 가장 중요했고, 겨울에는 수초의 존재 여부가 문제였다.

유목민들은 여름이 되면 서서히 북쪽으로 이동한다. 그것은 그들이 이동하는 와중에도 북쪽을 따라 풀들이 충분히 성장해주고 있기 때문이다. 그들이 하계 방목지에 도착했을 때에는 이미 풍부한 양의 풀이 기다리고 있다. 양 한 마리당 1헥타아르의 목초지를 필요로 한다. 하지만 수초는 8월이 되면 북쪽부터 영양분이 빠지고 말라가기 시작한다. 겨울에는 수초에 함유되어 있는 영양분이 여름의 그것에 반도 되지 않는다. 그렇기 때문에 거란족들은 가축들을 이끌고 수백 킬로미터 남쪽으로 이동을 해야 했다. 그러는 동안에는 이동 경로에 있는 아직 마르지 않은 풀들을 먹인다(하자노프).

20세기 초 몽고인의 칼로리 섭취를 분석한 결과 우유·버터·치즈류가 55.31퍼센트, 곡류가 24.38퍼센트였던 반면, 육류는 고작 20.31퍼센트였다. 여름에는 유류乳類를 지배적으로 소비했고, 겨울이 되면 육류의 소비가 올라간다. 하지만 육류는 곡물과 함께 먹어야 한다. 유목민에게 가장 가혹한 처벌은 겨울철에 곡물 시장으로부터 배제되는 것이다.

거란족이 150킬로미터를 남하해 고구려와 인접한 겨울 방목지에 당도했을 때 그들이 필요로 하는 곡물을 고구려인들과의 교역에서 구해야 했다. 고구려에서 흉년이 들면 문제가 발생했다. 유목민들은 약탈자로 돌변했다.

절망하는 소수림왕

377년 겨울, 고구려에는 눈이 내리지 않았다. 봄이 찾아오자 가뭄이 들었다. 전염병이 고구려를 휩쓸었고, 기근이 찾아왔다. 굶주림은 무서운 것이었다. 백성들이 짐승처럼 서로 잡아먹게 됐다. 거란이 어려움을 간파하고 달려들었다. 북쪽 변경을 침범해 8개 부락을 함락시키고 많은 사람을 잡아갔다. 잡혀간 이들은 고구려의 북쪽 초지에 살던 유목민이었다. 그들은 고구려에 전마와 가축, 육류를 공급하고 기병 전력까지 제공하던 사람들이었다. 대가로 생필품과 곡물을 정기적으로 공급받았다. 지속된 가뭄과 흉년은 고구려의 경제력을 고갈시켰다. 유목민은 누구도 막을 수 없는 자유의지를 가진 자들이었다. 고구려에 기대할 것이 없던 그들은 거란이 다가오자 미련 없이 이탈했다. 고구려는 어떠한 손도 쓸 수 없었다. 소수림왕은 절망에 빠졌다. 남쪽에서 백제와 전쟁을 하고 있는데 말과 기병 전력을 제공해줄 많은 유목민이 사라졌다. 종교적 열의도 소수림왕으로 하여금 현실의 책임감에 귀 먹고 눈 멀게 할 수는 없었다.

나쁜 일은 겹치는 법이다. 383년 전진 부견이 비수의 전투에서 대패했고, 전진은 급속한 멸망의 길을 걸었다. 이듬해 전연 모용씨의 일족인 모용수는 흩어진 선비족들을 규합해 20만 명이라는 큰 세력을 형성했다. 고구려를 그토록 괴롭혀왔던 선비족 연나라가 기적적으로 부활했다. 우방을 잃고 강력한 적을 맞게 된 소수림왕의 마음은 어떠했을까. 고난의 삶에 지쳤고 왕 노릇에 신물이 나 있었다. 절망은 그를 죽음으로 몰고 갔다(384년 11월).

동생 이련이 고국양왕(광개토왕의 아버지)으로 즉위해 무거운 짐을

지게 됐다. 385년 고구려가 일시에 차지했던 요동지역이 반격으로 다시 후연에게 넘어갔다. 이듬해 모용수가 후연의 황제로 즉위했다. 백제와의 소모적인 싸움은 계속됐다. 분쟁이 끊이지 않은 백제와의 접경지역이 고구려에서 곡물을 생산하기에 가장 좋은 지역이었다. 비참한 시대, 한 치 앞도 내다볼 수 없는 상황일지라도, 거기서 태어난 자는 어디까지나 그 속에서 살아야 한다. 담덕(광개토왕)도 그 가운데 한 사람이었다.

유목민을 송환받은 광개토왕

391년 9월 요하의 상류 시라무렌 강이 흐르는 초원은 이미 겨울이었다. 눈이 내려 천지가 백색 결정체를 뒤집어쓰고 있었다. 햇볕이 내리쬘 때는 실눈을 떠야 했고, 바람이 불면 앞이 보이지 않았다. 광활한 평지였다. 가도 가도 지형이 변하지 않아 스트레스를 받았다. 말이 행군이지 그것은 파란 하늘과 붙은 하얀 바다를 항해하는 것과 다르지 않았다.

광개토왕의 작전 목적은 아주 명확했다. 377년 거란이 데리고 간 1만 명의 유목민을 송환받는 것이었다(『삼국사기』). 고구려 군대가 겨울 방목지에 들이닥치자 거란인들은 놀랐다. 정찰을 하던 거란의 기병들과 전투가 있었다. 하지만 단번에 제압되었다. 거란인들이 가축과 천막을 다 싸들고 이동하기에는 시간이 늦어버렸다. 옮긴다고 하더라도 다른 유목민들과 겨울 방목지를 놓고 싸우지 않으면 안 된다. 대왕은 사람을 보내 거란의 족장들에게 알렸다.

"필요 없는 인명 피해는 원치 않는다. 14년 전 당신 거란인들이 끌고 간 우리 고구려 휘하의 유목민들과 그들이 소유하고 있는 가축만 돌려주면 된다. 다만 조건이 있다. 다시 우리 북변을 침공하여 사람들을 잡아가는 일이 없도록 약속해주기를 바란다. 약속의 징표로 족장급 사람들은 자신의 혈육을 인질로 내놓아야 한다. 모두 500명이면 족하다."

거란의 족장급들의 회동이 있었고, 고구려 왕의 요구를 들어주겠다고 결정이 났다.

광개토왕은 끌려갔던 고구려의 유목민들을 한자리에 끌어 모았다. 그리고 연설이 있었다

"너희들이 거란으로 간 이유를 다 안다. 377년 당시 고구려는 너희들을 외침으로부터 보호해줄 여력도 지급해줄 식량도 부족했다. 하지만 지금은 아니다. 나는 올해 7월에 백제를 공격하여 임진강 이북을 확보하고 백제의 수도 한성이 지척인 한강 이북까지 영토를 넓혔다. 남쪽에 땅이 확보되었으니 향후 식량은 안정적으로 공급될 것이다. 너희들의 겨울 방목지는 고구려에 준비되어 있다. 우리만 따르면 된다."(『삼국사기』)

연설이 끝나고 그 유목민들은 자신의 천막을 꾸리고 가축들을 몰아 열을 세웠다. 고구려 기병이 호위하는 가운데 평원에 긴 행렬이 펼쳐졌다. 기병들이 행렬의 좌우에 띄엄띄엄 가고 있고, 그 가운데 유목민들의 천막과 가재도구, 아이들을 실은 수레가 열을 지었고, 바로 그 뒤로 유목민들이 각자 자신들의 가축을 몰고 있었다. 사람보다 가축이 10배 이상 많았고, 가축들이 풀을 뜯으며 가다보니 행군의 속도도 완만했다.

현재 한국의 육류 시장이 전면 개방과 사료 값 폭등이라는 두 개의 창으로 우리 축산업을 위기로 몰아가고 있다. 생활수준의 향상으로 육류

길림성 집안시 대비가에 있는 광개토 왕릉으로 추측되는 무덤. 바로 옆에 광개토왕비가 있다.

소비는 꾸준히 증가했고, 사료의 수입량도 늘었다. 지속적인 수요는 외국의 농산물 기업들로 하여금 우리 시장을 개방하게 했다. 향후 우리가 어떻게 나아가야 할지는 고구려인들이 이미 해답을 제시하고 있다.

고구려는 곡물 생산을 끊임없이 늘려야 했다. 농업혁명이 일어나지 않은 그 시대에는 영토를 확장하는 수밖에 다른 방법이 없었다. 그것도 곡물 생산에 적합한 한반도 남쪽 영토에 대한 수요가 컸다. 영토 확장과 곡물 생산의 확대는 북방의 가축 사육업자 유목민들을 고구려 안에 잡아둘 수 있는 유일한 방법이었다.

이명박 정부가 몽골 할흐골에 대규모 땅을 임대받아 식량기지를 건설한다는 소식이 있다. 앞으로 동남아나 연해주 지역으로 식량기지를 확대할 계획이라고 한다. 계획에 머물지 않고 추진력 있게 진행해야 할 과업이다. 이어지는 장에서 이 문제를 구체적으로 살펴보겠다.

고구려 장수왕의
몽골 개척이
식량무기 시대의 해법이다

"석유나 광물자원뿐 아니라 장기적 관점에서 식량자원 확보도 매우 중요한 과제입니다. 미국과 일본 순방을 마치고 귀국하면 해외 식량기지 확보 방안을 마련토록 하겠습니다."

이명박 대통령이 2008년 4월 미국으로 향하는 특별기 내 기자 간담회 장에서 발표한 내용은 이러했다.

그는 계획을 실행하는 중이다.

"해외 용지 확보 같은 것은 정부가 앞장서서 하고 경영은 민간이 나서서 할 수 있을 것입니다."

국제 식량 가격 폭등이 대북 식량 지원에 문제가 될 수 있다며, 그 대안으로 러시아의 연해주 지역에 땅을 장기 임대하고 북한의 노동력을 이용하며 생산된 곡물을 직접 북한으로 운반하는 방안도 있다고 했다. 이미 연해주에선 한국 영농기업들이 제주도 넓이의 3배에 이르는 총 51만2000헥타아르 규모의 50개 농장을 확보(32개)했거나 협상 중(18개)이다. 사료의 안정적인 수급에 대해서도 언급했다.

몽골 대초원을 내닫는 유목민. 이런 대초목 지역에서는 안정적으로 식량을 확보하는 과제에 한 국가의 명운이 달렸다고 해도 과언이 아니다.

"이모작이나 삼모작이 가능한 동남아에 곡물기지를 건설하여 현지 생산된 곡물로 사료 등을 만들어올 수도 있습니다."

2000년부터 훈센 총리의 경제고문을 맡았던 이 대통령은 캄보디아로부터 방문을 공식 요청받은 상태이다. 또 대통령은 5월 26일 아프리카 수단 대통령과 정상회담을 가진 후 "수단에 해외 식량기지 차원의 농업용지를 개발하려는 계획을 갖고 있다"고 밝혔다.

정부는 이미 해외 식량기지 건설을 위한 구체적인 실천에 들어갔다. 정부 모 부처에 따르면 한국과 몽골 양국은 곧 최종 실무 협의를 갖고 할흐골 지역 '농촌 마스터 플랜 지원사업' 규모와 구체적 내용을 확정할 계획이라고 밝혔다. 사업을 주관하는 국제협력단KOICA은 올해부터 2010년까지 200만 달러를 몽골에 무상 원조하기로 결정했다. 정부는 무상 원조로 농촌 개발사업을 지원하는 대신 공기업이나 민간기업이 개발된 농지를 장기 임대받아 식량기지로 건설하는 방안을 추진 중이다. KOICA는 최종 협의가 끝나는 대로 공개 입찰을 통해 국내 시행 사업자를 선정할 계획이다.

할흐골 지역은 인근에 바이르 호수와 할흐 강이 있고 연간 강수량이 270밀리미터에 이르러 밀·옥수수·감자·고구마 등의 재배가 가능하다. 현재 밀을 기준으로 볼 때 1헥타아르당 1.2톤의 수확을 볼 수 있다고 한다. 농산물 전문가들은 관개시설이 확충될 시 수확량을 1.7톤까지 끌어올릴 수 있을 것으로 내다보고 있다. 농지 임차료는 헥타아르당 76센트에 불과하고, 임차 기간은 50년(추가 50년 연장 가능)에 이른다.

몽골로 향하는 장수왕의 사절

우리 식량기지가 들어설 할흐골 지역은 몽골 수도 울란바토르에서 동쪽으로 1000킬로미터나 떨어져 있다. 면적은 여의도의 1000배에 이른다. 아이러니하게도 이곳은 지금으로부터 정확히 1529년 전 고구려 장수왕이 점유한 지역이다(479년). 몽골에 있던 유목 제국 유연과 어떠한 형태의 협약을 맺었다는 점에서도 너무나 비슷하다.

478년 장수왕의 사절이 평양을 출발하여 몽골고원으로 향했다. 사절 한 사람당 3마리 이상의 말을 데리고 갔다. 말이 지치면 갈아타기 위해서였다. 그들은 행보는 남쪽에서 북쪽으로 따뜻한 봄의 기운이 올라가는 것과 속도를 같이했다. 늦은 봄이라 평양에서는 벌써 풀이 새싹을 내밀었다. 사절은 중간 중간에 그 풀을 먹였다. 시간이 지나면서 사신의 말이 내닫는 북쪽에서도 풀이 생겨났다.

사절들은 완만한 초원으로 이루어진 대흥안령산맥을 넘었다. 그곳부터는 '지두우'라는 유목민들이 부락을 이루고 살았다. 평온하고 목가적인 풍경이었다. 장수왕의 밀명을 받은 고구려 사절단장은 그들을 안쓰럽게 바라보았다.

"저들의 평화도 얼마 남지 않았어!"

밀명의 내용을 모르는 사절단의 서기는 그들의 배치 상황을 정신없이 기록하고 있었다. 그는 사절단의 업무수행 일지를 빈틈없이 작성해야 하는 임무를 맡고 있었다. 일지는 귀국 후 고구려의 대외 정보부에 들어갈 것이고, 보고서로 작성되어 장수왕에게 보고될 터이다.

사절단장과 그 일행은 몽골고원의 중심부에 들어섰다. 오르콘 강 상류였다. 세계 최대의 대초원이 펼쳐졌다. 초원에서 수많은 말과 양 그리고 소가 풀을 뜯고 있었다.

"역시 유목 제국의 '요람'의 땅이라 부를 만하다. 과거 흉노·동호·선비·유연 등 이름을 남긴 유목 제국은 대부분은 여기서 태어났어. 이곳을 장악하지 못하면 대형 유목 국가로 발전할 수 없을 것이 확실해!"

유연 칸의 천막궁정에 도착한 사절단은 모든 의례적 절차를 마치고

칸을 독대했다. 장수왕이 국서를 전했다. 칸은 놀라는 표정이었다. 장수왕의 제안은 위험하고 파격적인 것이었다. '거련(장수왕) 이 사람 보통이 아니야.'

"자네 왕께서 우리 유연과 함께 여기서 동쪽으로 1000킬로미터 떨어진 지두우족의 땅과 사람들을 분할하자고 제안을 했어. 그 지역은 지금 탁발선비 북위의 발상지 알선동과 아주 인접한 지역이야."

"예, 그렇습니다. 지금도 북위 조정에서는 조상이 태어난 곳이라 중요하게 여기고 있습니다."

"그렇다면 우리와 고구려가 지두우 지역을 분할한다면 북위가 가만히 있을까?"

칸의 우려는 현대의 고고학적 발굴에서도 충분히 입증된다. 1980년 여름 치치하르 북쪽의 오르콘족 자치기의 아라하지 서북 알선동의 거대한 동굴. 443년 북위에서 파견한 중서시랑 이창 등이 탁발 선비족인 북위 왕실의 조상에 대한 제사를 지내며 벽에 새겨놓은 축문祝文 200여 자가 발견됐다. 알선동에 제사를 지내게 한 북위의 태무제(탁발도)는 유연에 대한 대대적인 원정을 지휘해 엄청나게 많은 사람을 살육한 장본인이다. 그는 425년 기병을 이끌고 유연을 습격했고, 443년과 449년에도 유연에 대한 인간 사냥대를 조직하여 고비사막을 넘었다.

북위의 내분을 이용한 영토 확장

북위는 너무나 강력한 국가였다. 공격적인 북위의 통치자들은 몽골

오르콘 강 유역에 중심지를 둔 유목 제국 유연을 공격하기 위해 고비사막을 거침없이 가로질렀다. 유연의 칸들은 북위가 언제든지 자신들을 습격할 수 있는 능력을 가진 자들로 인식하고 있었다.

"칸 폐하! 지금 북위의 정치 상황은 기만欺瞞 위의 누각樓閣입니다. 앞서 북위 조정에서는 상황 헌문제의 황제당과 풍태후의 태후당 사이의 치열한 암투가 계속되었습니다. 결국 2년 전(476년 6월) 풍태후가 황제를 독살하고 정권을 잡았습니다."

"아무리 그래도 그렇지!"

"아닙니다. 비정상적으로 권력을 장악한 풍태후는 외정에 신경을 쓸 수 없었습니다. 지금 황제인 효문제는 풍태후에 치마폭에 싸인 어린아이입니다. 혹시 다른 황족이 외정에 성공한다면 그는 명망을 얻을 것이고 북위의 군대를 장악할 수도 있습니다."

"외정의 성공과 영웅의 탄생은 풍태후 정권에 위협이 된다는 말이지?"

"예, 그렇습니다. 우리 거련(장수왕) 폐하께서는 이러한 약점을 정확히 간파하고 지두우족을 분할하자는 제안을 하고 계신 것입니다."

초원에 가을이 빨리 찾아왔다. 유연의 칸도 겨울을 보내기 위해 궁정을 남쪽으로 옮기려 하고 있었다. 고구려 사절단장은 칸이 군대를 이끌고 언제 어디서 지두우를 공격할 것인지 기록한 문서를 품고 귀국길에 올랐다. 고구려 사절은 풀이 마르기 전에 그곳을 떠나야 했다.

479년 장수왕은 고구려 기병을 북방초원으로 보냈다. 그는 지두우와 거란의 땅만 탐낸 것이 아니라 그들의 인력과 가축도 원했다. 지두우족에 대한 고구려의 무자비한 약탈과 납치가 행해졌다. 거란족도 무사하지 못했다. 공포에 질린 일부 거란족 1만 명이 3000대의 수레를 끌고 북위에 투항했다. 그들 가축의 상당수는 고구려의 손에 넘어갔다.

북위는 자국의 북쪽 국경을 안정시키는 데 주력했다. 소극적인 대응이었다. 고구려와 유연이 지두우족을 분할함에 따라 북위 조상의 발상지와 북위 사이가 차단됐다. 그래도 풍태후는 자신의 정권 유지에만 신경을 썼다. 북위 조상의 발원지가 고구려에 넘어가든 어떻게 되든 상관이 없었다.

유연 이용해 초원 영역 확장

지두우 지역 분할은 고구려가 몽골의 유연에 먼저 제안했고 곧바로 실천에 옮겨졌다. 반면 현재 할흐골 지역 개발사업은 몽골이 2006년에 먼저 제안했다. 우리 정부가 늑장을 부려 2년 가까이 추진되지 못했다. 그러다 곡물 가격이 폭등하고 중국·일본 등이 할흐골 지역 농업 개발에 관심을 보이자 정부가 뒤늦게 뛰어들었다. 적극적이지 못한 대응이었다.

장수왕은 북위의 내정을 정확히 파악하고 유연을 이용하여 초원의 영역을 확장했다. 그는 당시 세계질서의 주도자였다. 고구려는 군사강국 북위와 적대관계에 있는 나라들(유연·송)과 연결을 도모해 이를 포위·견제하는 정책을 취하고 있었다. 고구려는 북위와 대립관계를 지속하면서 유연과 관계를 맺었을 뿐만 아니라, 양자강 이남의 송과 사막 이북의 유연을 중개해주기도 했다. 공동의 이해가 걸린 군사작전을 통해 유연과 고구려는 더욱 긴밀해졌다. 양국의 말과 곡물 교역이 원활해졌다.

동몽골 비옥한 토질 개간 없이도 경작, 동남아보다 경제적

463년 『송서』 고구려전은 다음과 같이 기술했다.

"고구려 왕 낙랑공 연(장수왕)은 대대로 충성스럽게 우리 송을 섬기면
서 바다 밖의 번병藩屛이 됐다. 우리 송의 조정에 충성을 다해 포악하
고 잔악한 무리(북위)를 없애는 데 뜻을 두었고, 사막의 나라(유연)에
통역해 짐(송 황제)의 뜻을 잘 펼쳤다."

중국인의 허풍이 그대로 나타나지만 진실이 반영되어 있다. 송은 북

무용총 접객도. 무용총은 장수왕 재위 시에 만들어졌다. 그림에서 손님을 접대하고 있는 고구려인들이 모습이 보
인다. 그들은 거칠었지만 정치에도 능했다.

중국에 있는 기병강국 북위에 대항하기 위해 고구려의 말이 필요했다. 유연에 곡물을 수출하고 말을 수입한 고구려는 그 말을 송에 수출하고 아열대지역 송에서 생산된 풍부한 곡물을 수입했다. 그 차액은 엄청난 이익을 보장했다.

현재 중국과 중동 일대 산유국들이 식량 안보를 위해 해외 농지 매입에 적극 나서고 있다. 곡물 가격 상승에 압박을 받는 지금 해외 식량기지 건설이 쉽지만은 않다. 몽골의 유목 제국 유연과 양자 강남의 송을 적극 활용했던 고구려의 세계 경영을 오늘날 귀감으로 삼아야 한다. 적의 적은 우리의 아군이다. 고구려 장수왕대에 몽골고원의 사람들은 북중국과 적대적이었고, 현재 몽골은 러시아와 중국을 경계하고 있다.

박진호 주몽골 대사는 "동몽골 지역은 토질이 비옥해 바로 씨를 뿌릴 수 있다"며 "농사를 짓기 위해서는 삼림지역 개간에 많은 비용이 들어가는 동남아에 비해 경제적으로 유리하다"고 주장했다.

제4부

시장 속의 군주

시장 창출로
'전비戰費'를 마련하라

"큰물에 나가야 큰 고기를 잡는다. 중동으로 가자!"

현대 고故 정주영 회장이 선언했다. 1973년 제1차 석유파동이 터졌다. 1달러75센트 하던 유가가 2년도 되지 않아 10달러가 되었다. 세계경제는 극도로 악화됐고, 베트남전에서 지친 미국은 전쟁을 포기해야 했다.

한국도 직격탄을 맞았다. 밤거리는 동굴처럼 어두워졌다. 서둘러 귀가해야 했고 소등도 빨리 했다. 경제는 뿌리까지 흔들렸다. 1975년이 되자 기업들은 외채 상환능력을 상실했고, 부도 직전까지 몰렸다. 현대도 예외가 아니었다. 외채를 얻어와 울산 조선소에 투자했는데, 선주가 배를 가져가지 않아 나올 돈이 없었다.

언제 떨어질지 모르는 무르익은 과일

하지만 산유국들은 넘치는 오일 달러를 항만과 도로 등에 쏟아 붓고 있었다. 사우디아라비아에서 거대 입찰이 있었다. 페르시아 만 주베일에 50만 톤 유조선 4척을 접안할 수 있는 항만 공사였다. 총 금액은 9억 3000만 달러, 당시 한국 예산의 절반이었다. 정 회장은 중동이란 정원에서 언제 떨어질지 모르는 무르익은 과일을 보았다.

하지만 그곳에는 세계 굴지의 서방 건설회사들이 벌써 진을 치고 있었다. 살 냄새를 맡고 몰려온 맹수들처럼 경쟁은 치열했다. 일본의 최대 건설회사인 다이세이大成도 못 낄 정도였다. 불과 1000만~2000만 달러짜리 공사를 해오던 현대였다. 내부에서 반대의 목소리도 컸다. 그래도 정 회장은 포기할 수 없었다.

"폭우와 밀림, 독충과 포탄이 있는 곳에서도 우리는 일을 하지 않았는가?"

사우디는 공사에 입찰할 10개 시공사 선정을 영국의 기술 용역회사에 의뢰한 상태였다. 현대는 이 윌리엄 하로크 사를 끈질기게 설득해 일단 진입했다. 2000만 달러의 입찰 보증금도 눈물 나는 노력으로 바레인 국립은행으로부터 받았다. 그동안 입찰 서류를 작성하는 데도 밤을 지샜다. 밥은 배달시켜 먹었고, 목욕도 세수도 하지 않았다. 방에 악취가 진동했다. 부정이라도 탈까봐 그렇게 했다. 두꺼운 견적서가 만들어졌다. 정 회장부터 차례로 그 위를 밟고 지나갔고, 엉덩이로 비비기까지 했다. 족보도 없는 '노가다' 판의 미신에 의존했다. 지극히 '현실적'인 사람들이었지만 전쟁에 나가는 병사들처럼 불안한 마음은 어쩔 수 없었다.

공사 총 금액은 12억 달러이지만 최하의 가격을 써낸 회사에게 낙찰된다. 경쟁 회사들마다 머리를 싸매고 가격 인하를 해야 할 판이었다. 하지만 손해를 보고 공사를 할 수는 없었다. 밑지지 않으면서, 가장 싼 가격을 써내야 했다. 현대는 어떠한 회사도 제시하지 못한 가격으로 공사를 따냈다(1975년 2월 16일). 9억 3114만 달러였다. 사우디는 44개월의 공사 기간을 8개월 단축시키겠다는 정 회장의 제의에 감명을 받았다. 일주일 후 거액의 선금이 입금되었다(7억 리알). 대한민국에 '외환'의 폭우가 내렸다.

공사 기간은 36개월이었다. 건설 장비는 탈락한 서방의 업체로부터 거의 공짜 가격으로 받았다. 공사 자재의 양은 엄청나게 많았다. 콘크리트가 5톤 트럭 20만 대, 철강재가 1만 톤 선박으로 12척 분량이었다. 어려운 점은 유조선 정박에 필요한 10층 건물 크기의 구조물 89개의 제작과 운반이었다. 가로 18미터, 세로 20미터, 높이 36미터, 무게가 550톤이었다. 울산에서 만들어 바지선에 싣고 1만2000킬로미터를 항해해 주베일로 와야 했다. 35일의 뱃길을 19번 왕복했다. 태풍이 발생하는 동남아 해상을 통과해야 했다. 사고가 발생하지 않은 것이 비정상이었다. 선박과 충돌하기도 했고, 태풍에 떠내려가기도 했다. 그래도 그것이 공사 기일을 늦추지는 못했다. 세기의 대토목 공사가 끝이 났다. 사우디 측은 경악을 금치 못했다.

현대의 성취는 한국 건설업 전체에 해택을 주었다. 이후 건설 수주액은 폭증했다. 1976년 24억, 1977년 34억, 1978년 80억, 1979년 60억, 1980년 78억, 1981년 126억, 1982년 113억, 1983년 90억, 1984년 59억 달러였다. 석유 파동을 중동 건설 시장에서 벌어들인 외화로 극복했으며, 그 돈은 한국의 발전에 기여했다.

재벌 총수와 고대의 군주는 공통점이 있다. 총수는 다른 기업들과 시장을 놓고 경쟁을 해야 하며, 군주는 유통망을 독점하기 위해 이웃 나라와 전쟁을 해야 했다.

겨울이 오기 전에 덩치를 키워야 한다

광개토왕이 지배하던 고구려였다. 395년 북중국의 강국이었던 후연(선비족 모용씨)이 내몽고에서 북위에게 참패했다. 이를 기점으로 수세에 몰린 후연은 397년 화북華北의 대부분을 상실하고 요서의 지방정권으로 전락했다. 북위는 선비족 탁발씨다. 당시 북위의 진취적인 수령 탁발규道武帝(386~409)의 등장과 성공적인 팽창은 후연을 잠식하는 과정이었다. 396년에 현재의 태원을, 그다음 397년에는 보정 남쪽에 있는 중산(정주)을, 마지막으로 398년에는 업인 창덕을 정복함으로써 자신의 부족에게 성공을 가져다주었다. 그리고 그는 자신의 가문에 위라는 중국 왕조의 이름을 받아들이고 대동의 동쪽에 있는 평성을 수도로 삼았다. 후연이 북위에 결정타를 맞았다는 소문은 요하를 넘어 삽시간에 남만주와 한반도 전체에 퍼졌다. 이 소문에 가장 긴장을 한 것은 백제의 아신왕이었다.

"뭐! 북위의 탁발규에게 후연이 참패했다고? 이거 큰일 났네. 북쪽으로부터 족쇄가 풀린 그 독사 같은 담덕(광개토왕)이 앞으로 더 설칠 터이고, 더구나 후연의 모용수는 나이가 들어 죽을 날도 얼마 남지 않았는

데 어떻게 하지?"

후연의 명운은 너무나 뻔했다. 백제도 암울해졌다. 북쪽에서 고구려를 견제해왔던 후연이 약해진 것은 고구려와 신라에게는 청신호였지만 백제에게는 재앙이 됐다. 고구려의 발목을 잡아오던 선비족 모용씨의 쇠락은 당시 국제관계에 있어 최대의 변수였다. 고구려의 가장 큰 라이벌이 정통으로 맞아 다운되어 링 위에 올라오지도 못하게 되었다.

냉철한 광개토왕은 위기와 기회가 한꺼번에 왔다고 판단했다. 잠재적인 강적 북위가 무섭게 성장하고 있었다. 겨울이 오기 전에 곰이 지방을 축적하듯이 북위가 후연을 멸망시키기 전에 고구려는 덩치를 키워야 했다. 앞서 391년부터 광개토왕은 백제를 공격해 임진강 이남까지 영토를 넓힌 상태였다. 이제 한강 중·상류와 경기만을 점령해야 한다는 목표가 설정되었다. 한강 상류는 백제의 산삼 서식지였다. 백제 삼은 고구려의 그것보다 중국 시장에서 잘 통하는 고가의 상품이었다.

총수가 기업의 발전을 위해 경쟁을 하듯이 왕도 왕국의 번영을 위해 전쟁을 했다. 발전을 멈추면 망한다. 하지만 언제나 그러하듯이 비용 마련이 문제였다.

대왕은 재정 담당 관리를 불렀다.

"이보게, 재무관 자네 우리에게 얼마나 돈이 남아 있나?"

"예?"

"자네도 잘 알다시피 중원을 호령하

덕흥리 고분벽화의 묘주 진鎭의 초상화. 그는 광개토대왕의 참모였을 가능성이 높다.

던 후연이 북위의 공격을 받고 요서의 지방정권으로 떨어져버렸어. 고구려를 그렇게도 괴롭혔던 자들이 더 큰 힘을 만나 완전히 망했다는 말이지."

"예 폐하. 후연은 숨은 붙어 있지만 회복하지 못할 것입니다."

"그러니까 서북쪽의 후연이 도산한 이때가 남쪽의 백제를 공격할 수 있는 절호의 기회란 말이다?"

"하오나 지금 자금이 바닥 상태입니다."

"그래? 짐작은 하고 있었지만 그렇게 고갈되어 있는지는 몰랐군. 하긴 4년 동안 백제와의 전쟁에 너무나 많은 전비를 쏟아 부었지. 이거 어쩌지? 기회는 왔는데."

"폐하, 민망합니다. 어떻게든 전비를 마련해야 하는데, 백성들로부터 세금을 더 거둔다면 피폐해져 우리 고구려 생산력에 차질을 가져올 수밖에 없습니다."

"군사들에게 국가에 대한 충성심만을 강요할 수 없어. 더구나 삶의 터전을 지키려는 전쟁이 아니라 적의 시장을 차지하려는 싸움이야. 장기전은 충성심과 무관하다. 돈이 없으면 경쟁국보다 더 좋은 무기도 생산할 수 없고, 무장시키지도 먹이지도 못한다."

"폐하, 그렇다고 해서 지금 전쟁을 멈출 수도 없지 않습니까? 그렇게 되면 백제가 힘을 회복할 터이고, 필히 반격을 해올 것입니다. 그 싸움은 더욱 힘들어질 것이 불을 보듯 뻔합니다."

"언제나 그러했지. 한번 시작한 전쟁은 멈출 수가 없단 말이야."

광개토왕은 생각했다.

'호기를 놓칠 수 없다. 약탈이라도 해야 한다. 동북 방면의 유목민들에 대한 기득권을 주장했던 후연이 힘을 잃은 지금 유목민들을 자유롭게 약탈할 수 있다."

거란 소금 부대의 척후를 치다

그러던 차 초겨울에 거란족 패려부가 내몽골 시라무렌의 소금호수[鹽水]에 집결한다는 정보가 들어왔다. 정보원의 말을 들은 병부의 관리가 말을 했다.

"폐하, 거란족이 살을 찌운 가축을 데리고 남서쪽으로 이동하면서 그 호수에서 소금을 채취합니다. 낙타에 싣고 겨울 목초지로 이동합니다."

"허 그래? 그럼 그 소금이 그들의 겨울 방목지 용성(조양) 북쪽에서 곡물과 교환되는 것인가?"

"예 폐하. 소금의 무게와 보리의 무게를 달아 등가교환된다고 합니다. 패려부는 그 곡물로 겨울을 날 것입니다."

작전 참모회의를 소집했다. 광개토왕은 전쟁을 효율적으로 수행하기 위해 자신의 직속에 장사長史, 사마司馬, 참군參軍 등을 신설한 바 있다.(『양서』)

대왕이 먼저 말을 했다.

"이번 작전 목표는 염수에서 거란족의 가축을 약탈하는 것이다."

그러자 참모가 이의를 제기했다.

"폐하, 하지만 문제가 있습니다. 탁 트인 초원에서 대규모 군대가 움직이면 거란족 척후에게 발각될 것이 확실합니다. 그렇게 되면 그들은 흩어져 달아날 것입니다."

"그렇지. 하지만 방법이 하나 있다. 길을 돌아 험한 산을 넘는 것이다."

작전 참모들의 우려하는 목소리가 나왔다.

"외람되지만 폐하, 혹한에 거대한 산을 2개나 넘는 것은 너무나 위험합니다."

"그렇다면 안전한 다른 방법이 있느냐?"

"물론 대안이 있는 것은 아니오나 겨울에 그 험한 산을 넘다가 우리 군대는 동상에 걸리거나 전마를 잃을 가능성이 높습니다."

"그것은 나도 안다. 대안을 말하라니까!"

회의장에 한참 적막이 흘렀다.

광개토대왕릉비.

광개토왕은 산을 넘는 작전을 강행했다. 395년 초겨울 신성에서 출발한 그의 기병은 광대한 만주의 벌판을 정서正西로 가로질렀다. 파란 하늘과 눈 내린 하얀 땅이 붙어 있었다. 산이 점점 그 모습을 나타냈다. 울창한 의무려산[富山]이었다. 행군 방향을 북쪽으로 꺾어 힘들게 산을 넘었다. 많은 희생자가 발생했다. 넘어야 할 산은 또 있었다. 거대한 노노루산[負山]이었다 (「광개토왕비문」 395년).

정상에 올라 군대를 멈추었다. 아래에 초지가 펼쳐져 있었다. 거란인들이 염수에 있다는 척후의 보고가 들어왔다. 3개 부락으로 나누어져 있었고, 모두 600~700개 영營들로 구성됐다.(「비문」 395년)

각각의 영에는 '파오'라는 수십 개의 이동식 천막이 있었다. 고구려군이 오자 거란족은 당황했다. 남쪽에서 산을 넘어오리라고는 상상치도 못했다. 작살로 하나씩 잡는다면 그들이 가축을 이끌고 도망을 갈 수 있는 시간을 주게 된다. 고구려군은 그물에 물고기를 가두듯이 아주 넓게 포위했다.

거란족을 약탈한 결과 엄청난 가축 떼가 고구려로 몰려왔다(「비문」 395년). 온천지에 소·말·양떼의 각기 다른 울음이 혼합되어 가축 시장을 연상케 했고, 이동하면서 일으키는 먼지가 가득 찼다. 양의 노린내와 소와 말의 분뇨 냄새가 찬바람을 타고 흘렀다.

우선 가장 값이 나가는 말들을 분류했다. 고구려 휘하의 거란인 목동들을 시켜 말의 상태를 점검하고 등급별로 나누었다. 훈련시켜도 가망성이 별로 없는 말은 곡물을 축내기 전에 도살해 고기로 만들어야 했다. 가장 뛰어난 숫말은 종마로 쓰고, 그 외에 어중간한 숫말들은 거란인 부추한들이 모두 거세를 했다. 그러지 않으면 전쟁을 하러 가는 것이 아니라 냄새를 풍기는 암말을 따라가기 때문이다. 그들의 칼 솜씨는 빠르고 정확했으며, 말에게 고통을 덜 주는 쪽으로 발달해 있었다.

어느 정도 가치가 있는 말들은 거란족의 겨울 방목지와 기후가 비슷한 신성 주변의 목장으로 보냈다. 말들은 우선 거기서 겨울을 나야 했다. 바로 남쪽으로 데려왔다가는 환경에 적응을 못 하고 죽는다. 봄을 기다려 점차 남쪽의 목장으로 내려 보내 현지 적응을 시켜야 하고 훈련도 거르면 안 된다. 훈련을 받아 전쟁에 즉시 투입할 수 있어야 말은 돈이 된다.

소가 분류되었다. 말보다 덜 예민하기 때문에 바로 남쪽으로 데리고 갈 수도 있고, 판매할 수도 있었다. 그 가운데 나이가 많은 수컷들이 도살이 되었고, 출산하기 어려운 암소들이 그 뒤를 이었다. 말과 소의 고기들은 목동들에게 일부 돌아가고, 나머지는 육포로 만들어졌다. 건조하고 추운 만주의 날씨는 제격이었다.

말안장 밑에서 육포는 숙성된다

육포는 고구려 기병에게 요긴한 식량이 되었다. 가장 적응성이 높고, 질긴 생존력을 가진 양들은 큰 분류도 없이 바로 판매되거나 병사들의 급료로 지불될 수도 있었다. 그들 가운데 특히 새끼를 낳은 젊은 암양이 값이 있었다. 우유를 뽑아내 유제품을 만들 수 있기 때문이었다. 어린 암양이 그다음으로 대접을 받았고, 어린 숫양들은 성장하는 즉시 도살될 터이다. 먹어도 더 이상 성장하지 않는 숫양은 크게 쓸모가 없다.

백제를 칠 수 있는 충분한 자금이 준비되었다. 여기에다가 후연의 모용수가 죽었다는 소식이 들렸고, 북위 군대가 후연의 태원을 향해 진군하고 있다는 정보도 입수되었다(396년). 고구려의 거의 모든 군대가 남쪽 백제를 공격하는 데 집중할 수 있게 되었다. 고구려 군대는 크게 두 방향으로 남진했다. 기병은 철원에서 춘천-홍천-원주-충주-제천으로 이어지는 유사 구조곡을 이용했고, 병력과 보급품을 잔뜩 실은 수군이 평양에서 출발해 인천으로 향했다.

기병의 이동로에 지금의 중앙 고속도로가 놓여 있다. 도로는 춘천에서 남하하다가 원주에서 동남쪽으로 꺾여 제천으로 향한다. 원주에서 충주로 가는 길도 평탄하다. 무엇보다 그 행군로는 해발고도가 높아 늪이 거의 없으며, 무엇보다 한반도에서 거의 유일하게 대규모 가축 떼가 이동할 수 있는 초지가 분포한 루트였다.

철원에서 출발한 기병은 원주에서 2개로 나뉘어졌다. 하나는 충주로 향했고 다른 하나는 제천으로 갔다. 각각 전방과 후방에 소규모 부대를 거느리고 있었다.

고구려 기병은 유목민의 비율이 높았다. 그들은 예비의 많은 말들을 데리고 갔다. 말이 지치면 바로 바꾸어 탔다. 그들은 불을 피우거나 음식을 조리하는 일 없이 수일 동안 목적지를 향해 내려갔다. 각 사람은 5킬로그램의 말린 젖덩어리를 가지고 다니다가 매일 그 가운데 500그램 정도를 잘라 물이 담긴 가죽 주머니에 녹여 식사를 해결했다. 가늘게 자른 말린 육포는 말 위에서 먹었다. 그것이 다 떨어지면 말의 피를 마셨다. 뒤를 따르는 거추장스러운 병참이나 보급 대열은 없었다.

백제 한강 유역을 통째로 빼앗다

고구려는 충주에 한반도 중남부를 지배할 거점 국원성을 건설할 참이었다. 한강 중상류를 장악하고 충주에서 문경새재를 넘으면 낙동강이 나온다. 그것이 가능하려면 제천 남쪽의 단양 영춘의 아단성을 먼저 차지해야 했다.

단양에서 남한강을 거슬러 올라가면 소백산맥의 봉우리들이 중첩한 영춘면이 나온다. 면 소재지에 못 미쳐 오른쪽으로 거의 절벽에 가까운 해발 400미터의 봉우리를 둘러싼 성이 보인다. 현재의 온달산성(아단성)이다.

고구려 군대는 성 내부의 동정이 훤하게 들여다보이는 북쪽 하리 도선장 지점을 먼저 점령했다. 성의 문은 동쪽과 남쪽에 있고, 강에 잇닿은 북쪽과 서쪽은 거의 절벽에 가깝다. 때문에 옆 산등성이와 완만하게 이어지고 있는 서남쪽으로 고구려 군대가 접근했다. 백제군은 그 부분의 토성에 목책을 박아 보강했다.

하지만 백제의 수도가 위협받는 상황에서 아단성에 있는 쓸 만한 병력은 모두 차출되어간 상태였다. 소수의 백제군이 지키고 있던 성은 큰 저항도 해보지 못하고 함락되었다. 성을 접수한 후 대부분의 병력은 충주로 향했다. 먼저 와 기다리고 있던 군대와 합류했다. 거란에서 가져온 움직이는 식량 가축 떼가 충주로 다가오고 있었다.

기병이 이동했던 길을 따라 남하하던 가축들은 넓게 흩어져 이동했다. 그래야 가축이 풀을 충분히 뜯을 수 있다. 도중에 백제인들이 만들어놓은 농업 수로는 거의 모두 파괴되었다. 수로와 논은 기병의 흐름을 방해하기 때문이다. 논과 밭은 초지 상태로 돌아가게 했다. 그래야 다음에 기병이 이동할 때 말을 먹일 수 있고, 따라오는 가축들도 고기를 보존할 수 있다. 가축의 젖을 짜고, 도살해 식량을 만들었다. 고기는 말안장 밑에 넣었다. 그러면 곧 씹을 수 있을 만큼 부드러워졌다.

충주도 큰 저항이 없이 함락되었다. 그곳에 국원성國原城이라는 이름을 붙였다. 이로써 고구려의 3경京(집안의 국내성, 평양성, 재령의 한성)에 국원성이라는 별도別都가 추가되었다. 국원성은 북쪽에 멀리 떨어진 수도 국내성의 기능을 보완해주는 곳이었다. 평양성이 이미 있었지만 남한강까지 남진한 고구려의 거점으로서는 너무나 북쪽에 위치해 있었다.

국원성이 충주에 들어선 이후 신라는 본격적으로 고구려의 영향 하에 놓이게 되었다. 충주에서 남쪽으로 소백산맥의 고개 계립령과 죽령을 넘으면 문경이고 낙동강이 나온다. 남한강과 낙동강의 수로는 국원성을 매개로 연결되었다. 후에 대왕의 손자가 국원성 부근에 비석을 세웠다. 사람들은 '중원고구려비' 라고 부른다.

충주지역에서는 양질의 철과 곡물이 생산되었다. 백제는 철광을 채굴하여 남한강 수로를 통해 한성으로 실어갔고, 중상류의 곡물도 가져갔다. 춘천과 충주 등 한강 중상류의 광대한 지역의 상실은 백제의 물자 공급에 치명적인 결과를 가져왔다.

고구려군은 앞서 임진강을 돌파해 석현성과 5개 성을 확보했고, 7개의 요새를 신축해 방어력을 강화했다. 또 관미성(현재의 통일전망대-오두산성)을 점령해 한강과 임진강 하구를 봉쇄했다. 나아가 춘천에서 충주에 이르는 한강 중상류지역을 모조리 장악했다. 당시 물자 수송은 강을 주로 이용했

국보 제205호인 중원고구려비.

으며, 수취된 물자는 물의 흐름을 따라 상류에서 하류로 내려왔다. 한강 하류에 위치한 백제의 수도 한성은 서해안의 바다는 물론 강을 이용해 내륙의 곡물과 물자를 수취해왔다.

이로써 백제는 배후 지역으로부터 지원을 기대할 수 없게 됐고, 고구려에 대한 저항도 약해졌다. 고구려군이 한성 부근에 육박하자 한성에서 백제군이 성문을 열고 나와 저항했다. 하지만 상대가 되지 못했다. 백제군이 퇴각하고 고구려가 강을 건너 한성을 포위했다. 백제 한성은 고구려군의 봉쇄로 식량이 바닥난 상태였다.

396년 고구려는 백제를 공격해 왕의 항복을 받아냈다. 광개토왕 앞에서 성대한 항복의식이 거행되었다. 백제왕은 남녀 생구 1천 명과 세포細布 1천 필을 의식의 제물로 바치고, 이제부터 영구히 고구려 왕의 노객奴客이 되겠다고 맹세했다.

광개토왕은 자신의 조부를 죽인 자의 손자인 백제 왕을 결코 감정적으로 대하지 않았다. 조부 고국원왕의 죽음은 전쟁 가운데 일어난 우발적인 사고였지 모욕적인 처형은 아니었다. 대왕이 백제의 아신왕을 처형한다고 한들 또 다른 백제 왕이 들어설 것이고 고구려에 대한 원한만 키우게 된다. 한성을 완전히 점령하고 백제 왕을 포로로 잡아가 감금시킨 후 남진을 계속한다면 백제를 멸망시킬 수 있을까? 백제는 새로운 왕을 세울 것이 확실하고 남쪽에서 다시 조직적으로 저항할 것이다. 적어도 10년 이상의 전쟁이 지속되어야 한다. 그것은 이익이 되는 싸움을 하는 것이 아니라 아무 소득이 없는 늪에 깊이 말려드는 것이다.

광개토왕은 백제와의 전쟁이 장기적인 소모전으로 전환되는 것을 원치 않았다. 한성 백제가 제 기능을 발휘 못 하도록 한강의 중상류와 하구를 봉쇄하여 살기 힘든 곳으로 만들면 되는 것이다. 그러면 백제인들은 한성에 대한 미련 때문에 그곳을 떠나지 않으려 할 것이고 이전과 같이 국력을 완전히 회복하는 것은 힘들다.

움직임을 둔화시키고, 자라나지 못할 정도로 누르면 족하다. 물론 백제 왕이 항복을 번복하고 다시 고구려에 대항할 가능성이 있다는 것도 알았다. 하지만 남쪽에 주력을 주둔시키는 것은 전체적으로 이익이 되지 않았다. 대왕은 고정된 것이 아니라 움직이는 기동 속에서 해답을 찾고 있었고, 남쪽보다는 몽골고원에 유목 제국이 형성되지 않은 상황에서 북쪽에서 얻을 것이 아직 많았다.

이익을 확보하기 위해 단행해야 할 다른 작전이 북쪽에서 기다리고 있었다. 그래서 광개토왕은 강자의 관대함을 베풀었고, 항복의식을 즐겁게 받아들일 수밖에 없었다. 의식이 끝나고 대왕은 본국의 백성들에게 백제의 항복을 받았다는 증표인 백제 왕의 동생과 대신 10인을 데리고 국내성으로 개선했다.

적국의 인재들을 활용하는 방법

그렇다고 해서 그들이 승전의 선전물에 머무는 것은 아니었다. 백제 중앙의 핵심 시스템을 운영했던 사람들이다. 그들로부터 백제에 관한 고급 정보는 물론이고 왜국의 구조나 움직임에 관한 것도 충분히 파악할 수 있다. 무엇보다 백제 왕의 동생은 가치가 있는 인질이었다. 보통 누구나가 생각할 수 있는 것은 적이 쳐들어왔을 때 인질을 죽이겠다며

적의 움직임을 견제하는 수법이다. 그러나 대왕은 인질인 그를 특별하게 활용했다. 백제가 고구려를 침략할 움직임을 보인다면 대군을 이끌고 백제 왕의 동생을 앞세워 한성으로 쳐들어가겠다고 생각했다. 백제 궁정 안에는 속으로 그 백제 왕제를 따르는 가신들이 적지 않았을 것이다. 동생이 광개토왕의 손아귀에 존재하고 있다는 것 자체가 백제 왕에게 부담이었다. 아신왕 그 자신도 왜국의 지원을 받아 즉위하지 않았던가(『일본서기』).

광개토왕은 이익이 되는 전쟁을 했다. 그것이 없는 영토 확장은 그에게 의미가 없다. 무엇보다 곡물의 지속적인 생산이 가능한 한강 유역의 확보는 중요한 것이었다. 그는 친히 군대를 이끌고 종군했다. 작전 규모는 거대했다. 그가 점령한 백제의 58성700촌은 지금 한강 유역(경기도, 강원도와 충북)을 포괄하는 광대한 지역이다.

성공적인 전쟁으로 광개토왕은 한강과 낙동강의 물길을 이었고, 경기만을 장악했다. 고구려의 유통망 장악으로 왕의 상인들은 원활한 활동을 했고, 거액의 세금을 지속적으로 상납했다. 만주와 한반도는 물론 일본열도의 시장을 지배하는 초석이 여기서 만들어졌다.

정주영 회장은 사우디 항만 공사를 수행해 위기를 극복하고, 달러를 벌어 자동차·중공업·반도체에 투자해 현대를 세계적인 기업으로 도약시켰다. 광개토왕도 거란 작전 성공으로 전비 부족의 위기를 넘기고, 백제의 항복을 받아내 안전한 유통망을 확보했다. 여기서 나온 수익은 더 강한 군대를 양성할 수 있는 재원이 되었고, 고구려를 북위와 어깨를 나란히 하는 강국으로 만들었다. 18세에서 39세까지 내몽골에서 낙동강까지 오가면서 전쟁을 수행한 결과였다. 그는 사력을 다했고 과로로 죽었다.

두 사람에게 갈 길은 항상 멀어 보였다. 시장을 계속 확보하고 넓히지 않으면 생존이 어렵다고 여겼다. 매번 "지는 것이 무섭다"고 자신에게 말했으리라. 그것이 그들의 운명이었다. 운명을 걸머진 자는 강하지만 때론 슬프다.

시장의 붕괴는 '분열 왕조'의 몰락을 재촉했다

18
고구려와 현대 재벌

"저의 후계자는 '몽헌' 입니다"라고 정주영 왕회장이 선언했다.

한국 재계 1위인 현대 가문의 상속을 놓고 일어난 분쟁에서 승자가 결정되는 순간이었다. 2000년 3월 27일 당시 현대는 자산 88조6490억 원을 보유한 국내 최대의 기업 집단이었다. 삼성(67조 원)과는 20조 원 이상 격차를 두고 있었다. 동생 몽헌이 형 몽구를 누르고 현대그룹의 회장이 되었다. 세간에서는 현대그룹 '왕자의 난' 이라고 불렀다.

결정권자 왕회장은 두 아들을 경쟁시켰다. 숙제를 던져놓고 누가 잘하나 그때마다 평가를 내렸다. 1974년 현대자동차서비스를 처음 맡은 형은 이후 현대정공 · 현대강관 · 인천제철 등을 자신의 몫으로 가져갔고, 현대정공 등을 우수 기업 대열에 올려놓았다. 그러나 그는 초창기 대북사업과 제철사업의 실패로 아버지에게 점수를 잃었다.

이에 비해 동생은 승승장구했다. 현대전자를 설립하고 반도체산업에 뛰어들면서 경영자의 길로 들어섰다(1984년). 반도체 호경기에 힘입어 그는 아버지로부터 수완을 인정받았다. 형이 관장하던 현대종합상사를 자신이 가져오기도 했다(1997년). 그 직전에 형은 아버지에게 큰 선물을 받았다. 현대자동차였다(1996년 1월).

재벌가의 상속 분쟁

둘은 1998년 공동 회장으로 취임했다. 서로 아버지의 최종 낙점을 받으려고 싸움에 들어갔다. 동생은 금강산 사업, LG반도체와의 빅딜 등을 모두 성공적으로 이끌어내면서 아버지의 신임을 더욱 받았다. 동생이 외국 출장을 간 사이에 형이 현대증권을 장악하려고 시도했다(1999년 말). 돈줄 없이는 거대한 제조업을 운영하기 어렵다고 판단했기 때문이었다. 귀국한 동생이 아버지를 찾아가 형의 부당함을 알렸고, 나아가 형을 방출하는 데 성공했다.

왕회장은 현대자동차 주식을 사들여 총 9퍼센트의 최대 개인 대주주가 되었다(2000년 5월 25일). 여기에 동생 측이 보유한 지분 2.8퍼센트까지 합친다면 총 11.8퍼센트에 달했다. 그것은 동생의 현대자동차 인수를 위한 사전 포석이었다. 형은 결사항전에 나섰고, 중립을 지키던 또 다른 동생 몽준(현대중공업 오너)이 여기에 가세했다. 몽헌 소유의 현대건설과 현대상선이 현대중공업의 최대 주주(19.5퍼센트)가 되었기 때문이다. 궁극적으로 이들의 저항에 힘을 실어준 것은 시장이었다.

현대 재벌의 지배권을 장악한 듯 보였지만 동생은 위기를 맞고 있었다. 4월 현대투신 부실, 5월 현대건설 유동성 위기로 이어지는 일련의 '현대 쇼크'에서 시장은 거부 메시지를 발신했다. 1차 현대 쇼크 때 증시는 이틀간 45.13포인트 폭락했다(4월 26∼27일). 2차 현대 쇼크 때는 5월 26일 단 하루에 무려 42.87포인트가 빠지는 대폭락을 연출했다. 시장에서 30조 원(주식 시가총액 기준)이 한꺼번에 날아갔다. '30조 원'은 다름 아닌 시장(주주와 투자자)의 무언의 시위였다. 정치가 아니라 시장의 힘이 갈수록 커지고 있었고, 그것은 세계적인 추세였다.

현대의 상속 분쟁은 치명적인 독이 되었다. 그것도 적통인 동생에게 유난히 가혹했다. 2003년에 가서 동생은 자금 사정 악화로 계열사 중 하나도 직접 지배하지 못했다. 현대건설과 하이닉스의 기존 지분은 모두

2003년 8월 8일 서울 아산병원 잔디광장에서 열린 고 정몽헌 현대아산 회장의 영결식에 정몽준(왼쪽) 의원과 정몽구 현대차 회장이 조문객을 맞고 있다. 주가 폭락으로 상속 분쟁에서 밀린 정몽헌은 결국 자살로 모든 것을 내던져버렸다. ⓒ국제신문

포기 또는 소각됐고, 현대종합상사 지분도 이사회의 감자減資 결의에 따라 소각되었다.

제대로 흑자를 내는 '알토란' 같은 계열 회사가 없었다. 현대엘리베이터와 현대상선, 현대증권은 천문학적인 적자를 기록했고, 대북 사업을 주도해온 현대아산은 1999년 출범 이후 여섯 차례 증자를 통해 4500억 원의 자본금을 충당했지만 모두 잠식돼 사실상 '껍데기'만 남은 상태였다. 동생의 현대그룹은 재계 서열 20위권 밖의 중견 소그룹으로 축소돼 내리막길을 걸었다.

현대아산도 재기는 불가능했다. 금강산 관광 사업의 부진, 북한 핵 문제로 인한 남북 냉각 기류가 모든 것을 망쳐놓았다. 정권이 바뀌자 정치권이 그를 괴롭혔다. 그는 150억 원 대북 비자금 조성 의혹 사건과 관련, 검찰에 불려가 출퇴근 조사를 받는 등 10여 차례 검찰과 법원에 출두해야 했다. 12시간이 넘는 강도 높은 취조도 있었다. 그 직후 2003년 8월 4일 새벽에 과거 10만 명의 직원을 거느렸던 기업 집단의 총수는 자살했다.

검사와 수사관들이 번갈아가며 이른바 '추궁'을 했고, 전화번호부와 같은 두꺼운 책자로 정 회장의 머리를 내리치면서 협박과 모욕을 했다는 말도 나왔다. 대북 문제에 그를 적극 끌어들인 정치인은 노벨평화상을 받았고, 그 후임자들은 검찰을 시켜 그에게 수치를 안겨주게 했다. 정몽헌 회장의 죽음은 세계인들에게 깊은 인상을 주었다. 독일에서 그를 연상케 하는 오페라가 초연되었다.

충격적인 사건은 어떠한 형태를 통해서건 기억되는 것인가? 국왕이 외국 사신에게 폭행을 당한 기록이 『북사』「고구려전」에 남아 있다.

552년 9월 고구려의 왕경 평양에 북제의 황제 고양高洋이 보낸 사자가 도착했다. 그는 박릉博陵 출신의 최유崔柳라는 사람이었다. 당시 17세였던 양원왕은 그가 고구려에 온 이유를 알고 있었다. 왕은 북제 사신 최유의 요구를 거절했다. 그러자 최유의 눈에 핏줄이 섰다. 그는 눈을 부릅뜨고 왕에게 욕설을 퍼부었다. 그것도 모자라 주먹을 불끈 쥐고 거리낌 없이 왕에게 다가갔다. 퍽! 하고 소리가 났다. 왕이 그 자리에서 떨어졌다. 더욱 기이한 장면은 그다음에 벌어졌다.

유목형 군주 고양의 등장

왕이 최유의 주먹에 맞아 용상에서 떨어졌는데도 누구 하나 그 불경한 사신을 제지하지 않았다. 대전에 있던 모든 고구려의 신하들이 숨소리를 죽이고 감히 꼼짝하지도 못한 채 사죄를 한 것이다. 왕이 외국 사신에게 폭행을 당해 쓰러졌는데도 누구 하나 분노하는 사람이 없었다는 것은 당시 왕을 바라보는 신하들의 심정을 임상적으로 보여준다. 도리어 사과를 받아야 할 사람들이 사과를 했다. 그리고 왕을 폭행한 사신이 요구한 대로 과거 북위에서 넘어온 유민 5천 호를 되돌려주었다.

왜 이러한 일이 일어났을까? 이야기의 무대를 북제의 조정으로 옮겨 보자. 북제에는 왕자가 2명 있었다. 그 가운데 고양은 아주 특출한 사람이었다. 그는 평소 형인 고징에게 경쟁자로 지목되어 미움을 받고 있었다. 그것을 알아차린 고양은 자신이 백치인 양 행세했다. 그것은 세상 사람들의 눈을 속였을 뿐만 아니라 처자까지도 진짜라고 믿어버릴 정도였다.

그런데 그의 형이 횡사했다는 소식을 듣자마자 곧 본래의 모습으로 돌아와 부하를 지휘하여 암살자를 체포하고, 시의적절한 명령을 내리는 한편 전국의 관리를 그대로 자기의 휘하에 넣어 미동도 하지 못하게 만들었다. 실로 돋보이는 수단이었다. 이듬해인 550년 고양은 스스로 황제의 자리에 올랐다. 역사에서 그를 북제의 문선제라고 부른다.

고양은 군사적 재능도 탁월했다. 그가 황제를 칭하자 서위의 실권자 우문태가 북제에 쳐들어왔다. 우문태는 산서성 태원 부근에서 고양의 군대와 대진했다. 조금 높은 언덕에 올라가 고양의 군대를 보니 진용은 대오가 잘 정돈되어 허점이 전혀 없었다. 젖비린내 나는 어린아이라고 깔보고 덤볐다가 전혀 다른 모습을 보았다. "참으로 의외로다. 고환의 시대와 상황이 조금도 변하지 않았구나." 우문태는 혀를 차며 그대로 군사를 되돌렸다(미야자키).

그즈음 몽골지방에서는 유연이 쇠퇴하고 돌궐이 번성하고 있었다. 본래 돌궐은 유연에게 예속되어 철공업에 사역되던 부족으로 셀렝가 강 유역에 살고 있었다. 552년 2월 돌궐의 군주 토문土門은 유연을 격파했다. 그가 돌궐 최초의 칸이다. 이듬해 12월 전쟁에서 패한 유연은 북제에게 구원을 요청했다. 고양은 친히 출병하여 돌궐을 토벌하고, 그들을 항복시켰다.

고양은 당시 동아시아 최고의 군주였다. 그는 친정→약탈→분배의 공식이 나타나는 '유목형 군주'의 특성을 그대로 지닌 인물이었다. 고양은 전투 시에 항상 용감하게 선두에 나서서 군대를 진두지휘했다.

552년 9월 고양은 거란을 약탈하고 군대를 물리지 않고 고구려와 가까운 영주에 군대를 주둔시켰다. 여차하면 고구려로 쳐들어올 기세였다. 당시 북제의 황제 고양은 유목 제국 유연을 밀어내고 등장한 돌궐도 벌벌 떠는 존재였다. 그는 선비족 특유의 거친 자를 사신으로 고구려에 보내면서 모든 재량권을 위임했다. 목적은 북위 말 내란기에 고구려로 넘어간 사람들(5천 호)을 송환해오는 것이었다.

북제의 사신은 고구려에게 넘어온 그들의 유민들을 돌려달라고 요구했다. 너무나 당당한 어투였다. 어릴 적부터 그를 왕위에 올린 외가의 사람들에게 둘러싸여 자라온 양원왕은 눈치가 전혀 없지는 않았다. 그의 표정이 너무 무서워 양원왕은 요구한 대로 들어주고 싶었을 것이다.

외국 사신에게 폭행을 당한 양원왕의 나약한 인격은 상상을 초월한다. 그는 외가 쪽 사람들이 차는 공이나 마찬가지였다. 그에게 결단이란 끔찍하기 이를 데 없는 당혹을 뜻하는 것이었고, 그는 실권자들인 외삼촌들이 하자는 일을 따라할 줄밖에 몰랐다. 그 자신은 평온, 평온밖에는 아무것도 원하는 것이 없었으며, 외가 사람들이 무엇을 요구하면 놀랍고 괴로워서 "그러마" 하고 약속했고, 또 반대의 것을 요구하는 다른 외가의 사람에게도 되는 대로 "그러마" 하고 대답하는 그러한 사람이었다.

자부심도, 욕망도, 품위도 없이 15년 동안 거의 무심한 채로 왕관을 쓰고 있었다. 그의 인품은 남성성의 빈약에서 비롯된 것이라기보다 후천적인 환경에서 비롯된 측면이 크다. 그는 왕에 어울리는 행동과 의사표현을 애초에 배우기 힘들어했으며, 그것을 관철시킬 줄은 더더욱 몰랐다. 그의 이러한 약점을 아는 외가 사람들의 존재는 그의 행동을 위축시키고 또 위축시켰던 것이 확실하다. 단 하나 일관된 것은 외삼촌들이 합의한 것은 그대로 따르는 관성이었다.

고구려사에서 이렇게 외국의 사신에게 수모를 당한 왕은 없었다. 고구려가 굴욕을 당한 진정한 원인은 그 내부로부터 출발했다. 당시 고구려도 북위와 마찬가지로 내분으로 약해질 대로 약해진 상태였다.

고구려의 불행은 531년 안장왕의 피살까지 거슬러 올라간다. 이 시기 고구려의 정치적 상황은 『삼국사기』 「고구려본기」에 전혀 나타나지 않고, 지금은 사라진 백제의 기록을 인용한 일본의 기록에 전하고 있다. 당시 정적 고구려에 대해 가졌던 백제의 집요한 관심을 반영하고 있다. 백제의 간첩이 평양에서 암약하면서 본국에 보내온 정보가 기록에 남았고 그것이 일본의 기록에 인용된 것이다. 안장왕의 피살과 안원왕의 즉위는 고구려에서 왕권의 쇠락과 귀족들의 득세를 반영하는 지표일 것이다. 여기에다 한 여자의 출산 문제가 정쟁의 불씨에 기름을 부었다.

장기화된 고구려의 내분

양원왕의 아버지 안원왕에게는 3명의 왕비가 있었다. 각각 세력을 보유한 집안의 딸들이었다. 불행하게도 정부인은 아들을 낳지 못했다. 그러니 왕위를 이을 왕자는 중부인과 소부인의 소생으로 돌아갈 수밖에 없었다. 중부인이 먼저 왕자를 생산했고, 이어 소부인도 왕자를 낳았다. 중부인의 왕자가 일단 왕위를 이을 후계자로 결정되었다. 하지만 소부인 측에서도 왕위에 대한 미련을 버리지 못했던 것 같다. 양원왕이 임종의 침상에 눕자 왕위 계승을 놓고 분쟁이 터졌다. 각각 중부인과 소부인의 친정 집안 사람들이 병력을 거느리고 궁문에 도착했다. 『일본서기』

「흠명기」6년(545) 조와 7년(546) 조에 다음의 두 기록이 전한다.

"이 해에 고려에서 대란이 일어나 죽임을 당한 자가 많았다. 백제본기에 이르기를, (545년) 12월 갑오 고려국에서 세군과 추군(안원왕의 외가)이 궁문에서 크게 싸워 3일간 전투를 벌였는데, 세군이 패하였다. 세군 측의 자손들을 모두 잡아 죽였다. 무술에 고려의 곡향강상왕(안원왕)이 죽었다."

"이 해에 고려에서 대란이 있었다. 무릇 죽은 자가 2천여 인이었다. 백제본기에 이르기를, 고려에서 (546년) 정월 정월 병오에 중부인의 아들을 세워 왕으로 삼았다. (안원왕은) 나이가 8세이다. 고구려 왕의 부인이 3명인데, 정부인은 아들이 없다. 중부인이 세자를 낳았는데, 그 외가를 추군이라 한다. 소부인도 아들을 낳았는데, 그 외가를 세군이라 한다. 고려왕의 병이 위독하자, 세군과 추군이 각각 자기 쪽 부인의 아들을 세우려 해 싸움이 벌어졌다. 세군은 죽은 자가 2천여 인이다."

평양의 궁궐 앞 정문에서 중부인의 군대(추군)와 소부인이 군대(세군)가 대진했다. 왕궁을 선점하는 것이 전략적 목표였다. 아마도 이미 세자로 책봉된 중부인 소생의 아들과 그 외가 사람들이 왕궁에 주둔해 있었을 것이다. 추군이 왕궁을 지키고 있는 가운데 세군이 소부인 소생의 왕자를 데리고 궁문 앞에 나타났다. 병력의 규모는 수천 명으로 추산된다. 서로 자신들이 세운 왕자가 정당한 왕위 계승자라는 주장이 오고 갔다.

큰 방패를 든 병사들이 전열의 앞에서 서 있었고, 화살이 오가는 가운데 세군은 궁문에 난입하기 위해 필사적으로 노력했다. 결과적으로 볼때 세군은 궁문을 돌파하지 못했다. 궁궐의 문 앞에서 벌어진 시가전은 야전에서 벌어진 전투와 양상이 다르다. 그만큼 장소가 협소하기 때문에 단병접전이 주로 벌어진다. 이때는 긴 창보다 짧은 검이나 도끼가 주로 사용된다. 그러니 전투는 그야말로 피를 튀기는 백병전 양상을 보일 수밖에 없고, 단시간에 많은 희생자 나온다.

문제는 이러한 깡패 행각을 바라보는 백성들의 눈이다. 신성하게 여겨왔던 왕실을 어떻게 바라보겠는가. 귀족사회의 연대감에도 많은 타격을 주었을 것이다. 귀족들 가운데 사병을 이끌고 추군이나 세군에 가담하는 자들도 있었겠지만 자신의 집 문을 걸어 잠그고 사태를 관망하는 자들도 있었다. 추군이 승리를 거두었을 때 대대적으로 행해졌던 학살과 보복도 백성들의 눈에는 추잡하게 느껴졌다. 추군은 세군 측, 다시말해 소부인 친정 집안 사람들을 모조리 색출해 살해했다. 어린아이부터 노인까지 죄 없이 죽어간 사람들이 많았다. 보복의 범위가 소부인 친정에 한정되었다면 그래도 다행이다. 하지만 여기에 가담한 다른 귀족들 집안으로 그 범위가 확대되었다면 문제이다. 귀족들은 서로 결혼으로 얽혀 있으니 말이다.

세군 측과 거기에 가담한 사람들의 재산이 몰수되었고, 많은 사람들이 왕경에서 터전을 잃고 추방되었다. 나아가 지방의 장관들이나 성주들 가운데 세군 측과 연계된 사람들도 그 자리에서 쫓겨났다. 그야말로 외척과 여기에 연루된 귀족사회, 나아가 그 예속민들에 이르기까지 왕위 계승 쟁탈전에 영향을 받은 사람은 무척 많았다. 중추인 왕궁에서의 전투는 고구려 국가의 풍비박산을 의미했던 것이 확실하다. 그래도 빨리 수습이 되었다면 다행이다.

고구려의 내전이 장기화되었다는 것이 사료에서 포착된다. 551년 젊은 시절 고구려에서 승려로 암약했던 신라 진골 귀족 출신 장군 거칠부가 스승으로 모셨던 고구려 승려 혜량을 만났다. 그는 거칠부에게 "지금 우리나라는 정란(정치적인 내분)으로 언제 망할지 모르겠으니, 원컨대 그대의 나라로 가고자 한다"고 말했다.(『삼국사기』)

당시의 사실을 전하는 『주서』 「고구려전」을 보면 고구려에 있어 내란은 구조적인 면이 있었다.

"대대로大對盧는 세력의 강약에 따라 서로 싸우다 이기면 빼앗아 스스로 그 지위에 오르고 왕의 임명을 거치지 아니한다."

고구려 귀족사회는 대대로 자리를 놓고 분열되어 있었다고 보아야 한다. 대대로직을 차지하고 있는 자와 그것을 새롭게 차지하려는 자의 뒤에는 방관하는 자들도 있었지만 많은 이들이 줄을 대고 주군의 대대로 취임을 기도했다. 국가가 아니라 직속 상관에게 복종하는 풍조가 이 시기에 만들어졌다.

백제에게 숙적 고구려의 불행은 행복이었고, 그들이 잃어버린 한강 유역을 수복할 수 있는 기회였다. 이전부터 백제는 신라에 적극적으로 접근했다. 549년 백제의 노력으로 신라는 남조 양나라에서 가져온 부처의 진신사리를 흥륜사에 모실 수 있다. 물론 당시 백제가 신라에게 간절히 요구한 것은 군사적 연합이었다. 신라의 협조가 없다고 해도 한성 탈환은 가능했겠지만, 백제가 고구려의 공격으로부터 그것을 유지하기 위해서는 신라의 협력이 필요했다.

551년 백제는 신라와 동시에 북진하여 고구려의 남쪽 땅을 점령하자고 제의했다. 그해 백제의 제의를 받아들일 것인지 아닌지 결정을 놓고 신라 수뇌부의 회의가 있었다. 진흥왕 초기 당시 고구려가 내분에 들어갔다고 해도 신라의 북진 결정은 쉽지 않았다. 고구려는 얼마 전까지 백제와 힘을 합쳐서도 막아내기 급급했던 강국이었다.

"지금 서로 죽이는 내전이 벌어졌다고 하지만 갑자기 붕괴하거나 사라질 나라는 아니다. 언젠가 서서히 힘을 되찾고 일어날 것이 분명하다. 그러면 고구려 군대가 신라에 쳐들어와 왕경을 포위하고 중신들과 왕족들을 모조리 학살할 수도 있다."

하지만 누가 보아도 신라가 팽창을 멈추고 소백산맥 안에 안주한다면 고사할 가능성이 컸다. 소백산맥 바깥으로 진출하느냐 못 하느냐는 생존이 갈리는 분수령이었다. 고립된다면 아무리 체제 정비를 해도 성장에 한계가 있었다. 그렇게 된다면 고구려와 백제에게 신라가 멸망당하는 것은 시간 문제였다.

당시 고구려군은 남한강의 상류인 충주 단양지역에 들어와 있었다. 백제가 일시적으로 한강 하류를 점령했다고 해도 상류에 고구려군이 주둔하고 있다면, 한강 하류는 쉽게 고구려군에게 넘어갈 수 있다. 상류에 위치한 고구려군은 그곳에서 보급품을 모아 강을 타고 하류로 진군하기 용이하다. 반대로 하류에서 상류로 거슬러 올라가는 것은 4배 이상의 힘이 든다. 이 때문에 무녕왕대 백제가 한성을 탈환하고도 오래 유지할 수 없었다. 강의 흐름과 그 방향은 전쟁에 중요한 영향을 주고 역사의 흐름을 바꾸기도 한다. 만약 이때 신라가 북진해 한강 상류를 점령한다면 이야기는 달라진다.

하지만 당시 신라의 북진이 성공한다는 보장이 없었고, 다만 승산이 있다는 정도였다. 551년 마침내 백제는 거사를 결정했다. 백제는 쉽게 승리를 거두고 한성 주변의 5개 군을 탈환했다. 꿈에 그리던 구토의 회복이었다. 신라군이 이미 소백산맥을 넘어 한강 상류 일부에 배치되어 있는 상태에서 백제군이 한성을 함락시켰다는 소식을 들은 고구려군은 철수를 하지 않을 수 없었다. 신라의 거칠부가 승리의 기세를 타고 고구려를 공격하여 죽령 이북 고현高峴 이남의 10개 군을 차지했다.

싸움에 몰두한 자, 외부에 등을 보이다

그러나 현실은 냉혹하다. 그것도 국가 간의 현실인 국제정치는 더욱 그렇다. 553년 동맹을 맺고 북진했던 백제와 신라 사이에서 싸움이 벌어졌다. 백제가 회복한 한강 하류의 한성에 신라가 공격을 가했던 것이다. 백제군은 한성을 포기하며 철수했고, 신라의 장군 김무력이 이끄는 가야 사단이 그곳을 점령했다. 백제와 근 120년간 손을 잡고 고구려에 대항했지만 결정적인 순간에 동맹국을 배반하고 등에 칼을 꽂는 것이 신라였다.

현대 재벌의 내분은 임종을 앞둔 왕회장의 후계자 낙점과정에서 비롯되었다. 고구려의 내분도 한 여자[正妃]의 출산 문제에서 불거졌다. 하지만 양자의 '비극'은 시장의 파괴와 혼란에 근본적인 원인이 있었다.

고구려의 최대 교역 대상국이던 북중국의 북위는 523년 끝이 보이지 않는 내란으로 치달았다. 북위 황제의 국제적 권력이 북중국의 작업장과 도시로부터 주변 국가로 흘러 들어가는 물자 통제에서 나왔다면 고구려 국왕의 국내 지위는 북위에서 들어온 교역 물자를

연기칠년명금동여래입상.

귀족들에게 꾸준히 공급하고 분배하는 능력에 달려 있었다. 장수왕 집권(412년) 이후 100여 년간의 기록 가운데 북위와의 공무역에 관한 것이 거의 절반이 된다(『삼국사기』). 대한민국의 경우 국제금융 시장의 혼란 여파로 건국 이후 최대의 위기를 겪었다. IMF의 구제차관을 받을 정도로 한국은 살인적인 독감을 앓았다.

시장이 파괴된 이후 일어난 고구려의 내분은 외부로부터 전쟁을 불렀고, IMF 환난 이후 현대 재벌의 내분은 주식 폭락이라는 시장의 공격을 받았다. 고구려는 패전으로 상당한 국토를 상실했고, 현대 재벌은 주가 폭락으로 그 적통이 모든 것을 잃고 자신의 사무실 좁은 창문 틈 사이로 몸을 던져야 했다.

한국과 신라는 어떻게 확대재생산의 길로 들어섰나

19

장 보 고 와   이 병 철

"오늘날 대한민국이 혼란한 근본적인 원인은 국민의 빈곤에 있으며, 경제인을 처벌하여 경제가 위축된다면 빈곤을 추방할 수 없습니다."

삼성의 이병철 회장이 일본에서 5·16 군사정권에게 보낸 메시지였다 (1961년 6월 11일).

1961년 5월 16일 박정희의 군사혁명이 성공했다. 그가 만든 국가 최고재건회의가 나라를 장악하고 주요 기업인들을 부정 축재 혐의로 구속시켰다. 이병철 회장은 일본 도쿄로 출장을 가 있는 중이었다. 여름 비가 억수같이 쏟아지는 칠흑같은 밤에 비행기가 김포공항에 도착했다(6월 26일). 이병철은 정부에서 보낸 지프에 올랐고, 명동의 어느 호텔에서 감금 상태로 지냈다. 이틀 후 어디론가 이동했다. 100여 평이 되는 넓은 방으로 갔다. 선글라스를 낀 작은 남자가 들어왔다.

"고생은 되지 않았습니까?"

이병철과 박정희의 첫 대면이었다. 박정희는 자신이 부정 축재자로 몰아붙여 구금한 기업인 11명의 처벌에 대하여 물었다. 이병철로서는 곤란한 질문이었다. 자신이 그 1호가 아닌가.

"기탄없이 말해주시오."

"기업을 경영하는 처지에서 말씀드리 겠습니다. 기업인들은 아무런 죄가 없습 니다. 그들은 탈세라는 죄목의 부정 축재 자로 지목되었습니다. 전시 비상사태 아 래에 만들어진 현행 세법대로 납부했다 가는 기업이 모두 도산했을 것입니다. 기 업인을 처벌한다면 경제가 위축되고 당 장 세수가 줄어 국가 운영이 타격을 받을 것입니다. 경제인들을 국가 건설의 주도 자로 삼는 것이 국가에 이익이 됩니다."

고故 이병철 회장. 삼성 창업주인 그는 박 정희를 설득했다. "기업가를 탄압 말고 국 가경제 건설의 첨병으로 삼으십시오."

대통령에게 제출된 기간산업 건설 기획안

박정희는 여기서 커다란 깨달음을 얻었다. 경제를 모르는 자신이 모 든 것을 도맡아 할 수 없으며, 기업인들을 경제개발의 견인차로 이용하 는 것이 빈곤을 몰아내는 최선의 방법이었던 것이다. 1961년 한국은 현재의 인도보다 더 가난했다. 농촌에는 신발을 신고 다니는 아이가 없었고, 세 끼 밥을 먹는 사람은 열 명 중 한 명이었다.

이병철은 한국 경제인협회를 만들어 초대 회장이 되었다. 부회장단은 전문적인 식견이 있는 경제인들로 구성했다. 그는 자신이 먼저 경제 발전 방향과 전략을 만들어 군사정부에 제시했다. 매주 한 번 부회장단들은 박정희 대통령과 만나 '기간산업 건설 기획안'을 브리핑했다. 박정희는 내심 감탄했다. 계획에 타당성이 있을 뿐만 아니라 실천이 된다면 경제 건설이 가능할 것이라고 판단했다.

외국에서 투자를 받아야 한국 경제가 회생할 수 있었다. 이병철은 외자 유치에 나섰고, 정부는 지급을 보증해주기로 했다. 적어도 13억 달러는 외자로 충당해야 했다. 기업인들이 유럽과 미국으로 출발했다(1961년 11월). 독일에서 금성사가 420만 달러, 한일시멘트가 581만 달러, 쌍용이 695만 달러, 상공부가 3750만 달러의 차관을 들여왔다. 미국의 투자 협상단이 한국의 울산공업 예정 지역을 시찰했고, 이병철 회장과 밴플리 단장의 투자 공동성명서 발표가 있었다. 이병철은 한국의 기간산업을 일으킬 수 있는 기회를 만들었다. 오늘날 자동차·중공업·석유화학·전자산업의 시작은 이러했다. 박정희는 이병철을 통해 한국 경제 개발의 구체적인 계획을 수립할 수 있었고, 기업인들의 힘을 모아 오늘날 한국을 만들어냈다.

쿠데타를 일으켜 정권을 잡은 신라 왕이 어느 상인을 불러들여 나라의 앞날에 대하여 논의를 했다는 이야기가 전해지고 있다(828년 4월 『삼국사기』). 당시 중국의 동해안에는 중국 정부로부터 거의 독립적인 '번진'이라는 지방정권들이 산재해 있었다. 중국으로 건너간 완도의 소년 장보고는 서주의 무녕군에서 용병이 되었고, 많은 공을 세워 고급 장교로 승진했다. 제대를 한 후 재중국 신라 상인들의 상업망을 조직하여 중국 시장은 물론 일본과 교역해 부유한 상인이 되었다. 그는 해적이 들 끓는 해상에서 무장교역을 했다. 무력이 없이는 장사도 할 수 없는 시대였다. 신라의 해안도 마찬가지였다.

흥덕왕(826~836)이 말했다.

"지금 우리 서남해안에는 해적들이 창궐하고 있소. 그들은 백성들을 잡아가 중국의 노예 시장에서 판매하고 있다는데 어떻게 생각하시오?"

장보고가 대답했다.

"저도 직접 눈으로 보았습니다. 그들은 신라노新羅奴라 하여 노예 시장에서 비싼 가격으로 경매에 붙여졌습니다. 백성들이 유출되면 국가의 세수에 큰 타격을 주게 되지요."

"하지만 해적들을 근절해야 하는데 방법이 없소. 지금 우리 신라 경제의 근간인 진골 귀족 39개 가문은 파산 직전에 있어요. 국왕인 나도 자금이 없어 해적을 소탕할 군대를 양성할 수가 없소."

"상인들이 해상교역을 하다가 돈이 되지 않자 해적이 되어 거부를 모았다는 소문이 파다합니다. 해적들이란 국적이 없는 집단이며, 상인과 구별도 할 수 없습니다. 그들의 약탈은 신라·당나라·일본 배를 가리지 않으며, 장물을 시장에 보란 듯이 내다 팔고 있습니다. 문제의 핵심은 신라 서남해안에 있는 군소 해상업자들이 해적들과 손을 잡고 있다는 데 있습니다. 그들은 흉년에 유랑하는 백성들을 중국으로 보내주겠다 하고 배에 태워 노예 시장에 넘기고 있습니다. 해답은 한 가지입니다. 저에게 완도에 해군기지와 상업기지를 세울 수 있게 허가를 내주셔야 합니다."

"하지만 그것을 국왕인 내가 결정할 수 없소. 진골 귀족회의 화백의 승인을 얻어야 하오. 그렇게 한들 어떻게 일개인의 자금으로 병력을 부양하고 전함을 건조할 수 있다는 말인가? 장보고 자네가 부자이기는 하지만 그만한 자금은 없지 않은가?"

"해적을 소탕하는 작업은 진골 귀족들의 이익에 부합됩니다. 병력을 먹이고 전함을 건조할 자금은 재중국 신라 상인들에게 투자를 받으면

장보고 초상화. 해상왕 장보고는 흥덕왕에게 말했다 "해적을 소탕할 병권과 무역권을 주십시오. 왕에겐 세금을 나라엔 번영을 안기겠습니다."

됩니다. 그들은 신라와 일본 시장에 진출하기를 간절히 원하고 있습니다. 그것을 현실화하려면 신라에 해군기지이자 자유가 보장된 상업기지가 필요하고요."

"장보고 당신이 원하는 조건은 뭐요?"

"해적이 근절된 후 폐하께서는 대외무역의 창구를 저에게 일원화해 주시면 됩니다. 물론 이익의 일부는

세금으로 폐하에게 상납하겠습니다."

홍덕왕의 입에 엷은 미소가 번져나갔다. 장보고의 건의가 현실적으로 타당성이 있었기 때문이다. 해적을 근절할 수 있는 길이 보였고, 자신에게 별도의 수익이 발생한다는 데 흥미를 가졌다. 조카 애장왕을 죽이고 즉위한 홍덕왕은 도덕적 비난에 시달렸고, 그의 재위 시절 신라의 경제는 곤두박질치고 있었다. 이렇게 가다가는 근친 왕족들의 또 다른 쿠데

타가 일어날 가능성이 높아지고 있었다. 흥덕왕의 왕위가 위태로웠다.

신라가 백제를 통합한 후 구 백제지역은 39개 진골 귀족의 각 가문에 분할 분배되었다. 진골 귀족들은 충청도나 전라도 지역에 있는 그들의 영지에서 생산되는 수익을 강과 바다를 통해 배로 울산에 집결시켜 왕경으로 운반하고 있었다. 하지만 해적이 창궐하자 진골 귀족들의 수익이 왕경으로 들어오는 길이 막혔다. 유통이 마비되자 진골 귀족 각 가문이 거주하는 왕경은 극심한 불경기에 들어서지 않을 수 없었다.

진골 귀족 회의체인 화백은 장보고의 손을 들어주었다. 완도에 해군 기지(청해진)를 설치할 수 있는 공식 인가가 떨어진 것이다. 장보고는 해안의 사정에 밝은 완도와 그 주변의 섬 사람들을 징발해 군사 훈련을 시켰고, 전함이 건조되었다. 해군력만으로 부족했다. 해적들을 바다로 끌어내는 데 배후에서 압박을 가할 수 있는 기동력이 필요했다. 서남해안의 섬에는 말을 키우는 진골 귀족들의 목장이 많았다. 말을 키우던 목동들을 차출하여 기병을 만들었다. 장보고도 어린 시절 완도에서 목동 생활을 했고, 용병 시절 창기병을 통솔한 경험이 있었다. 중국 서주에서 말을 타고 창을 사용하는 데 장보고를 당할 자가 없었다고 한다(『번천문집』).

장보고는 노예무역의 주범인 서남해안 일대의 군소 해상 세력가들을 일소했다. 중국 측 기록에 "태화太和 연간(827~835)으로부터는 해상에서 신라인들을 잡아가는 자가 없게 되었다"라고 돼 있다(『신당서』).

해상의 안전은 진골 귀족들의 영지에서 나오는 수익의 운반을 보장했다. 신라 왕국은 호황에 접어들었다. 장보고의 무역선단도 바빠졌다. 원산지가 타슈겐트 지방 아랄 해 동안인 슬슬瑟瑟, 페르시아의 양탄자, 캄보디아 산 비취모翡翠毛, 보르네오 · 자바 산 대모玳瑁, 자바 · 수마트라 산 자단紫檀, 캄파가 주산지인 침향 등 외래 사치품이 신라 귀족사회를 휩쓸었다.

장보고가 군대를 유지하는 데 있어 말과 곡물이 없이는 불가능하다. 그 말의 구입처는 완도 앞의 다도해에 있는 진골 귀족들의 목장이었고, 곡물의 구입처는 충청도 · 전라도에 산재한 진골 귀족 영지였다. 울산으로 향하던 진골 귀족들의 배에는 곡물이 실려 있었고, 완도(청해진)에서 외래 사치품과 교환되었다. 교역에 시동이 걸리자 막대한 이윤이 창출되었고, 장보고는 군대를 스스로 부양할 수 있게 되었다.

유통이 보장되어야 한다

이병철은 빈곤을 퇴치할 수 있는 길을 박정희에게 알려주었고, 한국의 산업화를 이끄는 견인차가 되었다. 장보고는 해적을 퇴치하여 익사 상태에 있던 신라 유통경제를 회생시켰다. 이병철이 박정희의 지원 아래 기업가들을 결집하고, 외국자본을 투자받아 기간산업을 세웠다면 장보고는 서남해안에 질서를 보장하는 군대를 재중국 신라인들의 투자를 받아 만들어냈다.

두 사람은 오늘날 우리에게 강한 메시지를 전해주고 있다. 축소 재생산의 길을 걸었던 국가의 경제를 확대재생산으로 전환시켰다는 점이 그것이다. 이병철은 기업가를 부정 축재자로 몰아 처벌하려고 했던 박정희를 설득했다. 나아가 기업가들 조직화하여 국가산업을 일으키고 경영하는 주체로 만들어놓았다. 오늘날 한국 경제의 근간이 되는 대기업은 이때에 자리를 잡았다. 외자를 유치해서 만들어낸 기업들은 일정한 시간이 지난 후 이익을 내기 시작했고, 많은 사람에게 일자리를 제공해주고, 거액의 세금을 납부하여 교육 · 도로 · 항만시설 · 국방 · 정부 운영을 뒷받침했다.

대외무역의 길을 확대시킨 장보고는 재중국 신라 상인사회에 활력을 불어넣었고, 진골 귀족들을 생산의 주체로 변신시켰다. 유통이 보장되어야 시장이 확대되고 생산이 증대한다. 진골 귀족들은 장보고가 중국에서 수입해온 외래 사치품의 최대 소비자였지만 동시에 장보고가 일본에 수출하는 물품의 생산자이기도 했다. 진골 귀족의 39개 각 가문은 거대한 가정 기관을 가지고 있었다. 왕실에 비견되는 수공업 공장인 공방工房도 소유하고 있었다. 그들의 막대한 생산품은 장보고 상단에 의해일본 시장에 수출되었다. 신라 상품은 일본인들의 마음을 사로잡았다. 일본 산 비단 솜과 실이 신라에 대거 유입되었다. 장보고, 진골 귀족, 백성들 모두에게 이익이 되었다. 왕경의 집들이 서로 이어져 있고, 노래와 음악소리가 끊이지 않으며, 민간에서도 기와로 지붕을 덮고 숯으로 밥을 짓는 신라의 번영(『삼국사기』)은 이로써 구가되었다.

해외에서 구축한
재력 기반으로 모국서도
'소왕국' 건설

20
장보고와 신격호

"그 밀가루 집 딸이 황태자와 혼인을 한대요."

50년 전 현 일본 천황 아키히토의 약혼 발표가 있었고(1958년 11월 27일), 국민의 귀와 눈이 갑자기 신데렐라가 된 황태자비(미치코)에 쏠렸다. 천황과 그 가족의 일상사가 대중의 관심사가 되었다. 이듬해 봄 황궁에서 거행될 결혼식이 TV 생중계 되기로 결정되었다. 일본의 컬러 TV 보급률이 90퍼센트까지 치솟았다.

재벌이 되어 돌아온 '가출 소년'

'미치코 붐'이 자신의 회사를 알리는 최대의 기회라고 직감한 사업가가 있었다. 그는 재일 한국인 신격호였다. 그는 즉각 TV 가요 프로그램을 모두 사들였다. '롯데 껌은 입속의 여인'이라는 문구가 유행되었다. '그린 껌'이 일본 시장을 석권했다. 상전商戰에 승리해 거액의 돈을 번 그는 도쿄 변두리의 땅을 지속적으로 매입했고, 부동산 가격이 치솟자 세계 4위의 거부가 되었다(1980년대 중·후반). 한국에서도 롯데 가家의 주식은 4조2847억 원어치로 '재벌 1위'를 차지했다(2007년 6월).

신격호는 본래 문학 지망생이었다. 1948년 6월에 출현한 주식회사 '롯데'의 상호는 그가 젊었을 때 감명 깊게 읽은 『젊은 베르테르의 슬픔』의 여주인공 '샤로테'에서 따온 것이다.

일본 정부는 전쟁의 패색이 짙어지자 징병을 강화했다. 신 회장은 대학을 진학하면서 문학부를 선택할 수 없었다. 당시 공학도들은 군대에 끌려가지 않았다. 일본은 기술자를 보호하는 일관적인 정책을 펼쳤다. 그는 와세다 대 화학과에 입학했다. 본의가 아니지만 화학을 공부한 것이 사업가로의 변신에 비옥한 토양이 되었다. 그가 화장품 사업에 이어 껌 사업에 도전할 수 있었던 것도 이 때문이었다. 현재 일본 제과업계의 제1위요, 한국 유통·관광업계 제1위 회사, 롯데의 오너인 그는 아버지 몰래 일본으로 간 '가출 소년'이었다. 그의 첫 직업은 원래 양산 통도사 부근의 경남도립 종축장種畜場에서 소를 돌보고, 돼지를 사육하며, 양털을 깎던 기수보技手補였다.

당나라로 간 신라 목동

신라의 말 가축을 돌보던 청년이 중국으로 건너가 거부의 상인이 된 이야기가 전해지고 있다. 당시 신라 서남해안의 다도해는 진골 귀족들의 목장으로 사용되었다. 완도가 고향인 장보고는 말을 타고 가축들을 돌보는 것을 자신의 운명으로 여겼다. 그런 장보고의 기마 솜씨에 주목한 진골 귀족이 있었다. 목장의 주인인 김우징은 헌덕왕의 조카로 근친 왕족이었다.

818년 7월이었다. 김우징의 시종이 장보고를 불렀다.

"이보게, 우리 주인의 말씀을 전하러 왔네."

"예, 귀한 분께서 비천한 저를 어떻게 아시고."

"이리 와보라니까."

"예, 알겠습니다."

"지금 당나라에서 이사도가 반란을 일으켰다네. 양자 강남에서 장안으로 향하는 운하를 차단했다지 뭔가. 지금 당의 수도에는 곡물 가격이 치솟고 있어. 당의 황제가 우리 신라에게 병력 지원을 요청했네(『삼국사기』)."

"예?"

"국왕께서 병력 모집을 도와달라고 김우징 님에게 부탁을 하셨다네. 자네는 말 위에서 창과 활을 사용하는 데 명인이 아닌가?(『번천문집』)"

"나리, 저로 하여금 당나라 파병에 합류하라는 말씀이십니까?"

"그렇다네."

이렇게 장보고는 당나라로 건너갔다(818년 가을). 그는 당의 무녕군

창기병 부대에 배치되었다. 전투에서 빛나는 전과를 올렸다. 그와 싸우려는 자는 무사하지 못했다. 말을 타고 창을 사용하는 데 아무도 그를 상대할 자가 없었다. 무공에 대한 소문이 군대 내에 퍼져나갔다. 30세의 나이에 그는 외국인으로서 1000명의 부하를 거느리는 군중소장(기병 여단장)으로 진급했다(주강朱江 중국 양주대 교수).

관군이 압박을 가하자 이사도 군벌 내부에서 반란이 일어났다. 이사도는 부하의 손에 참수되어 그 머리가 황제에게 바쳐졌다(819년 2월).

전쟁 중 장보고는 산동과 회하 부근에 있는 신라인 사회와 선이 닿아 있었다. 이씨 군벌 아래에 살았던 신라인들이 장보고에게 군사 정보를 주었다(이기동). 전쟁 후 출세한 군인으로 그 지역 군인·관리들과 친분이 있었던 그는 재당 신라인 사회의 이익을 대변해주었고, 자연스럽게 그 사회의 수장으로 부상했다. 그렇게 될 수밖에 없는 이유 가운데 하나는 당시 해상에 해적이 들끓고 있었기 때문이었다. 신라인들은 장보고와 그의 무장 집단의 호위 속에서 장사를 해야 했다. 무력이 없이는 영업이 불가능했다. 장보고가 군에서 제대한 후(821년) 산동반도에서 회하를 거쳐 양자강에 이르는 신라인 사회의 상업 네트워크가 완성되었다.

동의 가치 상승과 귀국

무력 외에도 필요한 것이 있었다. 당나라는 동銅본위제 사회였다. 전쟁 후 경기가 달아올랐고, 결제 대금인 동전에 대한 수요가 급증하고 있었다. 장보고와 신라인 사회에서도 동이 항상 모자랐다.

장보고 시대의 당나라 학자 두우杜佑(735~812)는 그의 저서 『통전』에서 동전의 유용성을 이렇게 말하고 있다.

"금 · 은의 경우는 용기나 장식품을 만들어내는 데 한정되어 있고, 곡물과 비단의 경우 운반하기 곤란하고 파손이 생기는 결점이 있다. 오직 동전銅錢만이 끊이지 않고 교역에 사용될 수 있다."

"섬 사람들은 수입품을 유난히 좋아하지!"

초창기 장보고는 일본과의 교역에 뛰어들었다. 동을 지불하고 양자강에 집산된 중동 · 동남아 산 · 서역 · 남해품을 구입하여 일본에 판매했다. 적지 않은 이익이 있었다. 하지만 시간이 갈수록 동의 가격이 치솟았고, 이익은 하강 곡선을 그렸다.

장보고는 828년에 신라로 귀국하여 그가 일했던 목장의 주인 김우징을 만났다. 당시 김우징은 당숙인 흥덕왕 아래에서 집사부 시중(재상)의 자리에 있었다.

"아! 당신이 옛적에 내가 봤던 그 청년이었던가?"

"예."

"고개를 들게. 어떻게 나를 찾아왔나?"

"외람되지만 아뢰겠습니다. 신라산 동이 필요합니다."

"하지만 문제가 있다네. 우리 신라의 다도해 해안이 동아시아 해적들의 소굴이 된 지 오래야! 그들 때문에 세곡의 운반도 어렵다네."

"익히 알고 있습니다."

"국왕과의 만남을 주선해줄 터이니 해적을 어떻게 소탕해야 할 것인지 궁리해보게."

고국이 안겨준 활황

828년 장보고는 신라 국왕을 알현했다. 당면한 문제에 대한 깊은 대화가 오갔다. 얼마 후 신라 귀족회의에서 해적 소탕을 위한 청해진 건설 인가가 떨어졌다. 장보고는 완도에 해군기지를 건설할 수 있었고, 그 주변의 목동 1만 명을 자신의 병력으로 징발할 수 있는 권한을 얻었다. 청해진이 설치된 이후 해적은 완전히 퇴치되었고, 장보고는 신라로부터 충분한 동을 구입할 수 있었다. 그 대가로 서역·남해산 사치품을 지급했다. 그 양은 엄청났다. 834년에 흥덕왕이 서역·남해산 사치품을 일반 백성까지 선호한다고 하여 '사치 금령'을 포고할 정도였다(『삼국사기』).

장보고의 한·중·일 삼각무역은 활황이었다. 그는 신라에서 고순도의 숙동熟銅을 낮은 가격으로 대량 구입하여 당으로 가져갔고(『책부원구』), 그곳에서 서역·남해산 사치품을 구입하여 일본에 판매하고 대량의 비단 재료(실과 솜)를 신라로 가져왔다(『속일본기』). 장보고 선단의 도착과 출발 시기는 너무나 정확했다. 그 정기성이 주는 신용도는 상품 구입 가격을 낮추었고, 자본의 회전율을 극대화시켰다. 일본 측 상인들은 장보고에게 선금(비단 재료)을 주고 물건을 구입할 정도였다.

해외 거점을 소유함으로써 대성한 장보고와 신격호

해외에서 쌓은 기반을 바탕으로 모국에 돌아와 대성한 신격호 회장과 장보고 두 사람은 공통점이 있다(정순태). 양자는 다국적 기업·상업 거점을 소유함으로써 환차액에 따른 이익을 보았다. 장보고는 서역·남해산 사치품을 신라에 비싸게 판매하고, 대금으로 받은 신라의 막대한 동을 당으로 가져와 엄청난 이익을 남겼다. 당에서 동의 가치는 신라보다 높았다. 신 회장도 원화에 비해 엔화가 상승하자 부여에 건설 중인 백제 문화 재현단지에 3000억 원을 투자하기로 했다(2008년 5월). 고율의 엔화가 원화로 교환되어 한국으로 유입될 것이다. 치솟는 석유 값은 원화 가치의 상승을 장기적으로 억제할 가능성이 높다.

둘은 당과 신라, 한국과 일본에서 유력 인사들과 두터운 친분이 있었다. 장보고는 고국에서 정계의 거물인 김우징과 인연이 있었고, 나중에 그를 신무왕으로 옹립하기까지 했다(839년). 나아가 그는 중국 해안지방에 있는 절도사들과 모종의 관계를 맺고 있었다. 특히 치정 절도사는 836년 6월 장보고가 신라에서 가져오는 동을 합법적으로 수입할 수 있도록 황제에게 허락을 구하기도 했다(『책부원구』). 신 회장도 일본 정계의 거물들과 깊은 관계를 맺고 있다. 특히 수상을 역임한 기시岸信介와의 인연으로 보수 정치인들과 인맥이 형성되어 자민당 장기 집권 시절에 그는 더운밥을 먹었다.

요즘 밝혀졌지만 신 회장은 노태우 대통령 집권 당시 김영삼을 설득하여 3당 합당(민자당)을 이끌어낸 장본인이었다. 김영삼 정부 시절 막후 실력자 차남 김현철은 소공동 롯데호텔에 사무실을 두었고, 이명박 대통령도 당선자 시절에 그곳에 사무실을 차렸다. 미국산 쇠고기도 롯데의 유통망을 이용해 첫 판매될 전망이라는 말도 있다.

판단은 빨랐고
결정은 냉혹했다

21

고구려 장수왕과 이건희 회장

"영화 〈스파이더맨〉에서 삼성 광고가 사라졌습니다."

미국 뉴욕 맨해튼 타임스퀘어 거리의 한 빌딩 소유주가 컬럼비아 영화사를 상대로 소송을 제기하면서 했던 말이다(2002년 4월). 영화사가 타임스퀘어 한복판에 있는 빌딩에 걸린 삼성전자 광고판을 컴퓨터 그래픽을 이용해 'USA투데이' 광고로 교묘히 바꿔치기한 사실이 드러났다.

영화 개봉을 앞두고 벌어진 송사에 당황한 컬럼비아 사는 즉각 항복했다. 삼성전자 광고판은 원 모습대로 복원되었다. 그해 세계 주식 시장에서 삼성이 일본의 상징인 소니의 시가총액을 앞질렀다. 소니는 자존심이 상했고, 그러한 묵시적인 지시를 자신이 소유한 영화사에 내렸던 것이다. 현재 삼성의 브랜드 가치는 169억 달러로 소니를 훨씬 앞지르고 있다.

일본 마이니치 신문이 발행하는 경제 주간지 이코노미스트는 최근 '일본 전자기업의 위기'라는 특집 기사에서 "창업 2세인 이건희 회장이 이끄는 삼성의 연간 순이익은 1조 엔을 돌파해 일본 7대 전자기업의 총 순익보다 두 배나 많다"면서 "이는 삼성의 반도체와 휴대전화, LCD 등에 대한 집중 투자와 젊은 인재 등용, 세계 각지 연구·기술 인력의 대량 스카우트 등에 기인한다"고 분석했다.

삼성은 우수한 인적 자원이 미래 경쟁력을 좌우한다는 인식 아래 우수 인력 유치와 글로벌 인재 양성에 주력해왔다. 삼성그룹 CEO는 직접 핵심 인력 면접을 진행할 뿐 아니라 1년에도 몇 차례씩 핵심 인재를 선발하기 위해 출국하는 등 우수 인재 확보를 위해 국적 불문의 인재 채용에 나서고 있다.

이건희(오른쪽) 삼성 회장은 목적을 이루기 위해선 합리성과 현실적 유용성이라는 잣대만으로 행동할 수 있는 냉혹함을 소유했다는 점에서 고구려 장수왕과 닮은 데가 있다. ⓒ국제신문.

한국사 최대의 외부 인력 유입 사건

고대에도 인재는 필요했다. 물론 연봉을 제시하고 기간을 정해 계약하는 특별한 인재는 아니었다. 삼 채취에 능한 심마니, 싸움을 잘하는 사냥꾼, 말을 잘 타는 유목민, 요새를 정교하게 만들어내는 기술자와 장인, 싸움에 지친 병사들을 달래줄 수 있는 악사와 무희, 건조하고 추운 지역에서도 농사를 지을 수 있는 농부, 그리고 물자를 적시에 조달하고 관리하는 계산능력을 가진 상인 등이 모두 필요했다.

한국 역사상 최대의 외부 인력 유입은 436년에 있었다. 장수왕이 다스리던 고구려였다. 한때 북중국의 맹주였던 후연이란 나라를 그대로 이어받은 북연이 고구려에 사신을 보냈다(435년).

"저희 북연의 황제(풍홍)께서 고구려로 망명을 원하고 있습니다." (『삼국사기』)

당시 북연은 북위의 공격으로 나라가 언제 망할지도 모르는 시점이었다.

장수왕은 북위와 전쟁을 불사하지 않으면 고구려의 미래가 없다고 판단했다. 당시 북연은 북중국의 최강국 북위와 고구려 사이에 위치해 양국 간의 완충지대 역할을 해주던 곳이었다. 북위의 북연 점령은 고구려에게 엄청난 환경의 변화였다. 장수왕은 북연에 군대를 파견했다. 가라앉는 배 북연을 구하러 간 것이 아니었다. 북연의 영토·물자·인력이 고스란히 북위로 넘어가는 상황을 결코 좌시할 수 없었기 때문이었다. 물론 당시 장수왕이 의도한 대로 상황이 돌아갈지의 여부는 불확실했다.

436년 5월, 북연의 수도인 화룡성和龍城(조양)을 사이에 두고 북위군과 고구려군이 대치했다. 양군이 동시에 몰려오자 북연의 수도 화룡성 안에서는 친고구려파와 친북위파 간에 내분이 일어났다. 친고구려파와 친북위파가 성 밖에 주둔하고 있는 자기편의 군대를 서로 먼저 끌어들이려 했다.

친북위파가 선수를 쳐 성문을 열어 북위군을 영입하려 했다. 그러나 의심 많은 북위군은 주저하고 움직이저 않았다. 이 틈을 타 고구려군이 돌입해 성을 장악했다. 먼저 고구려군은 북연의 무기고로 향했다. 고구려에서 입고 온 옷을 다 벗고, 북연의 A급 갑옷으로 바꾸어 입었으며, 무기도 정교한 새것으로 교체했다. 성 밖에서 기다리고 있던 북위군과의 전투를 염두에 둔 조치였다 (『삼국사기』).

고구려 군대는 맹수로 변하여 북연의 왕궁을 향해 나아갔다. 과연 여자와 사치를 좋아하던 후연의 모용희는 북연에게 화려한 왕궁을 물려주었다. 약탈이 허락되었다. 노력에 대한 정당한 보상이었다.

"원하는 대로 가져라."

화룡성의 화려한 궁정과 중원에서 살다 온 귀족들의 대저택이 병사들의 사냥감으로 변했다. 장군·장교·병졸 할 것 없이 광란의 잔치에 뛰어들었다(『삼국사기』).

약탈이 끝나고 약탈의 대상이 된 화룡성의 사람들을 집합시켰다. 그들 가운데는 중원의 고급 기술을 지닌 인력들이 많았다. 남녀 모두 군복을 입히고 30킬로미터의 거대한 대열을 만들었다. 북연의 황제 풍홍을 포함하여 그 휘하의 모든 사람을 데리고 고구려로 향하려는 참이었다. 성 밖에 북위군이 버티고 있다고 하더라도 그렇게 북연인들을 고구려로 데리고 가지 않으면 이번 작전의 의미가 없었다. 너무나 대담한 시도였다. 고구려 기병은 대열의 외부에 있고, 북연인들은 행렬의 가운데에 서게 했다. 장군 갈로맹광이 이끄는 고구려 기병이 대열의 후면을 맡았고, 수레로 움직이는 벽을 만들었다. 일촉즉발의 상황이었지만 북위군은 고구려 기병의 행렬을 끝내 공격하지 못했다. 당시 북위는 세계 최강의 기병을 보유하고 있었던 유목민이었는데도 그러했다.

이익이 되는 사업은 절대 포기하지 않는다

북위군이 아무런 반격도 하지 못하고 물러난 데에는 여러 가지 이유가 있다. 그 가운데 고구려군 배후에 성이 있었다는 것이 중요했다. 요하 서쪽의 숙군성(광령廣寧)은 화룡성과 지척의 거리였다. 401년 숙군성을 차지한 고구려 군대는 그곳을 서방의 중요한 전진기지로 활용하고 있었다. 장수왕은 충분한 식량과 마초, 병력과 전마를 비축해두었다. 고구려 군대의 장대한 행렬도 일단 숙군성을 향했다. 전투가 벌어진다면 고구려는 숙군성에 있는 병력의 지원을 얼마든지 받을 수 있었다.

북위군에게도 배후에 금방 점령한 화룡성이 있었다. 하지만 화룡성은 고구려군의 대대적인 약탈로 텅 비어 있었고, 화염에 휩싸여 있었다. 고구려는 철수할 당시 화룡성에 불을 질러 그곳을 철저히 황폐화시켰다. 『삼국사기』는 "고구려군이 떠난 후 화룡성이 10일 동안 불길이 꺼지지 않았다"고 기록하고 있다.

북위군은 고구려군 행렬을 추격하다가 결국 포기하고 돌아갔다. 이

사건의 결과로 북연의 수도에 거주하던 대부분의 고위 계층과 군인 · 호구들이 고구려에 이입됐다. 북위는 고구려에 사신을 보내 북연왕과 그 백성, 병력의 송환을 강력히 요구했다. 장수왕은 일언지하에 거절했다. 전쟁도 불사하겠다는 자신감의 표현이었다. 『위서』는 장수왕대 고구려를 이렇게 기록하고 있다.

"백성의 수는 조조의 위나라[前魏]보다 3배가 많았다."

북위는 고구려의 국력을 남중국의 남제와 같은 수준으로 인정하고 있었다.

만일 삼성이 반도체에 과감한 투자를 하지 않았다면 어떻게 되었을

중국 지린성 지안현에 있는 고구려 시대의 석릉인 장군총. 장수왕의 무덤으로 추정되고 있다.

까? 반도체 산업은 초기 투자만 50억 달러가 필요하고, 메모리 반도체 1개 라인 건설에 1조 원가량이 든다. 투자는 엄청난데 한발 늦게 개발된 제품은 곧장 쓰레기장으로 가버린다. 사업이 아니라 도박이라는 소리를 듣는 업종이다. 이건희 회장은 1970년대 초·중반에 반도체 사업 투자를 아버지 이병철 회장에게 끈질기게 건의했지만 번번이 퇴짜를 맞았다.

"임마! 그 돈이라 카면 TV 몇백만 대나 더 만들 수 있다 아이가. 그걸 만들어 무에 쓰겠노?"

하지만 이건희 회장은 포기하지 않았고, 아버지를 설득해 1983년 반도체 사업에 뛰어들게 했다.

436년 고구려가 북연에 군대를 파병하는 데 반대의 목소리가 컸다. 고구려의 핵심 전력을 거의 모두 동원해야 할 이 싸움에는 너무나 비용이 많이 들 것이 뻔했다. 무엇보다 북위와 전쟁을 하는 것은 정말 위험했다. 북위는 강력한 나라였다. 공격적인 성격의 소유자인 북위의 통치자들은 유목 제국 유연을 공격하기 위해 인간 사냥대를 이끌고 고비사막을 거침없이 가로질렀다. 북위 군대와 싸우면 군대의 핵심을 모두 잃고, 고구려가 망할 수도 있었다. 하지만 과감하게 도박을 했고, 성공했다. 그가 다스리던 고구려는 부강해졌고, 고급 인력으로 넘치는 번영된 왕국이 되었다. 당시로는 중국의 남북조와 어깨를 나란히 하는 거대한 내수 시장을 만들어냈다.

종신토록 그 자리에 있을 수 있고, 왕태자 교육을 받았으며, 중요한 결단을 놓고 한 인간으로서 감당하기 힘든 고독감을 느꼈다는 점에서 장수왕과 이건희 회장은 닮은 면이 있다. 장수왕은 아버지가 넓혀놓은 영토를 물려받아 그것을 동아시아에서 가장 번영한 나라 가운데 하나로 만들었다. 이건희 회장도 한국 최고의 기업을 이병철 회장으로부터 이어받았고, 삼성을 세계적인 기업으로 키웠다.

양자는 공통적으로 넓은 영토를 원하지 않고 작지만 강한 강소국을 원했다는 점도 마찬가지다. 장수왕은 북연의 수도 화룡성을 점령했지만 그곳을 차지할 생각을 하지 않았다. 과감하게 북연의 모든 영토를 포기하고 사람과 재물만 이끌고 고구려로 돌아갔다. 그 화려한 화룡성은 북위군의 배후기지가 될 가능성이 있어 불태워버렸다. 부동산에 집착하다가는 적과 끝이 보이지 않는 소모전이 시작될 것이다. 이건희 회장은 '선택'과 '집중'을 통해 소위 돈 되는 사업에 경영 역량을 집중했다. 수익을 내지 못하는 사업, 장기 비전이 없는 사업은 언제든지 도려냈다. 심지어 자신의 사재를 털어 인수한 회사도 매각했다(한국반도체).

무능한 정치적 두뇌

무엇보다 양자는 양심이나 도덕 · 윤리에서 자유롭고 자기 목적을 수행하는 데서는 합리성과 현실적 유용성에 대한 판단만으로 행동할 수 있는 냉혹함의 소유자라는 점에서 공통점이 있다. 북연을 두고 북위와 대치하는 상황에서 철저하게 실리를 취한 고구려 장수왕은 이용가치가 없어진 북연의 황제 풍홍에게 대우를 해주지 않았고, 풍홍이 말썽을 일으키자 죽여버렸다. 그의 모든 아이들도 함께였다. 이건희 회장도 아들의 후계 구도를 굳히는 데 어떠한 이목도 두려워하지 않고 과감하게 실행에 옮겼다. 탈세 수준의 세금을 내고 말이다.

하지만 누구나 왕의 백성이 되기를 원했고, 삼성에 입사하는 것을 영광으로 여기고 있다. 양자는 자기 아래 사람들의 복리를 중요하게 여겼으며, 노력에 대한 대가를 철저히 인정했고, 더 많은 기회를 주었다. 오히려 명분을 앞세우는 군주의 백성들은 비참했다. 조선의 어떤 군주는 백성들을 굶기고 왜군이 쳐들어왔을 때 그대로 방치했으며, 국가를 위해 싸웠던 장군과 의병장을 사지로 몰고 갔다. 장군과 의병의 탁월함은 자신의 무능함을 폭로하기 때문이었다. 윤리와 도덕을 표방했지만 백성의 복지보다 자신의 자리 보존에 연연했다. 비극의 근원은 무능하면서 정치적 두뇌를 소유한 데 있었다. 그는 무능하기 때문에 깊은 생각을 했고, 더욱더 사악했다.

"시장에 대한 권력의 지나친 개입은 독입니다"

22

목부의 아내인 어머니는 스기나무(杉木)로 짠 요람 위에 아이를 눕혔다. 그리고 찬송가를 불렀다. 노랫소리는 연기가 피어나는 목장 오두막의 아늑한 하늘 아래로 퍼져나갔다. 1941년 12월 19일 일본 오사카 근교에서 현 대한민국 대통령이 탄생할 때의 모습은 이러했으리라. 가난이 그에게 유산이었지만 어머니는 무엇에 굴하지 않는 신앙도 물려주었다.

조국의 해방과 함께 4살의 아이는 귀향길에 올랐다(1945년 11월). 배는 대마도 부근에서 난파된다. 시커먼 겨울 바다에서 목숨은 건졌다. 9살 때 새 터전인 포항은 6·25 전쟁에 휘말려 가족의 둥지는 박살이 났고, 동생과 누이를 잃었다. 끝없는 궁핍은 아이를 시장으로 내몰았다.

전선이 북상한 이후 아버지를 따라 장터를 돌았고, 군부대 철조망에서 김밥을 팔았다. 밀가루로 떡을 만들어 팔다 헌병에게 걸려 매를 맞기도 했다. 소년기에 어머니로부터 독립해 과일 장사도 했다. 극장 앞에서 승용차가 후진을 하다가 소년의 수레를 받아 과일들이 길바닥으로 쏟아졌다.

"이 길을 너희들 장사하라고 내놓은 줄 알아?"

소년은 자가용 주인의 위세에 눌렸다. 어머니에게도 하나 드려보지 못한 귀한 과일들이었다. 소년은 가난하다는 이유로 당해야 하는 억울함보다 가진 자의 횡포 앞에서 기가 꺾였던 자신을 혐오스러워했다. 그는 어린 시절 시장에서 인간 감정의 전 영역을 샅샅이 목격했다. CEO 출신으로서 대통령이 된 이명박의 어린 시절은 이러했다.

소금 장사 출신 고구려 국왕

소금 장사를 하던 소년이 고구려의 왕이 된 이야기가 있다. 300년 9월 고구려 왕실 사냥터의 어느 갈대밭이었다. 국상國相 창조리 이하 고위 귀족들이 모여 있었다. "나와 생각이 같은 자는 따라하시오" 하고 창조리는 갈댓잎을 그의 관모에 꽂았다. 모두가 따라했다. 폭군 봉상왕을 폐위하고자 하는 마음이 일치한다는 것이 확인됐다. 봉상왕은 짐승처럼 포획되어 감금된 후 처자와 함께 자결했다.

을불은 봉상왕의 동생 돌고의 아들이다. 돌고가 편집광적인 봉상왕에게 죽임을 당한 후 을불은 목숨을 부지하기 위해 변장을 하고 도망쳤다. 귀하게 자랐던 왕실의 자손은 험악한 세상으로 스스로 걸어나갔다. 그가 숨은 곳은 압록강 하류의 수실촌이란 곳이었다.

'음모'라는 사람의 집에서 머슴살이를 시작했다. 그는 욕심이 많은 사람이었다. 을불은 밤낮으로 일을 해야 했다. 낮에는 땔감을 모으기 위해 산야를 누벼야 했고, 밤에는 개구리 우는 소리에 잠 못 이루는 주인을 위해 연못에 돌을 던져야 했다. 돌을 던지면 개구리들이 울음을 멈추었지만 잠시 후면 다시 울었다. 그때마다 돌을 던져야 하니 밤을 지새울 수밖에 없었다. 이렇게 밤낮없이 일을 해야 하는 고된 생활이 1년 동안 지속됐다. 숨어 살아야 목숨을 부지할 수 있으니 할 수 없는 일이었다.

중국 집안(국내성) 부근에 위치한 서대총. 파헤쳐진 미천왕릉이라고 전해지기도 한다. 능 앞으로 미천왕이 배를 타고 소금 장사를 했던 압록강이 흐르고 있다. ⓒ김용만

어느 날 음모의 집을 나와 독립하기로 했다. 동촌東村 사람 '재모'를 만나 소금 장사를 시작했다. 을불은 재모의 배를 타고 압록강 하구를 나

와 바닷가에 있는 염전에서 곡물을 주고 소금을 구입했다. 소금을 가득 실은 배는 압록강 입구에 도착하여 밀물 때 강을 타고 올라왔다. 나루마다 큰 배를 댈 수 있는 압록강을 고구려인들은 하늘이 내려준 호수라고 불렀다. 하구에서 국왕인 큰아버지가 있는 국내성 부근까지, 지류인 비류수(혼하)와 충만강을 통해 내륙으로 들어가기도 했다. 지류에는 많은 마을들이 있었다. 을불은 배를 강가에 접안하여 소금을 내려놓고 등짐을 지고 이 마을 저 마을을 다녔다.

을불은 압록강의 동쪽 사수촌에서 자취를 했다. 집에는 음흉하고 욕심이 많은 할멈이 살았다. 할멈이 소금을 청하자 을불은 한 말을 주었다. 그 뒤 할멈은 다시 청했다. 염치가 없는 할멈이라고 생각한 을불은 거절했다. 그러자 할멈은 자신의 신발을 을불의 소금자루에 몰래 넣었다. 아무것도 몰랐던 을불은 소금자루를 메고 장사하러 떠났다.

길을 가고 있는데 할멈이 불렀다.

"이봐, 소금 총각 내 신발이 없어졌어! 당신이 가져간 것 아니야?"

할멈은 소금자루를 뒤져 신발을 찾았고, 을불을 절도범으로 몰아 관가에 고발했다. 그는 체포돼 그 지역을 관할하던 수령 압록재鴨綠宰 앞으로 끌려갔다. 물증이 너무나 확실했다. 압록재의 판결대로 소금으로 신발 값을 변상하고 형틀에 묶여 볼기를 맞았다. 누명을 쓰고 처벌을 받은 그는 방면됐지만 몸의 상태가 말이 아니었다. 얼굴은 야위어갔고 옷은 너덜너덜했다. 하지만 먹고살기 위해 소금 장사는 그만둘 수가 없었다.

봉상왕을 폐위할 마음을 먹은 국상 창조리는 조불과 소우 등을 시켜 을불을 찾기 시작했다. 소금 배가 압록강에서 지류인 비류수를 거슬러 올라오고 있었다. 배를 바라보니 그 위에는 돌고의 아들 을불 또래의 사람이 타고 있었다. 둘은 그가 을불이라고 직감하고 다가갔다. 당시 수배범이던 을불은 떨면서 말했다.

"저는 야인이지 왕손이 아닙니다. 다시 찾아보시지요."

하지만 을불은 연행되어갔다. 왕경 부근의 안전 가옥이었다. 얼마 후 그는 왕궁으로 옮겨져 왕좌에 앉혀졌다.

이익에 밝은 고구려 귀족들을 설득하다

즉위 후 낙랑군의 힘이 극도로 약해지고 있었다. 본국인 사마씨의 진晉나라가 내란 상태에 빠졌기 때문이었다. 고구려 귀족들의 얼굴이 환해졌다. 이전부터 낙랑군은 가난한 숲속의 고구려인들에게 중국 물질문명의 혜택을 맛보게 했다. 좋은 약탈 대상이었다. 그럴 때마다 중국인들은 책구루라는 공간을 만들어 비단 등 값이 나가는 물건들을 증여했다. 피해를 줄이기 위해서였다. 『삼국지』는 고구려에서 일하지 않고 앉아서 먹는 좌식자座食者 1만여 명의 존재에 대해 특기하고 있다. 전투가 없는 기간에 그들은 사냥하면서 지냈다. 그들에게 전쟁은 부담이 아니고 부를 획득할 수 있는 기회였다.

302년 9월 고구려는 현도군을 공격했다. 군민 8000명을 잡아 남쪽으로 이동시켰다. 311년 선비족 모용외의 본거지인 요동으로 쳐들어가서 대대적인 약탈을 감행했고, 압록강의 입구인 서안평을 차지해 낙랑군과 중국 본토 사이의 통로를 완전히 차단했다. 313년 10월에는 낙랑군 사람 2000명을 잡아왔다. 고구려 귀족들이 낙랑인들을 노예로 만들어 나뉘 가지려 한다는 소문이 돌았다. 공포에 떨던 낙랑인 수천 명이 배를 타고 요서로 탈출했다. 귀족들에게 옹립된 미천왕은 그들의 약탈 본성을 어떻게 할 수 없었다. 맹수들이 배를 채울 때까지 기다리기로 했다.

정열을 발산하고 흥분이 가라앉은 귀족들에게 그는 말했다. 이익에 밝은 자들이라 인간적인 설득은 무의미했다. 그들에게 어떠한 것이 진정 이익이 되는지 말하면 그만이었다. 구조적인 이익 창출에 대해서였다. 어린 시절 압록강의 수로가 닿는 마을 구석구석을 다니면서 장사를 했던 미천왕은 당시 유통 시장에 대하여 숙지하고 있었고, 압록강 밖 바다에서 벌어지고 있는 활기찬 국제무역에 대해서도 알았다.

신의주 건너편 단동에서 본 압록강 하류.

"약탈 전쟁에는 한계가 있습니다. 위험성은 높아갑니다. 60년 전 우리 고구려는 조조의 위나라군에게 공격을 받고 망할 뻔한 적이 있습니다

(246년). 낙랑군에는 7000여 가의 사람들이 남아 있습니다. 그들을 농민처럼 착취·관리하는 대상으로 보아서는 안 됩니다. 움직임에서 부를 창출하는 상인들이라 안정과 자유를 보장해야 합니다. 그들은 항해능력도 있고, 각국의 언어에도 능통합니다. 낙랑(평양)지역을 자유 항구로 개방하고 일절 간섭을 하지 않아야 합니다. 그들의 상업 회전율이 높아지면 그들에게 거두어들일 수 있는 담세율도 올라갑니다."

이명박 대통령도 CEO 시절 현대그룹의 대표로 신군부를 상대한 적이 있었다. 하루저녁(1979년 12월 12일)에 나라를 도둑질할 만큼 야수성이 있고 기민한 자들이었다. 하지만 분위기를 쇄신해야 한다는 강박관념이 머리에 똬리를 틀고 있었다. '변화'라는 정치적 슬로건에 눈이 먼 그들은 중화학공업의 중복 투자를 한국 경제의 큰 장애물로 규정한 미국에서 공부하고 온 신진 경제학자들의 궤변을 그대로 믿었다. 자동차 공장도 하나로, 발전설비 공장도 하나로 합쳐야 국가경제가 발전한다는 것이다.

독점기업 육성은 기술의 낙후로 직결된다

현대그룹에게 자동차산업을 포기하라는 압박이 가해졌다. 이명박 사장은 답변했다.

"독점기업을 육성해야 자본주의가 성공한다는 이론은 어떤 경제학 교과서에도 없습니다. 인도의 경우를 보세요. 자동차회사가 국영기업 하나밖에 없는데 기술은 낙후되고 만년 적자입니다."

군인들은 바보가 아니었다. 결과적으로 이명박의 손을 들어주었고 자동차산업의 통폐합은 백지화되었다.

이익에 밝은 고구려 귀족들도 계산을 할 줄 아는 사람들이었다. 당시 세계 최대의 부가 몰려 있는 동아시아는 바다를 통한 물자의 흐름이 많았고, 더구나 낙랑(평양)은 해류나 지형상 동아시아 최고의 허브 항구가 아닌가. 고구려 귀족들은 약탈의 단발적 이익을 버리고, 교역의 영구적인 이익에 눈을 뜨기 시작했다. 소금 장사 미천왕의 방향 제시에 영감을 받았던 귀족들은 낙랑(평양)지역을 자유무역지대로 개방했다.

신화적인 성과를 낸 CEO의 확신에 찬 말은 막 피어나려던 한국의 자동차산업을 익사시키는 것을 막았다. 신군부 집권 시절 한국의 자동차산업은 비약적으로 발전했다. 1986년에 처녀 수출을 한 현대는 포니 16만여 대를 판매해 미국의 소형 외제차 총 수입 대수에서 당당히 1위를

압록강과 서해 바다가 만나는 하구의 저녁놀, 부근 해안에 염전이 지금도 있다.

차지한다. 올림픽 직전 한국 경제가 크게 성장하던 시기라 '마이카' 바람이 불었고 내수도 비약적으로 늘었다. 현재 자동차산업이 한국 경제에서 차지하는 부분은 절대적이다. 수출 432억 달러, 무역흑자 373억 달러로 반도체 수출 370억 달러, 무역흑자 87억 달러를 훨씬 상회한다 (2006년). 자동차는 부품이 2만 개 이상 들어가는 제품이라 하청 중소기업이 많고 고용 효과는 절대적이다. 일본의 경우 외화 수익의 절반이 자동차에서 발생한다고 한다(동경대 경영연구소 마사토모).

이명박은 서슬 퍼런 신군부의 칼날 앞에서 미래 자동차 시장의 진실을 밝혔고, 미천왕은 자신을 왕의 자리에 앉힌 거친 귀족들에게 고구려의 나아갈 방향을 제시했다. 북중국을 점령한 칭기즈칸은 중국인들을 모조리 죽이고 농토를 초원으로 바꿔 양을 치려고 했다. 야율초재라는 거란인이 만류했다. 인도주의적인 마음이 일어서가 아니었다. 그는 이렇게 말했을 뿐이다.

"칸께서는 농민들에게 세금을 받는 것이 양을 치는 것보다 더 이익이 된다는 것을 모르고 있습니다!"

여기에는 시대를 초월하는 공통점이 있다. '경제활동의 자유'이다. CEO들은 권력자들에게 말했다.

"그냥 두세요Let it be! 당신들 눈앞의 이익에 맞게 인위적 변형을 하면 황금알을 낳는 거위를 잡는 거나 마찬가지입니다."

과도한
해외투자·영토 확장
예측 불허 변수에 무너지다

23

김우중과 의자왕

인천공항, 병색이 만연한 백발노인이 걸어나왔다. 정처 없이 유랑하다 돌아온 황혼 귀가였다(2005년 6월 14일). 그를 맞이한 것은 거품을 물고 덤비는 200여 명의 데모대였다. 과거 재벌 총수의 귀국은 이렇게 서글프고 초라했다.

김우중은 과거 수출 제일주의 시대가 낳은 영웅이었다. 그가 해외를 다녀오면 경제 기자들이 취재 경쟁을 벌인 것이 상례였다. 그의 세일즈 성과가 바로 경제면의 기사가 되었다. 1967년 직원 단 5명의 직물회사로 시작한 그는 대우를 사원 25만 명에 300개 이상의 해외지사, 연 매출액 100억 달러의 기업으로 키웠다. 추정된 고용효과는 하청업체까지 250만 명에 달했다.

하지만 IMF 사태가 닥치자 사정이 달라졌다. 환란으로 국가신용등급이 갑자기 여섯 단계나 떨어지자 전 세계에 가장 많은 공장을 갖고 있던 대우는 해외 채권자들로부터 극심한 상환 압력을 받게됐다. 그가 외자를 도입하여 세계각국에 투자할 수밖에 없는 숙명적인 요인은 국내 시장의 협소함

김우중 전 대우그룹 회장.

때문이었다. 앞서 나간 '세계화'가 발목을 잡았다. 환율까지 폭등해 외화 부채가 유난히 많았던 대우는 1997년 한 해 동안에만 무려 8조5000억 원의 환차손을 입게 됐다. 비운이었다.

대우는 IMF 사태가 터지기 직전인 1997년까지 나름대로 탄탄한 기업구조를 갖고 있었다. 한국경제연구원이 1995~1997년 3년 동안 현대·대우·삼성·LG 등 4대 그룹의 수익성 및 재무 자료를 분석한 결과 대우의 유형고정자산 증가율은 연평균 30퍼센트대, 매출 증가율은 35퍼센트대로 평균 20~25퍼센트 선이던 다른 그룹을 압도하고 있었다. 매출액 영업 이익률도 현대(5.45퍼센트)보다는 높았다. 총자본 경상 이익률은 0.52퍼센트로 가장 우수했다. 부채 비율은 473.8퍼센트로 371.2퍼센트의 삼성보다는 높았지만 현대(579.1퍼센트), LG(510.8퍼센트)보다는 낮은 수준을 유지하고 있었다.

1999년 10월 그는 중국으로 향했다. 옌타이 자동차 부품공장 준공식에 참석하기 위해서였다. 그곳에서 수많은 고뇌를 했고, 결국 잠적하고

말았다.

김우중이 잠적한 날로부터 1300여 년 전 중국 낙양의 북망산에서 영
원히 잠든 백제의 왕이 있었다.

승전 기념식, 나무 창살 속의 백제왕

하늘이 높고 푸른 낙양의 겨울이었다(660년 11월 1일). 그렇게 많은
사람들이 거리에 모여 있었던 적은 없었다. 천막이 세워졌고 꼬치류를
굽는 냄새가 피어났다. 술을 퍼내는 소리가 요란했다. 발을 붙일 틈이
없었다. 몰려온 거지 떼들의 얼굴에도 기쁨이 가득했다.

사람들이 웅성거렸다.

"소정방이 백제를 멸망시키고 그 왕과 귀족들을 사로잡아왔대요."

이윽고 소정방 장군의 행렬이 나타났다. 군인들의 옷은 땀으로 더러
워져 있었고, 너덜너덜했지만 위풍당당했다. 행렬 가운데 포박된 백제
왕과 왕자, 귀족들을 실은 수레 50여 대가 보였다. 일국의 왕이 구경거
리로 전락했다.

"저 자가 백제 의자왕이야!"

그는 나무 창살 안에서 수모를 견디며 눈을 감고 앉아 있었다.

'왜 내가 여기에 있는가? 무엇이 잘못되었다는 말인가?'

생각을 과거로 돌렸다.

'처음부터 모든 일이 정해진 것은 아니었다. 소정방 저 사람이 백제로
군대를 이끌고 올 가능성은 희박했다. 신라 왕 김춘추가 당나라와 군사

동맹을 추진하고 있었고, 당태종과 구두로 동맹관계가 성사된 것도 들었다. 하지만 실행에 옮겨지기는 쉽지 않았다.'

649년 나당동맹을 약속한 당태종이 죽었다. 서돌궐이 당에 반기를 들었다. 657년 서역 천산산맥 북쪽 이식쿨 호수 부근에서 소정방의 당군과 서돌궐 군대가 만났다. 서돌궐군이 우세했다. 그러나 기적이 일어났다. 결코 질 수 없었던 서돌궐군이 패배했다.

'서돌궐과의 전쟁이 장기화되거나 패배했다면 소정방의 당군은 결코 우리 백제로 올 수가 없었다. 27년 만에 복직된 소정방은 과연 명장이었어.'

산동파의 꽃 측천무후

659년 10월 백제 파병을 놓고 관롱파가 주장했다.

"지금 티베트 고원에서 토번이 팽창하고 있습니다. 토번은 실크로드의 요충지인 토욕혼을 점령했고, 그 기병 전력도 흡수했습니다. 실크로드가 위협받고 있습니다."

아주 타당한 주장이었다. 당 조정은 한반도보다 실크로드 경영에 재정 의존도가 높았다. 산동파의 거두 측천무후가 권력을 잡은 당 조정은 상식대로 돌아가지 않았다. 정치적으로 당장 뭔가를 보여주어야 할 그녀는 백제 침공을 결정했다.

당 조정은 양분되어 있었다. 서북지방 출신들로 구성된 관롱파는 실크로드의 교역에, 하북평원과 산동 일대 출신들인 산동파는 만주·한반

백제 의자왕이 일본 황실에 선물한 바둑알 그릇.

도의 교역에 이권이 걸려 있었다. 측천무후의 산동파는 655년경 권력 투쟁에서 권력을 잡았다. 심약한 당고종을 측천무후가 막후 조정하기 시작한 것도 이때부터였다. 소정방이 다시 기용된 것도 산동파의 후원 때문이었다.

백제군 수뇌부들이 바빠졌다.

"의자왕 폐하! 소정방의 13만 군대가 인천의 서쪽 덕물도에 중간 기지를 차렸다고 합니다(660년). 또 6월 18일 신라군 수뇌부와 병력이 경기도 이천에 집결했다고 합니다. 3일 후 신라 태자 김법민이 덕물도에 가서 소정방과 회합을 가졌다고 합니다."(『삼국사기』)

"놈들이 우리 백제를 협공할 날짜를 잡았구나."

전쟁은 속이는 것

당군이 백제 북쪽 항구인 당진을 공격할 기세였고, 신라군이 경기도 이천에서 목천 방면으로 남하했으며, 신라 왕 김춘추는 청주(사라지정)에 거점을 차렸다(김영관). 의자왕과 그의 수뇌부는 나당연합군이 북쪽에서 남하할 것이라는 확신을 가졌다.

백제는 금강 이북에 모든 병력을 집중시켰고, 진지 보강 작업에 들어갔다. 좌평 의직이 말했다.

"폐하, 당나라군과 신라군이 합쳐지는 것을 막아야 합니다."

"그러면 신라군과 당군 가운데 어느 쪽을 먼저 공격해야 하오?"

"피로에 지친 당군을 쳐야 합니다."

달솔, 상영 등이 말했다.

"아닙니다. 당군은 속전속결을 바라고 있습니다. 반면 우리를 두려워하는 신라군을 쳐야 합니다."(『삼국사기』)

이야기가 길어지자 의자왕은 전남 장흥에 유배된 흥수에게 사람을 보냈다.

"왕께서 당신의 견해를 듣기 원합니다."

"신라군은 탄현을 넘어 들어오고 당나라군은 백강을 타고 왕도 부여로 올라올 것입니다."(『삼국사기』)

흥수의 건의에 백제 수뇌부는 냉담했다.

"흥수 그 영감 지금 신라의 주력이 이천에서 진천으로 이어지는 선에 집중되어 있고, 당군은 덕물도에 거점을 마련했다는 정보도 모르고, 완전히 동문서답을 하고 있어."

"그래! 금산에서 논산으로 이어지는 탄현 계곡은 개 한 마리 정도 다닐 수 있는 길고 좁은 길이야. 어느 한 곳에서 막혀도 꼼짝도 할 수 없는 곳이지."

전쟁은 속이는 것이다. 신라군은 밤에 이천·진천 방면에서 남쪽 금산으로 강행군을 하기 시작했다(6월 19일). 무방비이던 탄현을 넘어선 7월 6일에 백제 조정에 소식이 들어갔다. 허를 찔린 것이다. 이미 때가 늦었다. 북쪽에 배치된 백제군을 남쪽으로 돌리려면 20일이 소요되는데 그들이 적보다 먼저 도착하는 것은 밤에 자지 않고 달려도 불가능했다.

의자왕은 계백에게 명령을 내렸다.

"5000명의 병력을 거느리고 황산벌에서 신라군을 막으시오. 우리 백제군 주력이 남하할 수 있는 시간을 최대한 버시오."

하지만 계백의 결사항전도 5만 명의 신라군에게는 중과부적이었다. 전투는 7월 8일 아침에 시작되어 그날 오전에 끝이 났다. 신라군은 부여성을 향했다. 금강을 올라온 당군과 그 앞에서 만났다. 당황한 의자왕은 북쪽 변경으로 향했다. 백제군 주력에 가까이 가기 위해서였다. 하지만 부하의 배신으로 그는 포로가 되었다(7월 18일). 소문이 백제군의 모든 진영에 퍼졌다.

용기 있는 자의 도전과 좌절

대우그룹 해체의 전주곡이 울려 퍼졌다(1998년 10월 29일). 노무라증권에서 '대우에 비상벨이 울리고 있다'는 보고서가 나왔다. 대우그룹이 해체된다는 것이다. 대우의 과도한 해외투자가 외환위기를 만나 폭풍을 일으켰다. 시장의 신뢰를 잃어가던 대우에 대한 국내외 금융권의 자금 회수가 가속도를 내기 시작했다.

외환위기 이전까지만 해도 대우 본사에서 지급보증을 서면 해외 법인은 얼마든지 달러 자금을 빌려 쓸 수 있었다. 김우중은 자본을 차입에 의존해도 사업이 정상화되면 상장을 통해 자금을 회수할 수 있을 것으로 판단했다. 대우는 1997년 말까지 중국·인도·폴란드·루마니아·체코·우즈베키스탄 등에 총 14개의 해외합작 공장을 건설하거나 인수했다. 대부분 초기 자금 수요가 큰 자동차 공장이었다.

의자왕도 의욕적으로 영토 팽창을 감행한 영민한 군주였다. 그는 앞서 신라의 합천, 대야성 등 40여 성을 함락시키고 경상도 낙동강 서쪽의 대부분의 땅을 확보했으며, 고령까지 장악하여 신라 왕경을 위협했다 (642년).

대야성은 낙동강 서쪽을 총괄하는 신라의 사령부였다. 백제는 그 성을 점령하고 성주와 그 처인 김춘추의 딸을 처형하고 머리를 가져갔다. 김춘추가 백제를 멸망시키기 위해 당과의 외교에 매진하게 된 것은 이때부터였다.

신라는 패전의 책임 소재를 놓고 내분에 들어갔다. 귀족들이 여왕을 폐위하자 김유신이 백제군을 방어하기 위해 경산에 배치해놓은 병력을 신라의 왕경으로 돌렸다. 시가전이 벌어졌다(647년). 의자왕에게 절호의 기회가 온 듯했다. 하지만 예상 외의 결과가 나왔다. 내분은 너무나 빨리 수습되었고, 김유신이 신라의 군부를 장악했다. 백제 멸망 작전을 기획하고 실행한 군사 천재 김유신을 신라군 총수 자리에 올려놓은 것은 바로 백제 의자왕이었다.

김우중과 의자왕이 전해주는 메시지가 있다. 공격적인 팽창은 예

대마불사의 전설을 믿었던 대우는 서방 투기자본이 위기를 가져올지 전혀 예상하지 못했다.

측 불허의 변수에 치명적이라는 점이다. 의자왕은 당 조정 내부에 만주와 한반도에 이권이 걸린 산동파가 권력을 장악할지 전혀 예상하지 못했고, 김우중은 서방 투기자본이 외환위기를 가져올지 꿈에도 생각하지 못했다. 의자왕은 자신이 점령한 대야성이 김춘추·김유신의 유능한 독재정권을 잉태하는 자궁이 될지 몰랐고, 김우중은 대마불사大馬不死의 전설을 믿었다.

절대권력, 세계화 앞에 무력했다

24
최충헌과 수하르토

"기아자동차가 인도네시아 합작공장을 설립하기로 했으며 인도네시아 측에서 6억9000만 달러를 투자한다고 합니다."

1996년 기아가 인도네시아 '국민차' 사업에 참여한다는 뉴스의 내용은 이러했다. 기아의 세피아를 기본 모델로 하는 국민차 사업은 인도네시아 대통령 수하르토의 3남 토미가 주도했다. 기아는 인도네시아 권력의 혜택을 누리게 되었다.

아버지 수하르토는 인도네시아를 1965년부터 이끌어온 철권 통치자였다. 그는 30년 동안 자본주의 국가에서 찾아볼 수 없는 독특한 정치체제를 구축했다. 1997년 5월 인도네시아 민주당을 이끌고 있던 메가와티를 총선에 나가지 못하도록 원천봉쇄했다. 반면에 차남·차녀·며느리

수하르토 말년 모습과 칭기즈칸.

조카·이복동생 등 일족 30여 명을 총선에 출마시켰다. 수하르토는 슬하의 자녀 모두(3남 3녀)를 인도네시아의 재벌로 만들었고, 자신 역시 자선재단을 통해 엄청난 규모의 재산을 은닉했다. 자금은 군부를 거머쥐는 원천이었다.

정치권력을 장악한 가문이 그 나라의 경제를 주무르는 것은 언제나 있어왔던 일이었다. 고려 무신 집권 시기였다. 1197년(명종 26) 4월 장군 최충헌崔忠獻이 무인 집권자 이의민李義旼을 죽이고 정권을 잡았다. 사건의 발단은 한 마리의 비둘기에서 시작되었다.

인간 백정을 죽인 최충헌

최충헌의 동생 최충수가 분노했다.

"이의민의 아들 이지영李至榮이 우리 집 비둘기를 빼앗아갔다구?"

최충수가 이지영의 집을 찾아가 문을 두드렸다.

"누구 있느냐?"

종이 문을 열고 나왔다.

"이놈, 네가 우리 집 비둘기를 잡아갔지?"

종이 거만하게 말했다.

"누구이신지 이름을 밝히시지요."

소란하자 이지영이 직접 나왔다.

"왜 이렇게 소란을 떨고 있어?"

"어, 대장군 아니시오."

"저놈을 묶어라."

집안의 종들이 몰려왔고, 최충수를 결박하려 했다.

"이 장군, 장군이 손수 저를 결박한다면 그것을 받겠습니다."

이지영의 입가에 엷은 미소가 번졌다. 자신을 높여주는 말로 들렸다.

"기개는 있구먼, 저놈을 놓아두어라."

최충수는 돌아와 분에 차서 말했다.

"형님! 사람 잡는 백정의 아들이 설치고 있습니다."

최충헌이 대답했다.

"그래도 참아야지. 그놈의 아비 이의민은 지금 고려의 최고 권력자이지 않느냐?"

"경주의 건달이었다가 벼락출세한 인간, 의종대왕의 허리를 꺾어 죽인 망나니지요."

"그래서?"

"이의민과 아들 이지영·이지광·이지순은 실로 국가의 적입니다. 가만히 둘 수 없습니다."

최충헌이 난색을 표했다.

"형님, 내 뜻은 이미 결정되었습니다."

사실 최충헌의 마음도 그와 같았다.

"그래 좋다."(『고려사』)

명종이 보제사普濟寺로 행차한 날이었다. 최충수가 형을 찾아갔다.

"형님, 이의민은 병을 칭해 보제사로 가지 않고 미타산의 별장으로 갔다고 합니다."

"기회가 왔다. 이의민의 아들과 병력이 국왕의 행차를 호위하러 갔겠구나."

"예, 형님."

"박진재와 노석숭을 불러!"

최충헌 등 4명이 미타산의 별장으로 잠입했다. 소매에 칼을 감춰 별장 문밖에 이르러 기다렸다. 이의민이 귀가하려 하고 있었다. 문 앞에서 말을 타려 할 때에 최충수가 돌입했다. 고함을 지르며 칼을 내리쳤다. 민첩한 이의민이 피했다. 그러나 후속타가 날아왔다. 최충헌이 뒤에서 이의민의 머리를 쳤다. 너무나 신속했다. 이의민의 경호원들은 당황했고 도망쳤다.

피가 떨어지는 이의민의 머리를 쥔 최충헌이 노석숭을 불렀다.

"가져가서 개경 시장바닥에 내걸게."

사람들이 창에 꽂힌 이의민의 머리를 보고 놀랐다. 소문은 고려 전체에 퍼졌다. 최충헌 형제는 장군 백존유를 찾아갔다.

"장군, 이의민을 처단했습니다. 어서 병력을 모아주시오. 이제 목표는 이의민의 아들들입니다."

이지순 형제가 이끄는 병력과 시장에서 전투가 벌어졌다. 하지만 최충헌을 돕겠다는 병력이 계속 도착했다. 불리해지고 있음을 직감한 이지순 형제는 도주했다(『고려사』). 하지만 그들은 죽음을 면치 못했다.

최충헌의 사병 양성과 시장 장악

최충헌이 고려 무신정권의 최고 권력자가 되었다(1196년). 권력은 칼에서 나온다. 최충헌은 자신의 사병을 양성하기 시작했다. 그들의 규모는 상당했고, 훈련이 잘된 날렵한 병사들이었다. 『고려사』는 이렇게 기록하고 있다.

"최충헌이 가병을 사열했다. 왕경의 좌경리에서 우경리까지 군사들이 열을 지었다. 그 길이는 3리(1.5킬로미터)에 달했다. 병사들의 창자루에 은병을 달아매고 왕경 사람들에게 위용을 자랑했다."

수만에 달하는 규모였다[旗田巍]. 최충헌은 자신 이외에는 사병을 키우는 것을 용납하지 않았고, 반기를 드는 자에게는 죽음을 선사했다. 동생 최충수도 그 예외가 아니었다(1197년).

최충헌의 집권 후 안정이 오고 경기가 상승하고 있었다. 당시 개경은 10만 호에 이르는 대도시였다(『고려사』). 물자가 집산되었고 재분배되었다. 중국에서 들어온 사치품이 일본으로 재수출되기도 했다. 개경에서는 돈만 있다면 모든 것을 구할 수 있었다. 그는 병력을 부양하기 위해 시장을 장악했다. 당시 고려의 토지는 최씨 정권을 비롯하여 귀족 관인들과 사찰이 분점하고 있었다. 그들의 농장 규모는 산천을 경계로 할 정도로 거대했다. 최충헌도 진주시와 남해군에 이르는 거대한 농장을 소유하고 있었다. 여기서 생산된 수만, 수십만 석의 소출이 개경시장에서 처분되지 않으면 안 되었다. 최충헌은 개경의 시장 행랑에 1008개의 가게를 개축했다(1208년). 시장 남쪽에 민가 100채를 구입하여 허물고 사방 1킬로미터에 달하는 자신의 화려한 저택을 지었다. 궁궐과 비슷한 규모였다. 사저에서 시장 북쪽으로 길이 십자로 교차되는 지점에 십자각이라는 별채를 지었다. 여기서 그는 시장의 상인들에게 조직적으로 임대료와 세금을 거두었다. 물론 시장을 운영하는 데 있어 고위 귀족과 사찰, 대상인의 투자도 받았다.

외부에서 온 위기

수하르토의 가족들도 자원개발 · 자동차 · 석유화학 · 은행 등 국가 기간산업을 장악하고 인도네시아 경제를 주물렀다. 2억3000만 인도네시아 인구 중 3퍼센트가 넘는 660만 명의 화교들은 수하르토의 충실한 협력자들이었다. 상권을 장악한 그들은 정기적인 상납금을 지불하고 재산을 축적했다. 인도네시아는 수하르토 주식회사였다. 그와 가족들의 정권은 지속될 것 같았다. 하지만 1997년 아시아의 금융 사태가 일격을 가했다.

최씨 정권에게도 위기가 외부로부터 닥쳐왔다. 1219년 최충헌이 죽고 아들 최우가 권력을 이어받았을 때였다. 몽고가 세계적으로 팽창하고 있었다. 그들은 고려에 사신을 보내 종이 10만 장을 요구했다(1221년). 고려의 종이는 세계 최고의 질을 자랑하고 있었다. 몽고는 이 질 좋은 종이를 중앙아시아의 호라즘 제국을 침공한 칭기즈칸을 선전하기 위한 전단에 사용하고자 했다(웨더포드). 칭기즈칸은 남중국과 이슬람 사이의 비단길을 통제하고 있었다. 소비가 불가능할 정도로 막대한 물자가 몽골로 들어왔고, 칭기즈칸은 이를 교역하고자 했다.

그 후 고려 시장 개방에 대한 몽골의 압박이 거세지기 시작했다. 최우는 고민에 빠졌다.

"몽골에 시장을 개방하면 고려를 대표하는 국왕에게 힘이 쏠릴 것이 확실하다. 그러면 나는 모든 것을 잃는다."

최우는 시장 개방을 단호히 거부하고 수도를 강화도로 옮기고 몽골에 대한 결사항전을 고수했다(1232년). 이후 몽골군은 1258년까지 여섯 차례나 고려를 침입했다.

최씨 무인정권은 근 30년을 버텨냈다. 하지만 수하르토는 1년을 버티지 못했다. 1997년 몰아친 금융위기는 수하르토를 IMF와의 협상 테이블로 끌어들였다. IMF가 제시한 구조조정을 그는 인정하지 못했다. 수하르토는 그의 기득권을 포기할 수 없었다. 아들 토미가 기아그룹과 합작으로 추진 중이었던 국민차 사업에 대한 특별 관세 혜택도 고수하려 했다. 관리들도 예스맨으로 교체하여 친정체제를 구축했다. 그러자 IMF 는 430억 달러의 구제금융 지원을 중단했다.

금융위기가 가속화됐다. 생필품 가격은 치솟았고, 시위는 연일 계속되었다. 발포가 있었고 사망자가 나오자 사태는 걷잡을 수 없이 커져갔다. 경제적 시위는 정권 퇴진 시위로 발전했다. 결국 인도네시아 군부와 미국마저 등을 돌리자 수하르토는 1998년 5월 21일 대통령직을 내놓았다.

최씨 정권과 수하르토는 '세계화'라는 물결 속에서 몰락했다. 세계화란 재력과 무력을 거머쥔 강자의 구호이며, 약자의 세계를 갈아엎고 강자의 구조 속에 편입시키는 것이다. 그렇다고 세계화를 거부하는 것이 현명하다고 할 수 있을까? 팍스 몽골리아를 거부한 고려의 역사가 이를 말해주고 있다. 30년에 걸친 최강 몽골군의 침공으로 고려의 전 국토는 철저히 황폐화되었고, 백성들은 끊임없이 밀려오는 적과 기아에 처절히 맞서야 했다. 하지만 결국 고려는 항복을 했고 몽골의 세계 시장에 편입되었다.

◻️◇ 수하르토(1921~2008)

네덜란드 식민지 인도네시아 농부의 아들로 태어났다.
1940년 네덜란드의 식민 군대에 하사관으로 입대했다. 1942
년 일본이 인도네시아를 점령하자 일본군에 입대해 소대장으
로 복무했으며 1945년 일본이 패망한 후 인도네시아 국군의
전신인 인민보안대의 부대장으로 활동했다. 그는 인도네시아

1965년 역쿠데타로 집권한 뒤 1967년 국민협의회에서 연설 중인 수하르토.

를 재식민지화하려는 네덜란드에 맞서 뛰어난 전공을 세워 군 내에서 승승장구했다. 1963년에 육군 전

략 예비부대를 지휘하는 중책을 맡았다. 1965년 9월 30일 인도네시아 공산당이 군부 인사 6명을 살해

하면서 일으킨 쿠데타를 그가 진압했다. 당시 반공적 색채가 짙었던 군부는 점점 자본주의 진영과 멀어

지던 수카르노 대통령과 대립하던 때였고, 마침 수하르토가 이를 진압하면서 권력의 중심으로 떠오르

게 되었다.

◻️◇ 최씨 무신정권(1196~1258)

1196년(명종 26) 4월에 이의민을 제거한 최충헌이 집권하면서 출범했다. 최충헌은 1205년(희종 원

년)에 문하시중門下侍中에 임명된다. 정치의 요직인 문하시중은 인사권 · 병권 · 감찰권을 가지고 있었다.

1209년(희종 5)의 암살 시도를 겪은 직후 최충헌은 교정도감을 설치하고 1인 독재체제를 확립했으며

권력도 세습했다. 최충헌이 1219년에 세상을 떠나자 아들 최우가 권력을 이었다. 최우는 삼별초를 조

직하여 무력 기반을 크게 확충했다. 그의 집권 시 몽골군의 침입이 개시되는 어려움을 겪지만 사망하는

1249년(고종 36)까지 30년간 집권했다. 이후 권력은 그의 아들 최항崔沆이 세습했다. 그도 기존의 정치

를 답습하였지만 불과 8년 만에 병사하고 다시 최항의 아들 최의가 4대 집정이 되었다. 하지만 몽고의

침공이 계속되었고, 실정으로 결국 자신의 가노家奴 김인준金仁俊에 의해 1258년에 살해되었다. 이로써

최씨 무신정권은 막을 내렸다.

참혹한
상처의 대가로
경제 도약을 얻다

25

박 정 희 와 고 려 원 종 의 파 병

"형! 이 납작한 사각 깡통이 도대체 뭐예요?"

"어, 그거 땅콩잼이란다."

"땅콩은 아는데 그걸 잼으로 만들어요?"

"자, 한번 먹어보렴."

베트남에서 돌아온 동네 형이 배낭에 그 무거운 미제 깡통들을 싸가지고 왔다(1973년). 동네잔치가 벌어졌다. 모두 처음 보는 미제였다. 형의 아버지는 아들이 깡통을 동네 사람들에게 나누어주는 바람에 인기가 올라갔다. 동네 꼬마도 형에 대한 존경심이 절로 나왔다. 지금 자라나는 세대는 이해할 수 없는 광경이다.

지지리도 가난했다. 1960년대 초까지도 한국은 아프리카의 가나와 비교되는 나라였다. 필리핀 · 태국 · 인도네시아는 대한민국이 한없이 부러운 눈으로 바라보아야 하는 선진국이었다.

고뇌하는 통치자

미국 존슨 대통령이 1965년 여름 한국에 월남 파병을 요청했다. 박정희 대통령은 고민에 빠졌다. 독사가 우글거리고, 적이 어디 있는지 알수 없는 정글에서 우리 젊은이들의 피를 흘리게 한다는 사실이 그를 괴롭혔다. 그가 결심하는 며칠 동안 육영수 여사는 하루에 몇 번씩 담배꽁초가 수북한 재떨이를 비웠다.

몽골이 세계를 지배하던 때였다. 고려의 원종은 원나라 세조 쿠빌라이로부터 일본 침공을 위한 파병 요청을 받았다(1269년). 그는 고민에 빠졌다.

"이거 큰일 났어. 재정관 들어오게나."

"예, 폐하."

"얼마나 들겠어?"

"계산이 되지 않습니다."

"배는?"

"300척을 건조해야 합니다."

"그 외에는?"

"서남해안에 있는 뱃사람들을 모아야 합니다."

"지금 서남해안의 연안지대는 삼별초 아이들이 설치고 있지 않나?"

"예, 삼별초는 최씨 무신정권에게 녹을 받던 사병이었지요. 최씨가 몰락하고 나서 그들은 실업자가 되었지요."

사실 그랬다. 삼별초는 당시 몽고에 대항하여 고려의 독립을 쟁취하려는 투사인지, 아니면 연안을 약탈하고 다니는 해적인지 구분을 할 수가 없었다.

몽골에서 파병을 독촉하는 사신 묵적黑的이 고려에 왔다(1269년).

"폐하, 결정을 하셔야 합니다."

"짐도 잘 알고 있소. 하지만 그게 한두 푼 드는 것도 아니고……."

"우리 몽골도 전비를 부담하겠소."

원종은 못 미더운 표정을 지었다.

"폐하, 과거로 돌아가고 싶습니까?"

"그건 죽어도 싫소! 100년 전 무신들이 문신 수백 명을 하루저녁에 죽이고 정권을 잡았지요(1170년). 의종께서는 이의민이란 백정에게 허리를 꺾여 척추골을 쏟고 돌아가셨소."

"몽골도 그렇게 하지는 않는데."

"그렇소. 최충헌 놈이 정권을 장악한 후에는 왕들을 자기 비서 갈아치우듯 했소. 명종을 유폐시키고(1197년), 1204년 이어 즉위한 신종을 폐하고, 희종을 옹립했으며, 희종을 폐하고 강종을 즉위시켰소(1212년). 1213년에 최충헌이 무서워 노이로제에 걸린 강종이 승하하자 저의 아버지이신 고종대왕을 세웠지요."

"한 신하가 5명의 임금을……."

"선대 왕들은 정말 불쌍했소. 왕이 아니었어요. 선친 고종께서도 눈치를 보고 살았어요. 그걸 보고 자란 저는 왕손으로 태어난 것이 저주였다는 것을 알았지요."

그렇다. 원종은 신하인 무신들에게 시달리다가 이제 세계 최강국 몽골의 독촉을 받고 있다. 자신의 결정에 얼마나 많은 사람이 죽고, 중세重稅에 허리가 휘청거리겠는가. 독촉을 하러 온 몽골 사신은 동정 어린 눈으로 원종을 보았다.

"우리 쿠빌라이칸께서 폐하와 사돈을 맺고 싶은 의향이 있습니다."

피해의식이 있던 원종은 걱정부터 했다.

"그렇다면 더욱 큰일 아니겠소. 며느리 몽골 공주의 눈치를 보고 살아야 하다니."

"꼭 그런 것만은 아닙니다."

"그럼?"

"이제 결혼 당사자이신 세자께서는 몽골 제국 내에서도 발언권을 가지게 됩니다."

"구체적으로 말해보시오."

"새로운 황제를 뽑는 왕족회의(쿠릴타이)가 있습니다. 여기에는 공주의 남편도 참여합니다."

"뭐라?"

"투표권을 가진 고려 왕을 누구도 무시할 수 없습니다."

파격적인 것이었다. 하지만 현실적인 이유가 있었다. 양자 강남에 남송이 버티고 있었고, 일본이 몽골에 대립각을 세웠다. 삼별초가 일본 및 남송과 연결하여 조직적으로 몽골에 저항을 한다면 어떻게 되겠는가? 남송을 고립시키자면 그와 최대의 교역국인 일본을 쳐야 했다. 결혼이 거의 결정된 1270년 고려와 몽골은 전쟁 준비를 본격화했다.

낙동강과 섬진강을 통해서 내륙의 곡물이 마산에 집결됐고, 300척의 배를 건조하느라 마산만 주변의 모든 산들은 헐벗어졌다. 몽골인과 북중국인 2만5000명이 왔고, 고려인 장정 8000명과 뱃사공 6700명이 모집되었다(1270~1274년). 1274년 10월 3일 병사들을 실은 배가 일본으로 향했다. 방심할 수 없는 176킬로미터의 바닷길이었다. 대마도와 이키 섬을 접수하고 하카다만(후쿠오카)에 상륙했다. 사무라이들이 몰려와 일대일 전투를 벌이려고 했다. 고려군과 몽골군은 대오를 유지했다. 폭탄을 발사하고 화살을 퍼부었다. 적지 않은 사무라이들이 죽었고, 살아남은 자들은 해안지대를 떠나 내륙의 요새로 물러났다. 해가 떨어지자 고려군과 몽골군은 배로 돌아갔다. 무시무시한 태풍[神風]이 바다를 가로질렀다. 바람은 바다를 휘젓더니 배들을 암초와 해안에 내던져 부수어버렸다. 침공군 1만3000명이 익사했다. 태풍에 의한 참사는 2차 침공 때에도 이어졌다(1281년).

월남전에서도 우리의 많은 젊은이들이 피를 흘렸다. 참전 연인원 32만5517명 중 사망자가 5099명, 부상자가 1만1232명에 이르렀다(1965~1973년). 아직도 고엽제 후유증 등에 시달리는 참전 용사들이 수만 명 이상 존재하고 있다.

전쟁이 가져온 기회

그러나 희생이 헛된 것은 아니었다. 한국은 월남전 파병을 계기로 급속한 군사 현대화 및 경제 발전을 이룩했다. 1966년 파월 장병이 국내로

한국은 의무·공병부대에 이어 1965년부터 전투부대를 베트남에 파병했다. 사진은 1966년 7월 22일 맹호·청룡 부대의 교체 환송식.

송금한 직접 수입액은 1억7830만 달러였다. 월남 파병으로 인해 베트남에 수출과 군납, 용역 및 건설로 민간 파월 기술자가 국내로 송금한 수입액은 6억9420만 달러였다. 당시 국내 총 외화 획득의 80퍼센트가 되는 큰돈이었다. 총체적으로 한국군이 월남 특수로부터 거둬들인 경제적 이득은 무려 50억 달러 이상으로 추산된다. 대일 청구권 6억 달러에 비하면 어마어마한 돈이다. 세계 그 어느 나라도 돈을 빌려주지 않던 한국에 서방 11개 국가가 서로 돈을 빌려주겠다고 나섰다. 1973년까지 총 33억 달러의 차관이 산업에 투자되었다. 대미 수출액은 1964년에 3600만 달러이던 것이 1973년에는 무려 10억2120달러로 28.3배나 늘어났다.

　몽골도 상호의존적인 파트너 고려의 재정 파탄을 결코 바라지 않았다. 몽골은 일본을 침공하는 데 있어 고려가 부담한 물자에 대한 대가를 지불했다. 소[農牛]를 징발한 대가로 고려에 명주 1만2350필을 주었다(1274년 3월). 같은 해 4월 군량에 대한 대가로 명주 3만3145필을 고려에 지불했다. 1280년에 명주 2만 필을 보내어 군량을 보충하게 하였고,

몽골이 고려의 역참에 있는 소를 징발한 보상으로 초 1000정을 주었다. 무상 원조도 했다. 고려에 기근이 들자 1291년 양자 강남에서 생산된 안남미安南米 10만 석을 90척의 배편으로 보내주었다(『고려사』).

1274년 11월 몽골의 제국 대장 공주와 원종의 아들인 충렬왕의 결혼식이 있었다. 공주는 고려에 혼자 오지 않았다. 중앙아시아의 상단을 데리고 왔다. 대표자는 당흑시라는 자였다. 그들은 향후 고려에 종신토록 살면서 왕의 무역 담당관 역할을 훌륭히 해낸다. 공주는 몽골이 남송을 점령하여 세계 최대 시장을 확보하자(1279년) 그의 상단을 시켜 고려의 인삼을 대량 수집해 남중국에 비싸게 팔았다(『고려사』). 몽골 정부의 돈을 빌려 장사하는 세계 각국의 상인들이 고려로 몰려왔다. 몽골의 관리가 직접 고려에 파견되어 상인들에게 상세를 부과 징수할 정도였다. 몽골의 상세와 상법이 고려에 그대로 적용되었다. 고려의 인삼, 모시, 종이 등이 중국과 러시아, 중동으로 팔려나갔다. 그 규모는 거대했다. 세계 시장으로 판로가 열리자 고려의 생산은 크게 증대되었다.

무신정권의 종말과 시작

원종대 고려는 무신정권이 종말을 고했고, 박정희 시절 한국에는 군사정권이 탄생했다. 너무나 대조적이다. 차이는 또 있다. 문민정부를 전복하고 집권한 박 대통령은 절망과 기아에서 허덕이는 민생고를 해결하고 국가 자주경제를 재건하여 군사혁명을 정당화하고 싶었고, 베트남전쟁에서 그 출구를 찾았다. 여기에 반해 고려의 원종은 지긋지긋한 신하(무신)들의 100년 지배에서 벗어나고 싶어 몽골의 일본 파병 제안을 받아들였다. 공통점도 있다. 전쟁은 피폐함을 낳지만 반대로 경제 팽창의 길로 나가는 결과를 빚었다. 고려에서 유럽까지 길을 연 몽골은 고려에 더 넓은 시장과 기회를 주었고, 미국은 한국을 향해 세계 시장의 문을 더욱 크게 열었고, 양보를 아끼지 않았다. 700년의 시차가 있지만 몽골과 미국은 뚜렷한 적이 있을 때 고려와 한국을 파트너로 받아들였다.

◇ 쿠빌라이칸 忽必烈(1215~1294)

칭기즈칸의 손자이다. 1251년 형 몽케가 제4대 칸의 자리에 오르자, 그는

중국 방면의 대총독에 임명되었다. 그는 중국 운남성에 있던 대리국을 멸

망시켰으며, 티베트와 베트남까지도 공격했다. 1259년 남송을 몸소 무찌

르던 형 몽케칸이 병사했다. 쿠빌라이는 선수를 썼다. 국도國都 카라코룸을

지키고 있는 막내 아우 아리크부카를 제치고 이듬해 중국의 개평부에서 대한大汗의 자리에 올랐다.

쿠빌라이는 도읍을 북경으로 옮겨 대도大都라 일컫고, 이어 1271년 『역경易經』에 입각해 나라 이름

을 원이라 하였다. 원이 남송을 멸망시키고, 이민족으로서 최초의 중국 통일을 이룬 것은 1279년

의 일이다.

◇ 원종元宗(1219~1274)

고종의 맏아들. 1235년(고종 22) 태자에 책봉되고, 1259년 강화를 청하기 위하여 몽골에 갔다. 고

종이 죽자 1260년 귀국, 즉위했다. 개경으로 환도하려다가, 1269년 임연林衍에 의해 폐위됐고 몽골

의 힘으로 복위됐다. 몽골의 일본 정벌을 위한 파병 요청을 받았다. 1270년 그가 개경 환도를 선

언하자 배중손을 중심으로 삼별초의 항쟁이 일어났으며, 1273년 여원麗元 연합군에 의해 평정되

었다.

제5부

자유 시장의 본질, 선량한 사기

BRAIN OF WARS

낙랑 통해
신문물 흡수한
고구려의 실용정신

'부대찌개'를 먹어보지 않은 사람은 많지 않다. 속칭 '부대고기'라고 한다. 정확히 말해 미군이 먹다가 버린 각종 햄·소시지·치즈에다 김치를 넣고 찌개를 만들었다. 그것은 외국 어느 곳에서도 맛볼 수 없다. 미군의 음식물 쓰레기를 재활용한 것에서 출발했지만 어디까지나 우리 고유의 음식이다.

아무것도 없는 폐허에서 미군 부대는 그야말로 풍요의 섬이었다. 6·25전쟁은 모든 것을 앗아갔지만 더 많은 새로운 것도 가지고 왔다. 미군이 들어왔고, 그 부대 주변에는 거대한 시장이 형성되었다. 미군 PX에서 흘러나오는 물품은 담배, 껌에서부터 하다못해 쓰레기까지 모두 돈이 됐다. 없어서 못 팔았다.

미제 상품에 대한 신앙

당시 국내에선 생산되는 것이 거의 아무것도 없었다. 자연스레 PX를 중심으로 서울 회현동, 남대문 시장 근처는 'PX 경기'로 달아올랐다. PX 뒤는 싸구려 먹자골목이었다. 양공주·양아치·달러 아줌마·PX 아가씨·지게꾼 상인들이 모여들었다. 돈 셈을 하기도 하고 새로운 거래를 트기도 했다. 모두들 미군이나 미제美製 물건에다 밥줄을 걸고 사는 한통속이었다.

늦둥이인 필자는 엄마 젖을 제대로 먹지 못했는데도 덩치와 키가 크다. 형들은 늘 말했다.

"인마, 니는 얼라 때 PX에서 나온 우유를 먹고 크게 자란 기라! 니가 그걸 먹을 때 우리 집이 우유 향으로 꽉 찼던 기라! 그걸 묵은 니하고

가난했던 시절, 미군 PX는 한국인에게 선망의 대상이자 풍요의 대명사였다. 사진은 부산의 미군 주둔지인 하얄리아 부대. ⓒ김성효

못 먹은 우리하고 덩치 차이가 얼마나 나노?"

영양실조 상태에서 후각이 예민해지고, 결핍은 그 미제 우유에 대한 굳은 신앙을 키웠다. 미군 PX라는 말만 들어도 모두 사족을 못 썼다. 그것이 바로 서구 문화에 대한 맹목적인 믿음이었다.

고대 한국인들에게도 중원 문화에 대한 너무나 확고한 신앙이 있었다. 이야기는 지금으로부터 정확히 2100년 전으로 거슬러 올라간다. 중원의 통일국가 한漢나라는 고조선을 멸망시킨 기원전 108년에 그 수도 지역에 낙랑군樂浪郡을 설치했다(313년 소멸). 그야말로 고대 중국의 식민지가 평양 부근에 건설되었던 것이다. 전성기에 인구는 6만2812호, 40만6748명이나 되었다(『한서지리지』). 고대치고는 엄청난 인구 밀도라 하지 않을 수 없다.

낙랑, 화려한 시장의 탄생

낙랑군의 주민은 주로 산동의 낭야에서 온 중국인이 많았다. 고향에서 올 때 그들의 손에는 산동산 누에가 들려 있었다. 그들은 그 벌레를 지금의 남한지역(삼한)과 일본열도에 무상으로 뿌렸고, 누에 치는 기술도 가르쳐주었다. 남한과 일본열도에서 많은 누에고치가 났고, 비단실과 비단솜 생산으로 이어졌다. 배를 탄 낙랑 상인들이 정기적으로 그것을 수집하러 갔기 때문에 생산만 하면 수익이 되었다. 그 생사生絲는 낙랑군의 수공업장에서 비단으로 만들어졌다. 그리고 '낙랑 비단'이란 상표를 달고 중원에 비싼 값으로 수출되었다. 비단 수출로 거액의 돈을 번 낙랑인들이 생겨났고, 중국 본토에서 사치품을 파는 상인들이 그곳으로 몰려왔다. 낙랑은 중원에서도 최고의 상품들이 모이는 장소였다. 실로 한국 고대인들에게 한군현의 중심지인 낙랑군의 문화적·경제적 영향은 대단한 것이었다. 낙랑군은 한반도에 중국의 제품을 공급하는 PX 역할을 했다.

낙랑군의 상류층 중국인들은 중국 본토의 가구와 장신구 등을 사용하였다. 칠기장 가운데는 멀리 사천성의 국영공장에서 제작한 것도 있었다. 0.5톤이 넘는 거대한 목관도 본토에서 실어와 사용한 탓에 퇴폐 관리라는 악명까지 듣는 사람도 있었다. 중국의 화려한 비단과 쌀, 밀가루, 식용돼지, 거대한 서역산 군마가 들어왔다. 그들의 생활은 고구려인이나 삼한三韓(진한·변한·마한)인들에게 무한한 경이와 선망의 대상이 되었던 것은 당연하다. 그들은 낙랑을 통해서 처음으로 금·은을 보고 유리구슬을 만져보았다.

삼한인들 보따리장수가 되어 낙랑에 몰려들다

어린 시절 나의 기억을 떠올리게 하는 대목이다. 부산 진구 하얄리아 부대에 행사가 있던 날이었다. 군속이었던 동네 아저씨의 손을 잡고 그곳을 구경했다. 보이는 차는 모두 커다란 외제였고, 보이는 사람들도 우리와는 다르게 생긴 키가 큰 사람이었다. 아저씨와 PX 안으로 들어가 큰 박스를 보고는 뭔지 물어봤다. 이상하게 생긴 물건이었다. 바로 에어컨이었다. 당시 집 한 채 가격이고, 전기가 모자랐던 그때 우리에게는 무용한 물건이라 했다. 지금 생각해보니 그곳은 맥주·초콜릿·주스 등을 비롯해 양주·담배·화장품·과자류 그리고 청바지 등 생활에 필요한 모든 것이 있는 만물상이었다. 아무리 어렸지만 문화적 충격을 받은 터라 기억이 생생하다.

다시 고대로 돌아가자. 『삼국지』「위서」'동이전'을 보면 삼한인들이 제멋대로 사절을 자칭하며 낙랑군으로 몰려들었다고 기록하고 있다. 문명의 맛을 본 사람들은 그것에 취했다. 그들은 낙랑이란 외국 시장에 보따리장수를 하러 왔고, 기술을 배우기 위해 유학을 오기도 했다. 그러한 사절들이 많은 것은 당연했다. 당시 삼한은 100개 정도의 소국들이 존재하고 있었기 때문이다. 낙랑은 한반도에 많은 선물을 주기도 했다. 보다 발달된 벼 재배기술, 금은 광산의 개발·제련기술, 탄탄하고 깔끔한 회도토기 제조기술이 들어와 생활에 큰 변화를 주었다.

후한 말 황건적의 반란으로 중원이 끝없는 무정부 상태에 들어서자 기존 철 생산이 마비되었다. 위·촉·오의 만성적인 전쟁이 지속되던 삼국시대가 되자 철의 수요는 폭발하고 말았다. 그것은 한반도로 바로 파급되었다. 철산을 찾아 한반도를 다니는 중국인들이 늘어났고, 드디어 김해지방에서 철산이 터졌다. 중원의 무한한 철의 수요는 김해의 금관가야를 철산지로 변모시켰다. 김해에서 대방군과 왜국으로 철이 수출되었고, 철덩어리는 화폐가 되었다. 여기에 낙랑의 채광·제철기술이 크게 기여했다. 한국 고대의 본격적인 철기 사용은 이 시기에 시작되었다.

낙랑의 문화는 고구려의 묘제에도 큰 변화를 주었다. 낙랑이 병합된 이후 고구려에 거대한 봉토분이 생기기 시작했고, 무덤의 거대한 방을 벽화로 장식하기 시작했다. 세계적으로 유명한 고구려 고분벽화가 여기서 탄생했다. 낙랑인들은 단검이 아니라 장검을 사용하였다. 고구려와 삼한인들은 처음에 청동 단검을 알고 있었을 뿐 철제 장검은 몰랐다. 단검은 상대방에 가까이 다가가서 찔러야 하지만 장검은 그보다 떨어져서도 큰 상처를 줄 수 있었다. 여기서 전투 양상이 크게 바뀌었다. 실로 낙랑군은 문화적·경제적으로 막대하고 직접적인 영향을 고대 한국에 주었다. 금과 철 그리고 쌀의 본격적인 생산은 한국 고대가 실질적인 왕국으로 발전하는 초석이 되었다.

300년대에 들어가면서 중국 대륙에서는 다섯 종족의 북방 유목민들이 세운 16개의 나라가 쉴새없이 생겨나고 사라졌다. 중원이란 어항에는 먹이사슬이란 생존의 순환 고리가 없었다. 모두 육식성 물고기였기 때문이다. 하나가 살아남을 때까지 싸웠다. 영원이 빠져나올 수 없는 무간도無間道로 보였다. 중원과 교류를 통해 그 명맥을 이어오던 낙랑군 본연의 역할을 상실하지 않을 수 없었다. 보다 발전된 중국의 문화가 들어오지 않았고, 그 와중에 많은 낙랑의 유민들이 고구려·백제 등으로 흡수되었다. 313년 최후의 날이 올 시점에 낙랑군은 전혀 이용가치가 없는 그러한 곳이 되었다. 고구려가 낙랑을 합병한 이유는 여기에 있다.

인구 500만 명의 내수 시장을 만든 고구려

낙랑군은 한반도에서 404년간 존재했다. 만일 그것이 부정적인 역할만 했다면 그토록 오랫동안 존재했을까. 우리의 국사교과서는 낙랑군을 몰아내야 할 외세의 식민지로 서술하고 있다. 그것은 일제시대 독립운동의 시각에서 한국 고대사를 볼 때 오는 착시 현상이다. 낙랑군을 접수한 고구려인들은 결코 독립운동가가 아니었다. 그들은 현대인들보다 더욱 현대적인 사람들이었다.

고구려 미천왕 시절 낙랑군은 사라졌지만 많은 중국인들이 남았다. 중국 문명을 체화한 그들은 고구려에게 소중한 존재였다. 고구려는 그들을 차별한 흔적이 없으며, 오히려 우대한 느낌이 강하다. 낙랑인들은 고구려의 해외 상업과 외교, 나아가 정교한 가공을 필요로 하는 수공업에 종사했다. 세계에 존재하는 벽화 가운데 가장 우수하다고 정평이 나 있는 안악 3호분의 벽화의 주인공은 중국인 관리 출신이었으며, 357년에 그것을 그린 사람도 낙랑계 장인이었다.

일제시대 동경 제국대학 발굴단이 낙랑고분을 발굴하고 있다.

아직 우리나라 주요 도시와 전략 거점에는 빠짐없이 미군 부대가 있다. 북한이 힘을 잃은 지금 그들의 존재 가치는 과거보다 떨어졌다. 보다 정확히 말해 생활수준이 올라간 지금의 우리는 그곳에 대한 관심이 멀어져 있다. 일부에서는 미군의 철수를 부르짖고 있고, 현 대통령도 한때 그러한 암시를 한 적이 있다. 지금 미군은 이라크와 아프간에서 언제 끝이 날지도 모르는 전쟁을 하고 있다. 병력이 모자라 북극권인 알래스카 주둔 미군도 무더운 사막의 땅으로 보내지고 있는 지경이다. 현재 병력 부족에 시달리는 미군은 언제든지 떠나야 될 형편이다. 물론 한국인이 원한다면 그것은 앞당겨질 수도 있다.

하지만 문제가 있다. 미군이 떠난다면 우리에게 오게 될 손해가 너무나 막대하다. 미군의 철수는 국제 신용등급 하락을 가져올 것이 틀림없고, 한국의 주가 폭락으로 이어질 것이 확실하다. 우리가 아니라 외국 투자가들이 안보에 위협을 느끼는 것이다. 그것은 원화의 가치 하락으로 이어질 것이고, 힘들게 축적해놓은 우리의 부는 증발해버린다. 여기서 고구려인들의 사례는 오늘날 우리에게 소중한 메시지를 전해주고 있다.

중국 혼란이 장기간 지속되자 비교적 안정된 고구려로의 인구 유입이 늘어났다. 낙랑의 사례를 보고 배운 고구려는 기회만 있으면 중국인들을 유치하려고 애를 썼다. 중국에서 명망 있는 인사나 관리들이 망명을 하면 어김없이 관직을 주었으며, 그들이 중국 본토와 교류하는 것을 결코 방해하지 않았다. 중국의 명망가들은 대부분 가솔과 하인들을 데리고 왔고, 고구려에서 안정된 생활을 하면서 모국의 많은 사람들을 불러들였다. 고구려는 외국인 거류지역인 평양 부근의 지방에 더 많은 자유를 준 것이 확실하며, 거의 간섭을 하지 않았다. 그 결과 고구려는 고대에 인구 500만 명의 내수 시장을 만들어냈다.

도대체 어떤 외국인이 정부가 간섭하고 개입하는데 그곳에 사업을 하거나 살기 위해 오겠는가. 사실 우리 역사에서도 사업가들을 피곤하게 했던 시대는 조선과 대한민국밖에 없었다.

철저한 '정복' 위해
철저한 '자유' 허용

27

홍콩과 낙랑의 자유경제

"1997년 이후에 어떻게 되는 거죠?"

"어!"

밝게 웃던 홍콩 여인 '밍'이 갑자기 말문을 닫았다. 그리곤 고개를 숙이며 자신도 모르게 한숨을 내쉬었다. 알 수 없는 미래에 대한 두려움이 그녀의 영혼을 억누르고 있었다.

1991년 8월의 어느 날 네덜란드 서북쪽 도시인 암스테르담 교외의 풍차마을을 둘러보다가 홍콩에서 온 밍 일행을 만났다. 필자는 그녀와 그림같은 풍경을 배경으로 대화를 나누었다. 손에는 맥주와 고린내 나는 치즈가 들려 있었다. 저녁 9시가 되어도 해는 하늘에서 떨어질 생각을 하지 않았다. 웃음이 만발하던 자리는 홍콩을 반환해야 하는 해를 의미하는 '1997'이란 숫자 때문에 급속도로 썰렁해졌다. 이 일로 동행한 동료에게 두고두고 욕을 먹었다.

천안문 사태와 홍콩인들

휘황찬란한 홍콩 야경. 우려한 일은 일어나지 않았다. 1997년 중국의 품 안으로 돌아간 홍콩은 전보다 더한 번영을 누리고 있다. 중국에 투자되는 외국의 금융자본은 홍콩을 경유해야 한다. 중국의 발전이 홍콩 번영의 견인차이다.
ⓒ국제신문

그녀에게 공포감을 안겨준 1997년의 근원에는 1989년 4월 북경 천안문에서 발생한 학살이 자리잡고 있었다. 당시 중국 정치 지도자 호요방의 죽음을 추도하기 위해 모인 학생들은 민주화를 요구했다. 학생 대표가 요구 사항을 담은 문서를 천안문에 나타난 리펑 부총리에게 무릎을 꿇고 전달하려 하였으나 무시됐다. 곧이어 학생들의 단식과 죽음이 이어지고……. 중국 정부는 결국 총·칼·탱크로 시위를 무력 진압했다. 2000여 명의 희생자가 나왔다. 세계인들에게 그것은 톱뉴스였지만, 8년 후에 중국 정부의 통치 아래로 들어가게 될 홍콩인들은 여기서 자신의 미래를 보았다.

홍콩인들의 공포는 그들이 만든 영화에 리얼하게 스며들었다. 〈영웅본색〉이라는 영화에서 검은 선글라스, 검은 코트, 검은 바지에 검은 총을 갖고 있던 주윤발의 모습은 반환을 앞둔 홍콩인들의 미래에 대한 고민, 회의주의를 상징한다. 목적 없는 사람들, 난사되는 총알에 파리처럼 죽어가는 모습들.

홍콩은 서양인들의 약탈적 근대 자본주의가 만든 도시였다. 1842년 8월 영국과의 아편전쟁에서 청이 참패하자 난징南京조약에 의해 홍콩 섬이 영국에 할양됐다. 이후 장개석의 국민당 군대와 치열한 내전에서 승리한 마오쩌둥이 1949년 10월 중화인민공화국 수립을 선포했다. 공산 정권이 들어서자 두려움을 느낀 자본가와 전문 인력 175만여 명이 홍콩으로 이주를 했고, 이들을 중심으로 홍콩은 번영을 이루게 된다.

홍콩은 155년간 영국 식민 지배를 받으면서 영국적 문화를 꽃피웠고, 종주국보다 잘사는 역사상 전무후무한 도시로 도약하였다. 홍콩인의 의식도 어느새 서양적 요소, 자본주의적인 요소를 받아들였기 때문에 주민 스스로도 자신을 단순한 중국인으로 생각하기보다는 단지 '홍콩인'이라고 생각하는 사람이 많았다.

1984년 영국은 1997년까지 홍콩을 중국에 반환하겠다고 약속했다. 5년 후 천안문 사태가 터지자 불안감을 느낀 많은 홍콩인들, 특히 지식인과 부유층들이 캐나다 · 호주 · 뉴질랜드 등의 영연방 국가와 미국 등지로 대거 이민을 갔다. '엑소더스'를 연상케 했다. 주윤발 · 이연걸 등의 스타는 물론이고 오우삼 · 서극 같은 감독들이 홍콩을 떠났다. 별이 없는 홍콩은 초라하게 시들어가는 듯했다.

낙랑인들의 대대적인 탈출

313년 한반도의 서북부 낙랑군(평양)에서 이와 같은 일이 벌어졌다. 압록강의 입구인 서안평을 차지해 낙랑군과 중국 본토 사이의 통로를 완전히 차단한 고구려는 본격적으로 낙랑군을 공격했다. 10월에는 사람 2000명을 잡아갔다. 중국 문물을 향유하며 중국 복식을 입고 시서詩書를 암송했던 낙랑인들은 공포에 사로잡혔다.

홍콩인들은 그들이 이주해갈 영연방의 나라가 건재해 있었고, 시간적인 여유도 충분했다. 하지만 낙랑인들은 사정이 달랐다. 중국의 본토가 끝이 보이지 않는 전란에 휩싸여 있었다. 마침 요동과 요서에 근거지를 둔 모용 선비(전연)는 사람을 보내 낙랑인들을 회유했다.

"약탈에 눈이 먼 고구려인들이 당신들을 살려두지 않을 것입니다."

1931년 일본 학자인 고이즈미 아키오가 조사한
평양 남정리 116호 낙랑고분의 발굴 현장.

낙랑인들의 대대적인 탈출이 이어졌다. 유민 1000여 호가 배편으로 전연의 영토인 요서로 떠났다. 400년의 역사를 가진 낙랑이 사라지는 듯했다.

기원전 111년 한나라의 무제는 고조선을 공격해 멸망시키고 그 수도에 낙랑군을 세웠다. 중국의 식민지인 낙랑군은 본국으로부터 끊임없이 이주민을 받아들였고, 오랫동안 번영을 누렸다. 기원전 45년 낙랑군의 관리들이 인구 조사를 했다. 군내 호구 현황을 파악해 통계 수치를 나무판(목간)에 적어넣는 작업이었다. 인구는 28만 명, 호수는 4만5000여 세대였다. 47년이 흐른 뒤(기원후 2년) 낙랑군 인구는 40여만 명으로 늘었다(『한서지리지』). 세계 최고의 인구 밀집지역 가운데 하나였다.

315년 2월에 미천왕은 현도군을 함락시켰다. 많은 사람이 죽고 포로로 잡혀 고구려로 끌려왔다. 이로써 한반도에 400년 동안 존재했던 중국의 군현들은 완전히 소멸됐다. 하지만 이를 한반도에서 중국 세력을 몰아내기 위한 독립투쟁으로 봐서는 안 된다. 고구려의 낙랑 점령은 유통망을 운영하는 노하우를 가진 사람들과 동아시아 세계 각국과 바다로 연결된 항만을 차지하기 위해서였다. 먹고살기 위한 전쟁이었다.

고구려의 군주 미천왕은 어린 시절 먹고살기 위해 소금 장사를 했다. 배에 곡물을 싣고 바다로 나가 소금과 교환했다. 그리고 소금을 배에 싣고 압록강으로 들어와 중상류의 지류 구석구석까지 유통시켰다(『삼국사기』). 그는 시장에 정통했으며, 상업이 주는 이익에 대해 너무나 잘 알고 있었다.

그에게 1세기 앞서 비전을 제시해준 나라가 있었다. 후한 말 군웅할거 시대에 공권력이 무너지자 공손도公孫度라는 자가 요동에서 세력을 얻어 한반도 북부 황해안의 중국인 식민지 낙랑군을 장악하고, 204년경 그의 아들 공손강公孫康은 그 남쪽에 새로이 대방군을 세웠다. 그 결과 한반도 에서 중국의 식민지는 황해도까지 확산되었다. 공손강의 아들 공손연公 孫淵의 시대가 되자 강남의 손씨 오나라와도 융성한 무역을 이루었다. 이 것은 공손씨의 세력이 남쪽으로 뻗어 한반도 남단의 마한을 누른 결과이 다. 강남에서 중국의 해안을 따라 북상하는 항로는 위험했지만, 직접 동 중국해를 횡단해 한반도의 서남쪽으로 향하는 길이 오히려 안전했다.

홍콩이 세계 4대 금융센터, 5대 외환 시장, 아시아 2대 주식 시장이었 고 세계 460개 항구를 연결하는 자유무역항이었다면, 낙랑군은 발해 · 황해 · 남해 연안을 따라 삼한과 일본열도와 남중국 그리고 북중국을 하 나의 무역 네트워크로 묶어주는 장거리 무역의 중개지였다.

우려와는 달리 고구려는 낙랑인들을 우대했다. 중국 문명을 체화한 그들은 소중한 존재였다. 낙랑군이 멸망한(313년) 후 8000호 이상의 사 람들이 남았다. 그들은 고구려의 해외 상업과 외교, 나아가 정교한 가공 을 필요로 하는 수공업에 종사했다. 세계에 존재하는 벽화 가운데 가장 우수하다고 정평이 나 있는 안악 3호분 벽화의 주인공 '동수'는 전연의 관리 출신이었으며, 358년에 그것을 그린 사람들도 낙랑계 장인이었다.

중국, 홍콩 경제활동의 자유 보장

낙랑인들은 고구려의 명령을 받고 수동적으로 움직이지 않았다. 당시 중국은 전란의 장이었고 교역은 위축될 수밖에 없었으며, 지독한 불경기가 계속됐다. 하지만 중원에 군수 수요가 지대하다는 것을 간파한 낙랑인들은 수출 상품을 개발했다. 품목은 소모품인 화살이었다. 칼과 창은 수리만 하면 반영구적으로 사용할 수 있지만 시위를 떠난 화살은 회수가 불가능했다. 중국 내부에서도 화살을 생산하고 있지만 소모를 따라가지 못했다. 낙랑 상인들은 만주의 산림지대에 지천으로 널린 싸리나무를 수집하게 했고, 화살촉은 그곳에서 많이 나는 청석이란 날카로운 돌을 대체품으로 선택했다. 금속보다 싸고 생산 속도가 빠르기 때문이었다. 330년부터 후조後趙에 화살이 수출되었다(『삼국사기』). 후조가 전연과 전쟁을 시작하자 수출량은 더욱 증가했고, 선금까지 지불할 정도가 되었다. 338년 겨울, 압록강으로 30만 곡斛의 곡물을 실은 배 300척이 들어왔다(『자치통감』). 그 곡물은 후조의 왕 석호石虎가 고구려에 보낸 화살에 대한 대금이었다. 그 배가 돌아갈 때 고구려의 화살이 선적되었다.

반환 후 홍콩도 그다지 암울하지 않았다. 세계에서 가장 빠르게 발전하는 중국의 후광으로 홍콩은 예전보다 더 큰 번영을 누렸다. 중국이 개혁·개방 정책을 실시한 이후 홍콩은 대외무역 창구인 동시에 자금 조달처로서 중국의 경제 발전에 큰 역할을 수행하였다.

낙랑과 홍콩은 호전적인 고구려와 경직된 중국 아래로 들어갔는데도 자신의 역할을 원활히 수행할 수 있었다. 그 비밀의 열쇠는 무엇일까? '경제활동의 자유 보장'이었다.

고구려의 왕들은 낙랑에 철저한 자치를 허용했다. 고구려 국왕과는 별개로 남중국의 동진이나 북중국의 여러 나라와 교역을 했으며, 그들은 외교적으로 독립성을 유지하고 있었다. 단지 고구려가 바라던 것은 낙랑인들이 대외 상업에서 벌어들인 이익에서 일부를 떼어 납부하는 것이었다. 무역이 원활할수록 고구려에 이익이 되었다.

세계의 자본이 홍콩을 선호하게 만드는 원인도 중국 정부의 간섭이 거의 없다는 것에 있다. 인민 해방군이 주둔하는 곳에서 200~300미터 밖에 떨어지지 않은 센트럴 선착장에서는 아직도 반중국적인 파룬궁 지지자들이 시위를 할 정도다. 2008년 미국 헤리티지 재단은 홍콩을 경제 자유지수 세계 1위의 지역으로 올렸다. 홍콩은 정부 규제 최소화, 낮은 조세 부담률, 사유재산권 보장 등을 유지해 세계 금융 및 비즈니스 센터로서 기반을 구축했다. 세계 40개국의 400여 은행과 321개의 증권사가 진출해 있다. 외국으로 이주를 했던 많은 홍콩인들도 돌아왔다.

낙랑에 대한 고구려의 철저한 자치의 보장은 이후 중국에서 적지 않은 유력 인사들을 낙랑으로 불러들였다. 중국 어양군 출신 장무이라는 사람이 낙랑으로 와서 고구려로부터 황해도 지역을 다스리는 대방태수의 자리를 받았다(『장무이명문전』). 동리라는 전연 사람도 역시 그러했다. 그도 한韓태수라는 자리를 얻었다(『동리명문전』). 그들은 혼자 온 것이 아니라 집안 가솔들을 많이 데려왔다. 동리와 친척인 동수라는 사람은 낙랑 전체를 책임지는 자치장관(낙랑상)이었다('안악 3호분묵서'). 그는 전연에 납치된 고국원왕의 어머니를 송환해오는 외교적 수완을 발휘한 바 있다(355년).

고대의 원거리 항해라는 어려운 여건 속에서 재화의 안전한 교환이 가능하다는 확신을 주지 못한다면 그 시장으로 올 리가 없다. 정치적 중립, 공급 보증, 이방인의 재산 및 생명 보호는 교역이 시작되기 전에 보장되어야 했다(리베르). 오늘날에도 유효한 지적이다.

반시장적 금기법은 악을 잉태한다

"길이 어디냐? 빨리 안내하라! 그놈에게 잡히면 수모를 당하며 죽을 것이다."

881년 1월 8일 당나라의 황제 희종은 마음이 급했다. 황제는 장안의 서문인 금광문을 빠져나왔다.

"허겁지겁 가는 저 자가 황제야?"

백성들이 바라보기에도 너무나 초라한 황제의 도주였다.

같은 시간 장안의 동문인 총명문에는 반란군의 수령 황소黃巢가 금수레를 타고 위풍당당하게 들어오고 있었다. 그의 주변에는 수많은 호위병이 있었고, 뒤로 대군이 따랐다. 장안의 백성들은 조수와 같이 길 양쪽으로 밀려들어 반란군을 환영했고, 궁전에서 갇혀 살던 수천의 궁녀들도 거리에 나와 황소를 보았다.

"저 소금 장수가 황제보다 멋있구나!"

시작되면 멈출 수 없는 악세

소금 장수가 당나라의 수도 장안을 점령한 기이한 일이 벌어졌다. 물론 당시 일반인의 소금 매매는 불법이었다. 122년 전 안록산의 반란이 일어나 당나라 정부의 재정이 거덜났다. 급하게 황제는 소금 전매제를 실시했다(758년). 그 목적이 군사비를 충당함에 있었으므로 세율이 상당히 높았다. 처음에는 생산 원가가 10전錢에 불과한 소금 1말[斗]에 원가보다 10배가 되는 100전의 세금을 부과해 110전으로 팔았다. 이것도 엄청난 고가高價인데 정부의 재정난이 가중됨에 따라 소금 값도 올라서

황소가 정부 용병에게 쫓기다 자결한 산동의 태산.

310전으로 껑충 뛰었다가 370전까지 올라갔다. 원가의 37배에 이르렀고, 정부의 재정 절반이 여기에서 충당되었다.

일반인들은 비싼 정부 소금을 사먹기 힘들었다. 그러니 이보다 훨씬 싸게 파는 불법적인 상인들이 생겨났다. 황소의 가문도 산동성에서 대대로 소금 밀매업을 하여 재산을 축적했다(『신당서』). 정부군의 단속을 막아내기 위해 행동대원들도 고용하고 있던 마피아 패밀리였다. 아버지는 황소에게 가업을 물려주는 것을 원치 않았다. 불법적인 사업은 너무나 힘이 들었다. 관리도 매수하고, 행동대원들도 먹여 살려야 했다.

"아들아 너는 공부를 해야 한다. 과거에 급제해 관리가 되어야 재산을 지킬 수 있다."

하지만 황소는 번번이 시험에 낙방했고, 결국 나이가 들어 가업을 이었다. 이윽고 체포망이 황소의 조직을 향해 좁혀왔고, 황소는 궁지에 몰렸다. 가만히 앉아 죽는 것은 억울했다. 차라리 거세게 반격해 추격하는 관군들을 전멸시키는 것이 효과적이라 생각했다. 그는 소금 밀매 조직망을 이용해 동지를 규합하고 병력을 모았다. 얼마 전 산동으로 이주해 온 유목민인 회흘족을 휘하에 많이 끌어들였다. 회흘족은 농사일을 좋아하지 않았고, 싸움에 능했다. 정보와 지리에 밝은 소금 밀매 조직의 보스에게 거친 기질의 유목민들이 합세했다. 호랑이가 날개를 달았다. 그들을 괴롭히던 관원들이 절멸됐고, 관가는 점령당했다. 이제 반란군이 된 그들의 무리는 행동을 멈출 수 없었다.

황소는 무리들을 이끌고 다니면서 중국의 천하를 횡행했다. 그들은 황하를 두 번, 양자강을 네 번이나 건넜다. 대적할 만한 상대가 없었다. 황소는 한곳에 정착하여 영역을 확보하려고 하지 않았다. 그는 병력도 분산시키지 않고 집중시켰다. 부유한 도시를 점령하고는 그곳에 축적된 물자를 소비하고 다른 곳으로 이동했다. 반란을 일으켜 중국의 내지를 남북으로 약탈하고 다닌 지 6년 만에 드디어 수도 장안을 점령했다.

윤리적 금주법이 배양한 범죄 조직

대공황 시대 어느 마피아 보스가 미국의 가장 큰 도시 가운데 하나인 시카고를 실질적으로 장악한 적이 있었다. 그는 황소처럼 수도를 장악하여 2년 이상 통치를 한 것은 아니었다. 하지만 유능한 킬러를 거느린 그는 선거에 개입하여 자신의 말을 듣는 시장과 주지사, 시의원, 노조 지도자들을 당선시키고 판사와 경찰들을 매수하여 주물렀다.

알 카포네는 창문으로 이탈리아 음악이 흘러나오는 뉴욕 부룩클린의 빈민가에서 성장했다. 10대에 학교를 뛰쳐나와 폭력을 배웠고, 20대에 시카고로 가서 1000여 명의 조직원을 거느리고 연 1억 달러의 순이익을 벌어들이는 마피아 보스가 되었다(1925년).

1919년 1월 16일 미국 의회에서는 알코올의 양조 · 판매를 금지하는 헌법 18차 수정안이 비준되었다. 법안은 1920년 1월 9일 효력을 발생했다. 알코올중독이나 범죄 행위를 줄이기 위해서였다. 인류 역사와 함께 해온 음주를 막는다는 것은 터무니없는 발상이었다. 알코올에 굶주린 사람들은 암시장에서 술을 찾았다.

알 카포네는 상관이었던 토리오에게 기회가 왔다고 말했다. 토리오의 삼촌이자 보스인 콜로시모의 매춘 조직과 200개가 넘는 윤락가를 이용

1920년대의 금주법이 시행되자 이권을 좇아 숱한 범죄를 저지른 마피아의 대명사 알 카포네.

하여 황금알을 낳는 사업에 뛰어들자고 권했다. 하지만 배가 부른 그의 삼촌은 모험을 원하지 않았다. 사업 기회를 놓치기 싫었던 토리오는 삼촌을 제거했다. 자객은 어린 시절 뉴욕에서 알 카포네에게 폭력을 가르쳤던 프랭크 예일이었다.

아일랜드 갱, 유태계 갱, 폴란드 갱, 또 다른 이탈리아 갱 모두가 관심을 가지고 있었던 밀주사업은 한두 사람의 입을 적시고 말기에는 너무나 규모가 거대했다. 토리오는 각 갱단의 보스들을 모아놓고 말했다.

"정말 시장이 크기 때문에 다툴 필요가 없습니다. 긴밀히 협조를 하면 모든 사람이 백만장자가 될 수 있습니다."

그러나 배운 것이라고는 거짓말과 공갈·협박·폭력이었던 갱들이 신사협정을 지킬 리가 없었다. 무엇보다 그들에게는 밀주 판매 시장만 있었던 것은 아니다. 매춘, 하우스도박, 경마도박, 고리대금업, 보호비 수금 등 수입을 남길 수 있는 사업의 종류는 많았다. 다툼은 끊이지 않았다.

마피아전쟁

아일랜드계 갱의 보스인 오베니온이 이탈리아계 토리오에게 사기를 쳤고, 토리오는 오베니온을 제거했다(1924년). 아일랜드 갱들의 복수가 이어졌다. 이듬해 1월 토리오는 가슴과 팔 그리고 복부 등 다섯 곳에 총격을 받았다. 병원으로 옮겨져 30명의 경호원에 둘러싸인 채 수 주일의 치료를 받고, 기적적으로 생명을 건진 토리오는 병석에서 알 카포네와 조직원들을 불렀다.

"나는 은퇴한다. 이제 조직은 알 카포네가 이끈다."

26세의 알 카포네는 토리오가 탄탄히 기반을 다져놓은 사업 제국을 더욱 확장하고 굳게 세우게 된다. 그의 조직은 6000개의 밀주 판매점과 2000군데의 마권 판매소를 운영했으며, 매춘과 고리대금업, 나아가 노조의 이권에도 개입했다. 1주에 순수익이 600만 달러나 되었다. 사업을 하는 과정에서 얼마나 많은 사람을 살해했는지 알 수 없다. 하지만 미 정부는 그를 살인 교사죄로 결코 체포할 수 없었다. 누구도 증인이 되기를 거부했으며, 설사 증언대에 섰다고 하더라도 기억을 상실했다. 1931년 그는 결국 체포되었다. 죄목은 탈세였다. 하지만 그가 없는 조직은 오히려 더 번창했고, 화려해지기까지 했다. 1933년 금주법이 파기되자 마피아들은 다른 사업을 찾아냈다. 그 가운데 하나가 할리우드의 영화 산업이었다. 금주법은 아이러니하게도 미국의 일개 불한당에 불과했던 갱들을 조직화시키고 거대 사업가로 만들었다.

황소의 반란은 10년 만에 진압되었지만(884년) 그의 동지들은 5대 10국이라는 분열의 시대에 소국의 주인이 되었다. 양자강 남쪽 일부를 점령한 오왕 서온徐溫과 사천성에서 전촉前蜀을 창건한 왕건王建, 절강을 영유했던 전류 등이 모두 소금 장수 출신이었다.

소금의 공정 거래가가 비싸면 비쌀수록 암거래는 성하게 된다. 이에 대하여 단속이 엄하면 엄할수록 암거래의 이익은 커지고 암거래 조직도 많아진다. 단속하는 관헌을 더욱 늘려야 하고, 그럴수록 단속 비용이 늘어나 소금 가격은 오르게 된다. 악순환의 수레바퀴가 돌아가면서 밀매 조직을 더욱 광범위하고 정교하게 만든다. 소금 전매법과 금주법이 우리에게 전해주는 메시지가 있다.

'법法에서 악惡이 배태된다.'

금단의 사과에 대한 유혹이 원죄로 이어지듯 금기의 법은 언제나 범죄로 이어지는 것이다.

◇ 황소의 난(875~884)

중국 하남성의 소금 밀매업자 왕선지가 난을 일으켰다. 직후 산동의 소금 밀매업자의 두령인 황소도 난을 일으키고 그와 합류하였다(875년). 둘은 하남성과 산동성 일대를 점령했다. 왕선지가 죽은 후 황소가 대장이 되었다. 강서 · 복건 · 광동 · 광서 · 호남 · 호북 등으로 이동하며 60만 명으로 불어난 황소의 군대는 낙양에 이어 장안을 점령했다(880년). 황소는 장안에 정권을 세운 뒤 국호를 대제大齊라 부르고 항복한 관리도 기용했다. 그러나 정부가 기용한 사타족 기병에게 격파되어 황소는 4년 후 산동의 태산 부근에서 자결했다.

◇ 마피아Mafia

마피아는 원래 19세기의 시칠리아 섬을 주름잡던 산적이었다. 그 일부가 19세기 말부터 20세기 초에 미국으로 건너가서 뉴욕이나 시카고와 같은 대도시에서 범죄 조직을 만들었으며, 1920년대의 금주법으로 자금원이 생기자 급속히 세력을 확대해나갔다. 1930년대에 마피아 내부에도 질서가 생겼다. 합의제인 위원회가 조직 간의 이해를 조정했다.

감언이설로 타국을
기만한 희대의 사기극

29
일왕을 속인 신라 왕자

1991년에서 1994년까지 일본·독일·프랑스 3국 사이에 한국고속철도 공사 수주를 놓고 치열한 경쟁이 벌어졌다. 일본의 신간센이 1차로 탈락하고, 독일의 ICE와 프랑스의 TGV가 경합했다. 본선에 오른 프랑스가 비장의 카드를 꺼냈다.

1993년 9월에 방한한 미테랑 프랑스 대통령의 손에는『휘경원 원소도 감의궤徽慶園園所都監儀軌』가 들려 있었다. 당시 미테랑 대통령은 그것이 첫 선물에 불과하다고 밝혔다. 이 자리에서 그는 파리국립도서관에 보관 중인『조선왕실의궤』191종 297책을 반환하겠다고 약속했다. 그것은 구한말 프랑스가 약탈해간 우리의 소중한 문화재였다.

1866년(병인년) 초 홍선대원군은 프랑스 신부 9명과 조선인 천주교도 8000명을 처형했다. 당시 동아시아 3국은 밀려오는 서양세력에 알레르기 반응을 보이고 있었다. 그러나 서양의 신물결은 너무나 거셌다. 영국과 프랑스가 중국의 수도를 철저히 약탈했고, 일본에서도 혁명이 일어나 서양 각국과 불평등 조약을 체결한 도쿠가와 막부정권이 전복되었다. 두만강까지 진출해온 러시아가 조선을 넘보고 있었으며, 병인년 10월 프랑스가 자국의 선교사 살해의 책임을 물어 강화성을 공격해 외규장각을 약탈했다.

127년이 지난 후 프랑스는 자국의 물건(TGV)을 팔아먹기 위해 훔쳐간 보물을 돌려주겠다고 약속했다. 우리 정부는 순진하게 그들의 말을 믿었고, 결과적으로 프랑스의 TGV를 선택했다. 수만 장에 달하는 계약서가 만들어졌고 대통령이 최종 서명을 했다. 그러나 말은 정말 말뿐이었다. 프랑스는 아직 약속을 이행하지 않고 있다. 한마디로 사기를 당한 것이다.

상대방 마음을 꿰뚫고 접근

고대 한국과 일본 사이에도 이와 유사한 일이 있었다. 차이가 있다면 이때에는 당한 쪽이 일본이었다는 점이다. 752년 윤3월, 일본 후쿠오카의 내륙 대제부大宰府에 신라 사절단이 도착했다. 700인에 달하는 대규모였으며 대표는 신라의 왕자 김태렴이었다. 약 3개월 후(752년 6월) 신라 사절단은 일본의 수도로 가서 천황을 알현했다. 김태렴과 일본 천황의 대화가 『속일본기』에 전해진다. 김태렴이 천황에게 코가 땅에 닿을

일본 나라시의 동대사. 752년 신라의 상인 김태렴 일행이 방문했던 곳이다. 공식 방문 목적은 동동대사의 대불 개안식 참석이었지만 실제로는 장사를 위한 것이었다.

듯 큰절을 하고 신라 경덕왕이 전하는 말을 그대로 올린다고 말했다.

"일본의 천황에게 삼가 아룁니다. 신라국은 예로부터 대대로 일본을 받들어왔습니다. 이번에 제가(경덕왕) 몸소 가서 조공하고 인사를 드리려고 하였으나, 생각해보니 하루라도 국왕이 없으면 국정이 해이해지고 문란해질까 염려되어, 저를 대신하여 아들(김태렴)을 보내어 인사드리게 되었습니다."

이 말을 들은 일본 천황은 기쁨을 감추지 못했다. 펌프질에 들뜬 일본 천황이 답변했다.

"신라국이 끊임없이 일본을 받들어온 것은 사실이다. 이제 신라 국왕이 왕자 김태렴을 보내어 조공을 바치니 그 정성에 짐朕은 기쁠 뿐이다. 앞으로 영원히 그대의 나라를 보살피리라."

김태렴이 만면에 미소를 지으면서 대답했다.

"하늘 아래 모든 땅은 일본 천황의 땅이요, 하늘 아래 모든 사람은 일본 천황의 신하입니다. 신 김태렴은 다행히 성세聖世를 만나 천황의 조정에 와서 이렇게 받들 수 있으니 기쁨을 이길 수 없습니다. 제가 몸소 가지고 온 신라의 미미한 물건을 삼가 바칩니다."

비록 한 다리 건너서 들은 말이지만 모든 중신들이 모인 자리에서 중국 황제에 버금가는 대접을 받은 일본 천황은 정신을 잃을 지경이었다.

그 순간 김태렴이 진짜 왕자인지 아닌지는 중요하지 않았다. 적어도 신라의 국왕 이하 모든 사람이 일본 천황의 아래에 있다는 사실을 신라 왕자가 확인해준 것은 일본인들에게 일본의 왕이 천황이라고 믿도록 하는 데 도움이 되었다. 그것은 하나의 의례였다.

사람들이 일본 왕을 천황이라고 믿지 않는다면 그 자리는 유지되기 어렵다. 일본 내부에서 이루어지는 의례를 아무리 박력 있게, 정기적으로, 철저한 신념 아래 집행한다 해도 그것만으로 충분하지 않다. 타국, 특히 이웃 나라가 인정해줘야 한다. 천황의 입장에서는 그와 대신들이 주역이 되는 이러한 외교적인 의례에 외국 사신들이 필요했던 것이다.

김태렴은 일본 천황이 무엇을 원하는지 정확히 간파하고 있었다. 당시 일본의 효겸천황은 왕위 계승과정에서의 분란과 그 여파로 인한 갈등으로 지쳐 있었다. 천황은 실권이 없었고, 태상황인 성무聖武는 병약했다. 궁정·귀족과 대사찰 승려 간의 대립은 분란을 증폭했다. 일본의 정세는 불온했고, 천황의 권력도 불안정했다. 후지와라에 대영지를 가진 귀족 나카마로가 서서히 일본 군부의 실권자로서 부상하고 있었다. 힘이 없을수록 대외적인 체면이 더욱 중요해지는 법이다.

이는 1993년 한국 군부세력의 청산이란 구호를 내걸고 등장한 김영삼 정권의 불안한 마음을 프랑스 대통령 미테랑이 정확히 간파한 것과 다르지 않다. 김태렴과 미테랑의 공통점은 모두 장삿속으로 상대에게 접근했다는 데 있었다.

며칠 후 김태렴 일행은 천황이 내리는 관위와 물건을 받았고, "지금 이후로 (신라)국왕이 직접 (일본 조정에) 와서 아뢰도록 하라, 만약 다른 사람을 보내어 입조할 때는 반드시 표문表文을 가지고 오도록 하라"는 당부의 말도 들었다. 신라 왕자가 신라 왕의 국서 없이 말로만 모든 것을 처리했음을 알 수 있다.

김태렴은 일본 천황의 기대에 부합했으므로 일본을 떠나기 전에 상당량의 포와 비단 등을 덤으로 받았고 술과 안주가 곁들여진 만찬회도 가졌다. 김태렴과 그 일행이 귀국한 이듬해(753년) 일본 천황은 신라에 사신을 파견했다(『속일본기』 권19, 천평승보 5년(753) 2월 신사辛巳). 사신은 태렴의 말을 믿고 어깨에 힘을 주고 대접받을 기대에 부풀어 있었지만 무참히 깨졌을 뿐이었다.

"일본국 사신이 왔는데 '오만무례' 하므로 (경덕)왕이 그들을 접견하지 않고 돌려보냈다."(『삼국사기』 권9, 경덕왕 12년 8월 조)

경덕왕은 일본 사신을 거들떠보지도 않고 추방했다. 김태렴이 천황에게 했던 말은 그야말로 '사기'였음이 밝혀졌다. 김태렴은 경덕왕의 아들이 아니었던 것이다. 마음에 상처를 받은 효겸천황은 분개했다.

신라에서 귀국한 일본 사신이 경덕왕은 아들을 낳기 위해 전처인 삼모부인三毛夫人과 이혼하고 만월부인滿月夫人과 재혼했으나 아직 아들이 없다고 보고했다.

사실 김태렴은 진골 귀족이었지만 왕자는 아니었다. 그의 일행은 사절단으로 위장한 귀족 상인 집단이었다. '거짓 왕자'를 내세워 통상을 위해 일본에 대규모 상선商船을 파견한 것이다. 사실 여부를 떠나 신라가 일본과 통상하려는 욕구가 컸음은 확실하다. 그들은 신라에서 가지고 온 물건을 팔기 위해 가격 문제 외에 일본의 어떤 요구에도 응할 준비가 되어 있었다. 760년 급찬 김정권을 단장으로 하는 신라 사절이 일본에 왔을 때 천황은 분통을 터트렸다.

"그대가 신라의 사절단장 김정권인가?"

"예."

"신라 사절의 말은 신의가 전혀 없다. 신라인들은 천한 행위를 하고 있다."

"폐하, 너무 지나친 말씀이 아닌지요?"

"아니다. 8년 전 신라의 사절단장 김태렴이 자신을 신라 국왕의 아들이라 거짓말을 하고 나에게 온갖 아부를 했지 않았는가."

"그러한 일이 있었군요."

"그자는 신라 국왕이 천황인 나를 받들어 모시고 있다고 했다."

"예."

"그뿐 아니다. 하늘 아래 모든 땅은 천황의 것이고, 하늘 아래 모든 사람은 천황의 백성이라고 했다. 순진하게도 나는 그 말에 감동을 받고 그들이 가져온 물건을 비싼 가격을 쳐주고 사게 했다."

"예, 폐하. 그렇군요. 일본 나라奈良의 동대사 대불상 준공식 때에 일본 전역은 물론이고 당나라와 동남아 여러 나라에서도 사절들이 왔는데 그때 우리 신라 상단이 그 막대한 물량을 모두 팔아먹었군요."

"내가 너무 들떠 있었다. 그 사기꾼의 말을 확인하기 위해 그 이듬해인 753년에 신라에 소야전수小野田守(753년 경덕왕이 추방한 일본 사신)를 파견했는데, 경덕왕은 만나주지도 않았고 바로 추방했다."

"폐하, 그 점 저도 알고 있습니다. 실로 유감으로 생각합니다."

"그렇다. 왕자의 말도 믿을 수 없는데 하물며 더욱이 지위가 낮은 당신 같은 사신의 말을 어찌 믿을 수 있겠는가?"(『속일본기』)

신라의 귀족들은 조선 선비들과는 달리 탐욕을 솔직하게 드러내는 이익에 밝은 자들이었다. 오래전부터 김태렴 상단은 중국을 통해 서역·남해산 향약香藥을 대량으로 구입해 이문을 남기고 일본에 팔아왔다. 일본에 있는 수천 개의 사찰이 그 향약을 소비했다. 불경을 보면 부처를 공양하기 위해서는 25종의 향약이 필요하다고 규정되어 있기 때문이었다.

신앙이 교역을 낳고 거대한 경제를 만들어냈다. 하지만 장사꾼의 마인드가 없는 신라 국왕이 귀족들의 이러한 대외교역의 발목을 잡았다.

'립서비스'는 돈이 들지 않는다

나당전쟁이 종료된 676년부터 신라와 일본 사이에 막대한 교역의 문이 열렸다. 당시 신라는 당의 재침에 대한 우려로 노이로제가 걸려 있었다. 전후에도 신라의 군비는 축소되지 않았고, 몇 배 이상 증가되었다

(『삼국사기』무관 조). 당과 대치 상태에 있던 신라에게 일본은 불안의 근원이었다. 당과 일본이 손을 잡고 신라를 동서에서 함께 공격한다면 신라는 망할 것이다. 신라 자신이 당과 손을 잡고 백제를 협격하여 멸망시킨 경험이 있지 않은가. 신라 정부는 일본과 좋은 관계를 유지하기 위해 노력했다. 세계 최강의 당 제국 앞에서 약자인 신라가 선택할 수 있는 여지는 좁았다. 신라는 일본에 막대한 물량 공세를 취했다. 물론 일본을 우대한다는 것은 신라 왕들에게 속이 뒤틀리는 일이었다.

종전 60년이 흐른 735년 국제정치의 순풍이 신라에 불어왔다. 당이 대동강 이남의 땅을 신라의 소유로 공식 인정해준 것이다. 안보를 위해 일본에 저자세를 취했던 왕들은 이제 머리를 굽히지 않아도 되었다. 당과의 불화를 공식적으로 청산한 그해부터 신라 국왕들이 일본에 고압적인 자세를 취했다. 그러자 양국 간의 교역에 적지 않은 문제가 생겼고, 일본을 상대로 무역하던 신라의 귀족 상인들이 힘들어졌다.

일본과의 교역규모는 해마다 늘어나는데 신라 국왕이 일본의 천황에게 '자네'에 가까운 호칭을 사용해서 외교 문서를 보내는 바람에 장사를 한두 번 그르친 것이 아니었다. 당시 신라의 상인단은 사절이라는 직함을 가지고 일본으로 들어갔고, 때문에 신라 국왕의 외교 문서가 필요했다.

김태렴 일행은 일본 천황을 중국의 천자와 동급으로 존중해줬다. 그들에게 돈이 들어가지 않는 립서비스는 언제든지 제공할 준비가 되어 있었다. 프로 장사꾼다운 면모였다. 체면이 선 천황은 신라 사절에게 관대한 조치를 내렸다. 김태렴과 그의 일행이 신라에서 가져온 배 7척 분량의 물품들을 모두 매각할 수 있도록 허락한다고 말했던 것이다. 그 거래내역은 『매신라물해』라는 고문서에 고스란히 남아 있다.

나라奈良 동대사東大寺 정창원에 소장된 병풍鳥毛立女屏風의 배접지에서 752년 김태렴 사건의 전모를 알려주는 고문서가 30건 이상 발견되었다. 바로 '매신라물해買新羅物解'라 불리는 일군의 문서였다. 그 가운데 하나를 보자.

〈고취사정외종오위하대석鼓吹司正外從五位下大石〉
모두 8종의 물건을 사는 데 비단솜 4백 근을 지불한다合八種直綿四百斤.
거울5개鏡五面
사향麝香
연자烟子
금청金靑
잡향雜香
주사朱沙
동황同黃
소방蘇芳

752년 일본의 귀족들이 신라 사절이 가져온 물품을 매입하기에 앞서, 자신들이 매입할 물품과 수량, 그리고 물품들의 총 가격을 기록해 일본 정부에 제출한 '신라 물품新羅物의 매입허가買'를 신청한 문서解'이다. 752년 6월 15일에서 7월 8일 사이에 일본의 5품 이상 귀족들이 대장성에 제출했다.

문서는 용도가 다하여 폐기된 후, 병풍의 배접지로 활용되었다. 그중에는 이면본지로 사용되었던 것도 있다. 문서는 병풍이 전해지는 과정에서 이미 떨어져나와 일찍부터 알려진 것도 있고, 최근의 병풍 조사에서 새로 발견된 것도 있다.

김태렴 일행이 천황을 만난 날이 그해 6월 14일이고 귀국을 위해 난파관(현 오사카 난바)에 들어간 날이 7월 24일이었음을 고려할 때, 신라 사절과 일본 고위 귀족들 간의 교역은 그사이에 이루어졌다고 볼 수 있다. 좀 더 구체적으로, 교역의 장소는 나라奈良의 평성경 내이고, 5위 이상의 귀족만이 신라에서 온 물건을 살 수 있었다.

일본 귀족들의 신라 물품 구매는 대장성과 내장료內藏僚의 감독 아래 이루어졌다. 『매신라물해』가 발견되면서 적어도 8세기 신라의 대일본 교섭이 어떤 성격을 띠었는지 확연히 밝혀졌다.

『매신라물해』에 기록된 무역품은 모두 128개에 달한다. 그중 향약과 향약을 사용할 때 필요한 기구들의 비율이 높다. 일본 귀족들이 가장 많이 구입한 향약은 정향丁香이고, 그다음이 훈육薰陸, 가리륵呵梨勒, 침향沈香 순이다. 이들은 모두 동남아시아와 인도에서 산출되는 남해품이며 각 불교 경전에도 기록이 나온다. 이는 불교 행사에 엄청난 양의 향이 소비되었음을 뜻한다. 엔인圓仁의 증언에 따르면 838년 당시 일본에는 사찰이 3700여 개나 있었다고 한다. 신앙이 소비를 조장하고 경제에 영향을 주는 전형적인 예이다.

일본 귀족들의 기호도 향약 소비를 조장했다. 『매신라물해』에 보이는 침향沈香을 중심으로 훈의향薰衣香, 읍의향裛衣香, 의향衣香, 화향和香, 잡향雜香 등 여러 향약을 조합한 조합향료가 있다. 당시 일본 귀족들 사이에는 수입한 남해산 분향焚香을 즐기는 문화가 형성되어 있었다. 침향을

다양한 향 제품들.

비롯하여 보통 예닐곱 가지 향을 조합해서 피웠으며, 신체나 의복에 향이 배게 하는 것이 주목적이었다. 향의 조합에 따라 향기가 달라지므로 귀족들은 새로운 향을 만들기 위해 몰두했다.

『매신라물해』에 보이는 향약의 원산지는 대부분 아랍과 인도, 동남아시아였다. 그것은 육상의 실크로드가 아니라 해양으로 운반된 '남해품'이었다. 시라프나 바스라의 아랍 상인들은 인도에 진출한 다음, 말라카까지 진출했다. 그곳을 본거지로 몰루카 제도(향료 제도)에서 향약을 수집한 뒤 다시 베트남의 점성占城 등에서 향약을 모아 뱃길로 중국까지 왔다.

향약이 남해 무역의 주요 상품이 된 까닭은 중국에서 수요가 지속적인 소모품이었기 때문이다. 향약은 무게도 가볍고 값도 비싼 상품이었다. 가령 중국에서 사향麝香 13제臍는 일본의 가격으로 쌀 500석에 해당했다. 사향 1제는 사슴 한 마리에서 채취되는 양이다. 『입당구법순례행기』를 보면 838년에 당을 방문한 일본 사절의 우두머리는 개인적으로 향약을 구입하기 위해 200여 관이란 거금을 준비했다.

중국은 세계 각지에서 생산되는 향약이 집적되는 중심지이자 소비지이며 중개지였다. 양주楊洲는 동남아나 아랍의 외국 상인들이 모여든 중국의 도시 중 가장 북단에 위치했다. 양주에는 상호商胡의 가게가 있었고 이슬람, 페르시아 이외에 곤륜崑崙, 사자국獅子國(스리랑카) 등의 무역선이 자주 내왕했다.

양자강 하류에 자리 잡은 양주에서 운하를 이용하면 서북쪽으로 초주楚州와 변주汴州로 이어지고 남쪽으로는 항주杭州·명주明州·복주福州로 이어진다. 수로교통이 발달한 양주는 교역이 성행하여, 신라는 물론이고 동남아·아랍·중앙아시아의 상인들이 모여들었다.

신라는 당의 양주에서 남해산 향약을 구입하여 일본에 되팔았다. 신라인들에게 대일본 무역은 엄청난 이익을 가져다주었던 것으로 보이며, 신라에게 일본은 아주 중요한 교역 대상으로서 절실한 존재였다. 8세기 초중반 일본과 신라 사이의 교역량은 계속 증가하고 있었다.

시장 수요의 흐름은 막을 수 없어

선진국 프랑스 대통령의 친절한 약속에 김영삼 대통령은 감동을 받았다. 그리고 약속을 순진하게 믿었고, 고속철도 계약서에 그 조항을 따로 넣지 않았다. 하지만 현대 국제사회에서 말은 아무런 효력이 없었고, 서류는 냉엄했다. 프랑스는 한국의 금융위기로 고속철도 사업이 늦어지자 문서상의 계약을 가혹하게 이행했다. 선로가 완성되지 않았는데 열차들이 벌써 프랑스에서 들어오는 등의 해프닝이 그것이다. 고속철도공사는 잘 모르고 체결한 계약으로 엄청난 금액의 위자료만 알스톰 사(TGV 제작회사)에 지불하고 그 부채를 늘렸다.

그러나 김영삼 대통령은 그의 임기 후반에 자신을 속인 프랑스와 또다시 대규모 수주 계약을 체결한다. 프랑스 산 단거리 미사일 미스트랄의 구입 규모는 우리나라의 전 군대를 무장시킬 만큼 거대했다. 신라 가짜 왕자의 일본 천황 사기 사건도 일본의 신라 물품 수입을 막을 수 없었다. 이후 일본은 신라 상단을 통해 계속 중국과 서역·남해의 물자를 구입했다.

현대의 김 대통령과 고대의 일본 천황이 바보라서 사기를 당한 국가

국내에 비싼 대가를 치르고 들여온 프랑스의 고속철도 TGV.

와 다시 대규모 무역을 했던 것일까? 그것은 결코 아니다. 1250년이란 시차가 있지만 위의 사실들은 어떤 메시지를 전해준다. 강력한 시장 수요의 우월성이 그것이다. 아무리 불미스러운 사건이라도, 그것이 시장 외부의 문제라면, 자연스러운 시장의 수요를 막을 수는 없다는 점이다.

불합리한 탕진의
놀라운 생산성

동경 만에 정박해 있던 미국 전함 미조리에서 일본의 항복식이 거행됐다(1945년 9월 2일). 항복 조건은 단 하나, 천황과 황실의 생명을 보장한다는 것이었다. 물론 신으로 여겨졌던 천황도 자신이 인간임을 선언해야 했고, 그의 가족들도 신성한 황실의 벽을 허물고 밖으로 나와야 했다. 천황과 그 가족의 일상사가 대중의 관심사가 되었다.

신데렐라가 된 밀가루 집 딸

"그 밀가루 집 딸이 가루이자와에서 열린 테니스 토너먼트 대회(1957

년 8월)에서 황태자 아키히토를 처음 만났다고 해요."

현 일본 천황 아키히토의 약혼 발표가 있었고(1958년 11월 27일), 국민의 귀와 눈이 갑자기 신데렐라가 된 황태자비에 쏠렸다. 매스컴의 불꽃 튀는 취재 경쟁이 벌어졌다.

'황태자가 매일 밤 전화'

황실에 대한 매스컴 보도는 제2차 세계대전 이전에는 있을 수 없는 일이었다. 신격화된 황실의 이미지는 '황태자비 미치코'를 통해 국민에게 친근한 모습으로 바뀌었다.

1945년 9월 2일 미조리 호 함상에서 진행된 일본 항복 조인식.

이듬해 봄 황궁에서 혼인이 이루어졌다. 결혼식은 NHK TV에 생중계되었다. 두 사람은 마주 앉았다. 그리고 의례 집행자가 두 사람에게 술을 따라주었다. 둘은 세 번 술잔을 입에 대고 놓았다. 그리고 작은 다과를 안주로 먹었다. 조상신 앞에서 나누는 식사는 신랑과 신부 두 사람을 종교적으로 결합시켜준다. 이어 황궁에서 동궁으로 향하는 마차 행렬이 있었다. 출동한 카메라가 96대, 방송사 직원 700명이 동원되었다. 민간 방송의 광고료는 3800만 엔이나 되었다. 거리에는 50만 명 이상이 몰려나와 발을 디딜 틈이 없었고, 전 일본열도는 열광에 사로잡혔다.

황실의 혼례라는 국가적 이벤트는 사람들을 들뜨게 만든다. 1300여 년 전 신라도 그러했다. 683년 2월 신문왕은 대신 문영과 삼광을 신부의 친정집에 보내 결혼 날짜를 정했다. 혼인 의사를 전달한 후 예물을 보내 채택의 예를 행했다. 혼인을 청하는 의례儀禮이다. 엄청난 규모의 예물이 신부 집으로 옮겨졌다.

"예물로 보내는 비단이 15수레, 쌀·술·기름·꿀·간장·된장· 포·젓갈이 135수레였으며, 조租가 150수레였다."(『삼국사기』)

혼례는 같은 해 5월 7일로 잡혔다. 혼인 당일까지 3개월의 시간이 있다. 왕비로 간택된 신부의 교육에 왕실이 관심을 가지는 것 또한 지극히 당연하다. 예식을 준비하는 시간도 되겠지만 동시에 신부가 수업을 받는 기간이기도 하다. 결혼 당일의 의식도 문제가 되겠지만 국모가 되어 궁중에서 치러야 할 복잡한 예법과 그 절차도 중요하다. 그것을 제대로 파악하고 행하기 위해서는 궁중에서 파견된 노련한 상궁에게 집중적인 교육을 받지 않으면 안 된다.

신문왕의 재혼 발표

혼례 당일 오전 6~7시 신부 집에 파진찬 대상 손문, 아찬 좌야 길숙 등의 각 아내와 양부梁部 및 사량부沙梁部의 여자 60명이 왕궁에서 신부 집으로 파견되었다. 신부(신목황후)는 부인 책봉의식을 받았다. 앞서 그녀는 친정과의 연을 끊는 의식을 했다. 신부는 먼저 자신을 친정의 조상신으로부터 떼어놓지 않으면 남편의 조상신을 숭배하러 갈 수 없기 때문이다.

신부가 친정집 밖을 나왔을 때 장엄하고 화려한 행렬이 대기하고 있었다. 그녀에게 친정집에서의 자유로운 생활은 이제 끝나려 한다. 마지막 작별의 순간이었지만 조금도 지체할 수 없다. 신랑이 될 국왕이 궁궐에서 기다리고 있는데 시간을 끌면 허물이 될 것이다.

신부는 여자들의 부축을 받고 수레에 올라탔다. 결혼의식을 위해 왕실 공방에서 제작된 수레는 화려했다. 그 좌우에서 시종하는 많은 관원들과 부녀자들의 옷도 사치스러웠다. 그것은 대단한 구경거리였다. 왕비가 수레에 앉아 왕궁으로 향하는 이 행렬을 보기 위해 헤아릴 수 없는 수많은 군중들이 왕경 곳곳에서 쏟아져나왔다. 고위 귀족들과 그 부인들, 양부와 사량부에서 선발된 아름다운 여자들, 왕실의 악대와 의장대를 볼 수 있는 기회가 아닌가.

백성들은 중세重稅에 짓눌리고 있었으나 눈은 경외심에 가득 차 있었고, 신부를 애정의 눈으로 바라보았다. 그들의 마음은 새로운 국모國母를 맞이한다는 그 어떤 아련한 기쁨에 가득 차 있었다. 전쟁으로 축제 분위기를 까마득하게 잊고 있었던 신라인들에게 놓칠 수 없는 기회였다.

사회질서는 결혼 축제에 의해 표면을 삭제해버리고 말았고, 왕국은 화려한 예복을 입었다. 큰 도로는 결혼 행진을 보고자 하는 사람들로 떠들썩하게 채워졌다. 그리고 드디어 왕비를 태운 수레가 행차를 시작했다. 모였던 군중은 열광하여 자신을 잊었다. 고귀한 왕비가 행진하는 광경에 백성들은 현실에 대해 품었던 분노를 까맣

2008년 4월 '2008 일본 상' 시상식에 참석한 아키히토 일왕과 미치코 왕후.

게 잊어버리고, 지배자의 논리와 다시 타협을 시도한다.

축제의 붐

행렬의식이 끝나자 백성들에게도 왕실의 혼인을 기뻐할 수 있는 은혜가 베풀어졌다. 그야말로 신문왕은 그의 재혼식을 장엄한 형태로 행하고자 국가적 총력을 쏟아서 준비했다. 신문왕은 자신이 새로운 왕비를 맞이한다는 사실을 온 백성들에게 알릴 필요가 있었다. 그것은 내부적 반란을 완전히 청산하고 새 아내를 맞이하여 이전과 다른 세상을 열어보겠다는 의지 표명이다. 전 왕비는 681년에 일어난 반란의 수괴 김흠돌의 딸이었다.

거대한 양의 음식 재료들이 백성들에게 분배되었다. 어둠이 내리자 집집마다 불을 밝혔고, 음식을 하기 위해 불을 때는 연기가 온 왕경을 뒤덮었다. 백성의 무리들이 밤 늦게까지 왕경의 거리를 걸어다녔고, 어디에서나 음악 소리가 흥청거리고, 가는 곳마다 처녀 총각들이 어울려 즐겁게 웃고 있었다. 결혼 축제는 분노로 들끓고 있었던 신라 백성들의 마음을 희망으로 부풀어 오르게 했다.

황태자 아키히토가 제분회사 사장 딸을 사랑한다는 러브 스토리가 매스컴에 보도되자 온 국민이 열광했다. 그들은 자신의 꿈을 특권층을 빌려 표현하려고 했다. 이전에는 드물었던 연애결혼이 일본에서 확산되기 시작했다. 정확히 말해 황태자의 로맨스를 통해 자신들의 연애에 대한 의미 부여와 자리매김이 가능해졌다.

황태자의 아버지 천황 히로히토(1989년 사망)는 패전 책임을 지고 물러나야 할 사람이었다. 250만의 젊은이가 전쟁터에서 죽었으며, 미국의 공습으로 수백만의 국민이 폭사했다. 원자탄이란 초유의 불덩어리도 2개나 맞았다. 일본인들 가운데 전쟁의 상흔이 없는 사람이 드물었다. 움츠린 국민들의 가슴에 희망을 주어 산업 현장으로 내몰아야 하고, 전후 가난을 벗어나지 못한 일반 국민들에게 축제를 베풀어 배설의 기회를 줘야 했다. 막대한 혼례 자금이 국고에서 나왔다.

1958년 11일 27일 약혼 발표에서, 그다음 해 4월 10일의 혼례까지 130일 간을 '미치의 붐'이라고 한다. 술집에서건 집에서건 사람들이 모이면 황실 혼례 얘기만 했다. 황실 결혼식을 볼 수 있다는 기대에 사람들은 흥분했고, 열기는 뜨거웠다. 후지은행이 10억 엔을 목표로 개발한 경축예금이 20억 엔을 돌파했고, 증권시장이 과열되었다.

신라 신문왕의 신목왕후가 혼례 수레에서 내려 걸어 들어갔다는 반월성 입구.

필요한 탕진

신라 백성들도 100년간에 걸친 국가보위 전쟁과 삼국통일 전쟁을 수행하는 과정에서 이미 다수 희생되었거나 혹은 사회적으로 몰락해 있었다. 국가의 가혹한 징병과 중세의 하중을 오랜 기간 떠받치고 있었다. 그들 가운데 상당수는 날품팔이로 생계를 이어나갔다. 통일기에 대규모의 전장田莊을 소유하고 있었던 귀족층은 무전無田 농민들에게 농지를 빌려주고 지대를 징수하는 경영 방식을 채택함으로써 수입의 안정성을 확보했다. 농민들은 자유민의 신분이면서도 귀족 지배 아래 들어가 생을 유지해갈 수밖에 없는 형편이었다.

하지만 백성들은 고귀한 여자를 실은 행렬이 나오자 저택 처마 아래서 굶주림에 날갯짓하는 것에도 신경을 쓰지 않았다. 혼례의 화려한 그늘 아래 정치적 파동과 경제의 파산, 사회의 모순과 민중 생활의 비참함은 은폐되었다. 축제에서 배설을 한 백성들은 조용히 그들의 삶으로 돌아갔고, 통일 후 확대된 영토 경영에 다시 동원되었다.

현대 일본과 고대 신라의 결혼 축제가 1300년의 시공을 초월하여 전해주는 메시지가 있다. 전쟁 후 축제에 허비되는 막대한 소비는 국가의 모순을 은폐할 만큼 효과가 있었다는 점이다. 의례란 생산적이지 못한 행위다. 냉정하게 계산한다면, 불합리한 탕진이다. 하지만 그것은 지배자 입장에서 보면 필요한 탕진이며, 사람들의 모순도 비참함도 초월해 열광하여 도취하는 대상이다. 인간이 살아가는 사회가 시공을 초월해 이러한 비합리를 계속 추구하고 있는 것은 이 때문이다. 의도된 것은 아니지만 2002년 월드컵 4강 축제는 아들의 비리로 코너에 몰려 있었던 김대중 대통령을 구했다.

□◇ **신문왕**神文王(?~692)
□■

신라 제31대 왕. 문무왕의 맏아들. 비는 소판蘇判 김흠돌金欽突의 딸. 665년(문무왕 5) 태자에 책봉,

681년 문무왕에 이어 즉위한 후, 장인인 김흠돌이 모반을 일으키자 이를 평정, 김흠돌을 주살誅殺

하고 비를 폐위시켰다. 682년 위화부령位和府令 2명을 둬 선거選擧 사무를 맡게 하고 국학을 창설해

학문을 장려했으며, 683년(신문왕 3) 김흠운金欽運의 딸을 맞아들여 왕비로 삼았다. 685년 아홉 주

를 정비했고, 서원소경西原小京을 설치, 689년에는 녹읍을 폐지하고 관리들에게 조租를 주기로 개정

했다. 당나라와 군사적 긴장이 지속되는 가운데 일본과의 외교에 노력을 기울였다.

□◇ **아키히토**明仁(1933~)
□■

일본 제125대 왕. 1952년 학습원學習院 고등과를 졸업하고, 이 해에 왕세자가 되었다. 1956년 학습

원대학 정경학부를 수료하고, 1959년 쇼다 미치코正田美智子과 결혼하여 슬하에 2남 1녀가 있다.

1953년 영국 엘리자베스 여왕의 대관식 참석을 시작으로 세계 각국을 순방했다. 1989년 히로히토

의 죽음으로 왕위를 계승해 1990년 11월 즉위식을 가졌다.

한국과 티베트, 중국의 양끝에서 수천 년 시소 타기

31

멈추지 않는 역사의 수레바퀴

공산주의 정치와 자본주의 경제로 21세기 강대국을 지향해온 중국이 얼마 전부터 곤욕을 치르고 있다. 종교의 자유와 독립을 요구하는 티베트 승려들의 평화시위가 2008년 3월 15일 격렬하게 폭발했다. 중국군이 발포를 했고, 유혈 사태로 번졌다.

49년 전 티베트의 독립봉기에서도 수만 명이 살해되었고, 그들의 정신적 지도자 달라이 라마는 몸을 피했다. 최근 10여 년간 중국은 티베트인들에게 인도에 망명해 있는 달라이 라마를 부정할 것을 강요했다. 하지만 소용이 없었다. 그러자 중국은 최근 학생과 공무원들을 대상으로 대대적인 사상교육에 돌입했다. 무리한 정책은 수십 년간 억눌린 티베트인들의 분노를 폭발시켰다. 속세를 떠난 승려들까지도 거리로 나왔다.

티베트의 수도 라싸의 주민들이 인터넷을 통해 전했다.

"티베트는 비상계엄 상황입니다. 장갑차와 사병들이 탑승한 군용차들이 시내 주요 도로에 진을 치고 있습니다. 시위대가 대피한 시내 주요 사원에 대해서는 병력이 이중 삼중으로 포위하고 있으며 주변 도로 곳곳에 검문소가 설치돼 무장경찰이 신분증과 여행 허가증을 검사하고 있습니다. 중국군 1만여 명이 라싸 시내에 진입했으며 완전 무장한 시위진압 경찰 1000여 명이 장갑차의 지원을 받으며 가택수색을 벌이고 있습니다."

티베트인들이 중국에서 분리·독립할 것을 주장하며 시위를 벌이고 있다. 티베트인들은 중국 한족과 한족들의 사업장을 공격하며 폭력적인 시위를 벌였다. 최근의 티베트 사태는 실크로드를 사이에 두고 티베트와 중국이 벌여온 오랜 싸움의 증거이기도 하다.

티베트군의 중국 수도 점령

신라 김유신 장군의 자손인 김암은 현 티베트 사태와 정반대의 상황을 당나라의 수도 장안에서 목격했다(763년). 신라 사절단과 함께 김암이 장안에 도착한 시기는 그해 4월이었다. 안사安史의 반란군이 한때 점령했던 장안은 화려함을 잃었다. 755년에서 763년에 이르기까지 약 8년 동안 중국 당나라를 뿌리까지 뒤흔든 반란은 안녹산과 사사명史思明 등이 주동이 되었다.

유학생 김암에게 제대로 배울 수 있는 여건도 주어지지 않았다. 그해 가을 티베트군(토번군)이 국경을 넘었다는 소식이 들렸다. 토번의 군대가 수도 장안으로 진격을 해오고 있는데도 당의 북서부 사령관 복고회은은 팔짱을 끼고 구경만 하고 있었다. 그는 안사의 반란을 진압한 뒤 가장 강력한 군사적 역량을 보유한 인물로 남아 있었다. 이 점을 우려한 당 조정은 보안 예방책을 구실 삼아 복고회은을 하동 절도사로 임명하지 않았다. 김암이 목격한 세계 제국 당의 모습은 너무나 무력했고, 그동안 가졌던 환상은 깨졌다.

그해 11월 황제가 소수의 신료들과 함께 장안 동쪽으로 달아났다. 티베트군이 장안에 임박했다는 신호였다. 이윽고 티베트군이 질서정연하고 당당한 모습으로 장안에 입성했다. 불충하고 배신을 밥 먹듯이 하는 '당나라 군대'와 확연히 비교가 되었다. 티베트군은 복종적이고 질서정연하며 군기가 있었다. 김암은 군인다운 군인을 보았다.

"저들이 세계 최강의 티베트군이야!"

티베트군의 점령 아래에서 장안은 이상할 정도로 조용했다. 티베트군을 피해 장안을 탈출하려는 사람들의 움직임도 거의 없었다. 그들은 심리적으로 재앙을 순순히 받아들이는 데 익숙했다. 수도가 여러 번 점령되는 내란을 겪으면서 그들은 변해 있었다. 티베트는 당나라의 새 황제를 옹립했다. 즉위식이 있었고 중국인들은 마음에 상처를 입었다. 이 사건은 이제 막 극심한 내란을 극복한 당 제국의 위신을 추락시켰다. 이후 서역에 대한 티베트군의 지속적인 공격은 안사의 잔당들이 중국의 동해 안에 독립적인 '번진'들을 세울 수 있는 시간을 주었다. 당나라의 국가 구조가 여기서 일그러졌다.

전사 국가 티베트의 성장과 고구려

최근 벌어진 티베트 유혈 사태와 관련해, 달라이 라마 망명 정부의 동아시아 대표가 한국을 방문했다. 조계종 총무원장 지관 스님을 예방한 그는 "이번 사태는 2500년 티베트 역사 중 가장 암흑기이자 중요한 시기"라며 "한국 불교의 관심을 부탁한다"고 했다.

한국과 티베트와의 인연은 1359년 전부터 시작되었다. 직접적인 만남은 없었다. 하지만 티베트의 국왕은 요동과 한반도의 사정에 매우 관심이 많았다. 당·고구려 전쟁의 결과에 티베트의 운명이 달려 있었기 때문이었다.

641년 당태종은 자신의 딸을 티베트 국왕에게 시집보냈다. 동쪽에서 고구려와 전쟁을 하려면 서쪽의 안정이 필요했다. 티베트의 국왕 승첸 깐포도 당태종의 의도를 잘 알고 있었다. 그는 항상 고구려와 당의 전쟁 상황에 신경을 곤두세웠다. 라싸의 궁전에 있던 그가 고구려에서 돌아온 당태종에게 서신과 근사한 선물을 보낼 정도였다(『구당서』「토번전」).

태종의 딸 문성공주와 함께 당의 발달된 문물과 과학기술이 티베트에 유입되고 있었고, 국가 시스템이 고도화되고 있었다. 하지만 누구도 믿지 못하는 티베트 국왕은 고민이 많았다.

"동방의 강국 고구려가 당에 굴복하면 우리의 장래가 어두워진다. 당은 원조를 당장 끊을 것이고, 칼끝을 우리에게 겨눌 것이다. 고구려 다음은 우리야!"

이듬해인 646년 당에서 귀국한 사자를 만나고 그는 마음을 놓았다.

"고구려에서 패한 당태종은 이동 중 가마에서 심하게 앓았다고 합니다. 스트레스를 받아 당태종은 병이 들었고, 황태자(고종)가 아버지 머리맡에서 자식의 도리를 하고 있어요. 하지만 태종은 고구려 정복에 대한 집착을 버리지 못했습니다."

"그래! 역시 고구려는 만만한 나라가 아니야."

"승첸깐포 폐하! 당태종의 후유증이 심각합니다. 중풍에 걸려 반신불수가 된 그는 더욱 성마르고 의심 많은 사람으로 변했다고 합니다."

"뭐라! 이거 천하의 당태종도 고구려에 패하더니 완전히 맛이 갔어."

당태종의 회한은 끝없이 깊어갔다. 그리고는 결국 세상을 등졌다. 고구려와의 전쟁은 대를 물려가면서 치러졌다. 당태종의 아들 고종은 막대한 전비와 희생이 따르는 그 전쟁에 매달렸다. 결국 신라와 동맹을 맺었다(660년). 나당연합군이 고구려의 평양성을 함락시키고 그 국왕과 귀족들을 잡아갔다(668년).

실크로드 전쟁과 나당전쟁

고구려는 멸망했다. 하지만 23년간의 이 전쟁은 서쪽에서 티베트가 국력을 다지고 팽창할 수 있는 시간을 주었다. 티베트 고원을 완전히 통일한 티베트는 660년부터 실크로드와 인접한 토욕혼을 잠식했다. 고구려와의 전쟁에 발이 묶인 당은 뻔히 알면서 이를 방관할 수밖에 없었다. 669년 9월 이윽고 티베트는 실크로드(천산남로)를 급습하여 점령한다. 당나라는 실크로드 경영권 상당 부분을 상실했다.

670년 고구려 주둔 사령관이었던 설인귀가 이끄는 병력 10만이 티베트군을 몰아내기 위해 출동했다. 양군은 청해호로 흐르는 대비천 부근의 푸른 평원에서 만났다(청해성). 준비된 티베트군은 너무나 강했다. 당군 10만이 전멸하고 설인귀는 목숨만 건졌다. 당과 티베트가 실크로드 경영권을 놓고 시작한 150년 전쟁의 서막은 이러했다.

대비천에서 당군의 전멸은 우리 한국 민족 형성의 산고인 통일 전쟁의 방향을 바꾸었다. 당의 입장에서 한반도보다 실크로드가 경제적으로 훨씬 중요했다. 앞으로 한반도에 많은 군대를 주둔시킬 수 없었다. 신라에게 절호의 기회가 왔다. 당군은 백제와 고구려를 멸망시킨 후 신라까지 지배하려고 했다. 하지만 바람의 방향을 응시하던 신라인들은 서역 상공에 폭풍이 떠 있고 티베트는 그 눈이 되리란 것을 직감했다. 당에 순종적이던 신라가 단숨에 태도를 돌변시켜 사정없이 덤벼들었다(670년). 신라군은 압록강을 넘어 만주까지 진군했다(나당전쟁 670~676년). 서역에 발이 묶인 당군은 동쪽 신라에 힘을 집중할 수 없었다. 대신 말갈인 용병을 고용하여 신라군과 싸우게 했다.

675년 티베트에서 왕위 쟁탈전이 벌어졌다. 티베트가 내분에 휩싸이자 당고종은 실크로드에서 전세를 역전시킬 기회가 왔다고 생각했다. 대규모 병력이 필요했다. 그해 임진강 중하류의 매초성에서 신라군과 대치하고 있던 말갈 군대를 호출했고, 이듬해 그들은 실크로드 전선에 투입되었다. 이로써 당군이 한반도에서 완전히 물러났다. 국제적 상황이 낳은 의도하지 않은 결과였다. 실크로드 전쟁은 신라가 한반도에서 당의 세력을 축출하는 여건을 제공했다. 우리 민족의 모체는 이때 만들어졌다.

이로부터 1280년 후 다른 상황이 연출되었다. 한국에서 전쟁(1950~1953년)이 발발했다. 중국 군대는 한반도와 티베트 고원으로 진군했다. 아편전쟁 이후 100년 만에 힘을 회복한 중국은 한반도에서 미군을 궁지로 몰아넣었고 티베트 수도 라싸를 점령했다. 한반도는 중국에게 미국의 한기寒氣를 막는 입술이었고, 티베트 고원은 인도와의 완충지대였다.

거침없이 돌아가는 역사의 수레바퀴

티베트 군대에 겁을 먹은 당 황제는 장안에서 도망을 쳤다(763년). 티베트가 당나라 수도를 접수하고 도주한 그를 대신하여 새로운 황제를 옹립했다. 최강국 당이 이제 무력한 나라가 되었다는 것을 전 세계에 알리기 위한 이벤트였다. 소문은 실크로드를 통해 이슬람과 유럽의 기독교 세계에까지 퍼졌다. 실크로드를 지나는 상인들은 이제 티베트에 세금을 내야 한다는 것을 알게 되었다.

이로부터 약 1200년 후 중국은 달라이 라마를 티베트에서 몰아냈고(1959년), 라마교의 제2인자 치에키 니마를 연금하고 로느부라는 소년을 그 자리에 앉혔다(1995년). 현 중국의 통치자 후진타오는 1988~

1989년 티베트인들의 대규모 저항을 강력히 진압한 공으로 출세의 사다리를 탔다. 하지만 세계의 이목이 중국에 집중된 올해 티베트인들의 반격이 시작되었다. 베이징 올림픽을 경제 발전의 선전장으로 삼으려고 했던 중국의 얼굴에 핏줄이 섰다. 마지막 기회인 것을 알고 있는 티베트인들도 희생을 각오했다.

"우리 가운데 누군가는 죽어야 한다. 그것이 중국의 야만성을 증명할 것이다."

중국에 수치를 주기 위한 티베트인들의 장렬한 이벤트가 시작되었다. 그들의 희생은 국제사회에서 미국과 유럽이 중국을 압박하는 강력한 지렛대가 된다. 강경 진압은 중국이 향후 세계 시장에서 상당한 이익을 양보해야 한다는 것을 의미한다.

좁은 국내 시장이 배태한 비극

최근 미국은 만성적인 병력 부족에 시달리고 있다. 이라크와 아프간에서 전쟁이 장기화되면서 북극 부근에 위치한 알래스카 주방위군을 사막의 햇살이 내리쬐는 이라크에 배치했다. 군 입대를 통해 시민권을 취득한 불법 이민자의 수도 증가했다. 미군 당국은 이들을 받아들이기 위해 영어 적성검사 통과 기준을 크게 낮춘 바 있다. 2002년 부시 대통령이 시민권 취득을 용이하게 하는 행정 명령을 발동하면서 불법 이민자의 군대 지원율은 4배 이상 증가했다.

한 젊은이의 쓸쓸한 죽음

나아가 미 국방부는 미군에 지원할 경우 시민권을 부여하는 정책을 해외로 확대할 계획이라고 언급한 바 있다. 모병 사무소가 가장 먼저 개설되는 지역으로는 인도 델리가 거론되고 있다. 미 국방부가 이 정책을 추진하는 것은 최근 미국인 입대 지원자가 줄어들기 때문이다. 이러한 소식은 취업이 어려운 한국의 젊은이들을 들뜨게 했고, 불법 체류가 많은 한인사회를 들썩이게 했다. 모병소에 하루에 몇천 통씩 문의 전화가 쇄도했고, 모병소 업무가 마비될 상황까지 이르렀다. 국방부 자료에 따르면 2005년 1월 현재 미군 내 6만9300명의 이민자가 복무하고 있으며 이중 한인 미군의 비율은 2.8퍼센트에 달한다고 한다. 비시민권자 신병들은 주로 이라크·아프가니스탄 등 전장에 배치되며, 위험한 보직을 맡게 된다. 그들 가운데 전사자도 적지 않다.

미국에서 시민권을 획득하고, 직장을 얻기 위해 미군에 입대한 한국인 유학생 부부가 있었다. 미국으로 유학을 간 김정진(23)씨는 하와이 퍼시픽 대학을 다니다 부인 김영아씨를 만나 2001년 8월 결혼했다. 그는 2004년 4월 미군에 입대했다. 하와이 호놀룰루 경찰을 꿈꿨던 그의 입대 동기는 투표권을 행사할 수 있는 미국 시민권을 얻는 것이었다.

'부부 군인은 같은 지역에 배치될 수 있다'는 말에 김영아씨도 남편을 따라 입대했다. 이들은 동두천에서 잠시 함께 생활했으나 남편이 이라크로 파견되자 이별을 해야 했다. 부인은 첫아이를 가진 만삭의 몸이었다. 김 이병은 2004년 10월 6일 현지 작전 도중 저항세력의 총격을 받고 세상을 떠났다. 아들이 태어난 지 한 달 만의 일이었다. 2004년 12월 미

2007년 11월 27일 미국 캘리포니아 산타모니카 비치 알링턴 묘지. 이라크전 전사자가 묻히는 곳이다. 한국인 유학생으로 이라크전에 참전 중 사망한 김정진씨도 여기 묻혔다.

국 정부는 전사한 고故 김정진 이병에게 '사후 시민권'을 수여했다. 그의 죽음은 당나라로 건너가 입대하여 전사한 어느 고대 한국인의 슬픈 이야기를 떠올리게 한다.

당나라 군인이 된 신라의 청년 설계두

645년 6월 안시성 앞 주필산, 고구려군과 당군 사이에 전투가 벌어졌다. 양 군을 합쳐 10만 이상의 병사들이 뒤엉켰다. 그 넓은 지역이 좁아보였다. 군마와 인간이 일으키는 먼지가 땅과 하늘에 자욱했다. 누가 적이고 아군인지 알아보기도 힘들었다. 죽은 자들의 시신이 땅에 밟혔고,

살아남은 병사와 군마들은 피를 뒤집어쓰고 있었다.

이날 당군의 진영에서 영웅이 되기로 결심했던 두 사나이가 있었다. 설인귀와 설계두였다. 설인귀는 주필산 전망대에서 지켜보는 황제의 눈에 띄기 위하여 아예 전신에 흰옷을 입었다. 그는 맹활약을 했다. 가는 곳마다 고구려 장수를 쓰러뜨리고 부대를 허물었다. 그의 흰옷은 황제의 주의를 끌었다. 태종은 그의 활약을 보고 전투 중에 그의 이름을 알아오게 했다.

신라인 설계두도 고구려진 안쪽으로 깊숙이 파고들었다. 그는 황제의 눈에 띄지는 못했지만 함께 싸웠던 모든 병사들이 그의 활약을 보았다. 전투가 끝난 후 병사들은 그를 그날의 최고 공로자로 뽑았다. 두 사람은 당태종을 알현했다. 태종은 설인귀를 보더니 "나의 옛 장수들이 이젠 모두 늙었는데, 경같이 젊고 용맹한 사람이 없다. 짐이 요동을 얻어서 기쁜 게 아니라 용맹한 장수를 얻어서 기쁘다"고 극찬을 했다. 이어 황제는 그를 유격장군으로 임명했다.

신라인 설계두도 태종 앞으로 불려갔다. 설계두가 진실로 바라던 순간이었다. 『삼국사기』(권47「설계두전」)를 보면 그는 "신라에서 사람을 등용하는 데 골품을 따진다. 진골이 아니면 재능이 뛰어나도 한계가 있다. 나는 중국으로 가서 공을 세워 관직에 올라 의관을 차려입고 칼을 차고 천자의 측근에 출입하며 살겠다"고 했다.

하지만 그는 걸어서 간 것이 아니라 들것에 실려갔다. 너무나 많은 활에 맞고 창에 찔려 피가 낭자한 상태였다. 그는 고구려군의 진중에 너무 깊이 들어갔다가 빠져나오지 못하고 그곳에서 전사했던 것이다. 태종은 설계두가 신라인이라는 사실을 알고는 놀랐다. 그의 소원이 장군이 되어 황제를 보좌하는 것이었다는 얘기를 듣고는 어의를 벗어 덮어주고 장군으로 추존했다. 설계두는 죽어서 그렇게 꿈에 그리던 중국의 황제를 알현했다.

새로운 꿈을 안고 지나 해협을 건너다

신라인 설계두가 당군의 하급 장교로 고구려 안시성 전투에 종군하게 된 사연은 무엇인가? 그가 성장했던 시기의 신라는 고구려 · 백제 양국으로부터 공격을 받고 있었다. 많은 사람들이 언제 끝날지도 모르는 전쟁에 희생되고 있었다. 설계두는 주변 사람들로부터 전쟁에서의 무용을 인정받고 있었다. 하지만 그의 신분이 발목을 잡고 있었다. 설계두의 집안은 신라에서 6두품 신분의 귀족이었다. 왕족인 진골이 아니었다. 그는 전쟁에서 진골 귀족들을 위해 개죽음을 당하고 싶지 않았다. 그는 자신의 공명을 위해 싸우고 싶었다.

신라는 주변국에 비해 왕족 숭배의 경향이 강한 사회였다. 신라 사람들은 고귀한 출신 성분에 대해 종교적 숭배의 감정을 가지고 있었다. 그들은 태어나면서부터 왕과 진골 귀족을 조상을 받들 듯 존경하였고, 하늘이 내려준 그 지위를 감히 엿보려 하지 않았다.

이러한 사회적 분위기 속에서도 설계두는 고위 관직에 오르고 싶은 욕망을 누를 수 없었다. 하지만 그것은 태생적인 한계로 신라에서 이룰 수 없는 꿈에 불과했다. 평생 진골 귀족의 그늘 아래 있어야 한다는 사실이 참을 수 없었으리라. 그의 조바심은 더해갔다. 『삼국사기』를 보면

"621년(무덕 4)에 설계두는 아무도 모르게 당으로 향하는 배를 탔다"고 한다.

하지만 설계두가 도착한 초기의 당은 너무나 미약한 나라였다. 그는 동돌궐에게 굴욕을 감수해야 했던 당을 바라봐야만 했다. 수隋가 붕괴되고 618년 이연唐高祖·이세민唐太宗 부자가 주둔지 산서의 태원으로부터 수의 수도 장안으로 들어가 일거에 정권을 수립할 때 동돌궐 기마군단의 도움을 받았던 것은 유명한 이야기다. 당시 이연은 물론이고 중국 북부에서 몸을 일으킨 군웅들은 모두 동돌궐 칸에게 신하의 예로 대했다.

그때 동돌궐의 세력 범위는 동쪽으로 만주 일대까지, 서쪽은 지금의 청해성과 신강성 동부에까지 펼쳐져 있었다. 당시 동돌궐은 아시아에서 거의 모든 민족의 주인이었다. 동돌궐은 620년 이래로 북중국에 대한 약탈을 자행해왔다. 당고조 이연에게 이것은 너무나 고통스러운 것이어서, 그는 장안을 포기하려고 마음을 먹은 적도 있었다. 626년 6월 궁중 내의 쿠데타로 정권을 장악한 이세민이 당태종으로 즉위했다. 이세민이 자신의 형제와 조카들을 죽이고, 아버지 이연을 연금한 후 황제의 자리에 올랐다는 소문은 즉각 북방의 초원으로 흘러 들어갔다.

태종의 궁색한 상황을 동돌궐은 정확히 간파하고, 젊은 새 황제를 그냥 두지 않았다. 즉위한 바로 그 달에 힐리칸은 10만 기병을 이끌고 장안 부근까지 진격해왔다. 이때 장안성 안에 동원할 수 있는 장정은 겨우 수만에 불과했다. 힐리칸은 위수渭水의 편교까지 진출한 후 사신을 성안으로 파견했다.

당시 정황은 압도적으로 동돌궐이 유리한 상태였다. 대군을 동원, 침입해온 유목 군대를 당태종은 무력으로 막아낼 생각을 할 수가 없었다. 동돌궐은 수확 없이 물러나려 하지 않을 것이 확실했다. 당태종은 어떠한 굴욕이라도 참고 전쟁을 피하지 않으면 안 되었다. 그는 장안성에 있는 재물을 닥치는 대로 모아 힐리칸에게 바치고 화의를 요청했다. 설계두는 이 기간 동안 당에서 하는 일 없이 시간을 보내야 했다.

상황이 바뀌었다. 627년 동돌궐 내부에 반란이 일어나서 집권자인 힐리칸의 지배력에 상당한 타격을 주었다. 629년 한 해 동안 초원에서 돌궐인들 사이에서 내전의 불길이 맹렬하게 타고 있었다. 당태종은 초원의 전쟁에 개입할 의사를 확실히 했고, 630년 초에 당군은 초원으로 침입하여, 봄에 힐리칸을 생포할 수 있었다. 동돌궐의 몰락과 당의 국력 상승은 설계두에게 기회로 여겨졌을 수도 있다.

하지만 운명의 여신은 누추한 그를 향해 문을 열어주지 않았다. 630년 이후 당에 항복한 돌궐인들의 행렬이 줄을 이었다. 10만으로 추산되는 유목민들이 당에 대거 들어왔던 것이다. 그들은 아주 훌륭한 기마전사 집단이었다. 당은 이들을 동원해 주변의 토욕혼, 실크로드의 고창국 등을 멸망시키고 사천지방을 침공한 토번을 격퇴한다. 산이 많은 신라에서 자라난 설계두의 기병 전투능력은 돌궐인들의 상대가 되지 못했다. 그는 산성을 중심으로 벌어지는 보병 전투에 능한 자였다. 넓은 평야나 초원지역에서 일어난 이 10년(630~640) 동안의 전쟁에서 설계두가 끼어들 틈은 없었다. 그냥 세월만 흘러갔다.

희생양이 되어 사라지다

640년 당이 타림분지에 위치한 고창국을 멸망시킨 후 고구려 침공에 대한 말이 나오기 시작했다. 설계두가 나이 스물에 신라에 건너왔다면 이때는 마흔이 된 시기였다. 당시로 볼 때 중년을 지나 노년기에 접어든 나이였다. 마지막 희망이 보였다. 하지만 확신은 가질 수 없었다.

당태종의 고구려 침공 계획은 반대에 부딪혔다. 위지경덕은 황제의 고구려 원정을 틈타 수대의 양현감 반란과 같은 변고가 닥칠까봐 우려했다. 612년 수양제의 1차 고구려 침공은 100만 대군을 동원하였음에도 불구하고 대패배로 끝이 났다. 하지만 양제는 613년에 바로 2차 고구려 침공을 감행하였다. 이때 후방에서 양현감의 반란이 일어났다.

만일 고구려 침공이 실패한다면 국제적인 문제로 비화될 것이며, 국가의 수족인 변방보다 장안과 낙양의 안정이 더 중요하다는 저수량褚遂良의 주장도 이와 같은 우려에서 나왔다. 고구려 원정 실패와 수의 멸망이라는 파국은 그에게 너무나 생생한 기억으로 남아 있었으리라. 그래서인지 이대량李大亮도 임종 직전에 태종이 요동을 차지하려는 야심을 접고 종묘가 있는 장안에 관심을 쏟을 것을 진언했다. 태종은 그 반대의 목소리를 일축했다.

"수대에는 농민들을 징집하여 고구려 침공에 동원했다. 30만이 고구려에서 몰살당했다. 아들과 남편을 잃은 백성들의 원성이 수미산을 넘었지. 하지만 이번에는 자원하는 병사들을 모집하여 군대를 조직할 것이고, 여기에는 중국인이 아닌 자들이 대거 포함된다."

644년 당의 고구려 침공이 결정되었고, 병사들을 모집하는 공고가 전국에 나붙었다. 마침내 그에게 기회가 왔다. 하지만 이미 마흔 줄에 접어든 설계두였다. 모집하는 측에서 나이를 문제로 삼았을 수도 있다. 하지만 설계두는 자신이 신라인이라 산성의 나라 고구려의 전투에서 역량을 발휘할 수 있다고 스스로를 알렸다. 과의果毅라는 관직을 받았다. 이렇게 응모한 용사들에게 주는 하급 장교직이었다. 현장에서 실력 발휘를 한번 해보라는 의미였다.

526~536년 무렵 남조 양나라에 파견된 외국 사절을 그리고 해설한 〈양직공도〉(중국 남경박물관 소장). 당나라 하급 장교였던 설계두의 모습이 서서히 그려진다.

645년 봄 당군의 모든 병력은 북경에 집결했다. 지금 중국의 수도인 북경은 당시는 깡촌이었다. 하지만 이미 수대에 이곳에 병력과 물자를 집중시키기 위한 인프라가 구축되어 있었다. 황하에서 북경까지 이어지는 운하가 그것이다. 당의 수도인 장안과 부도인 낙양에서 병력과 물자가 배로 황하를 타고 내려오다가 북경으로 이어지는 운하로 향했고, 양자강에서 황하로 이어지는 운하를 통해 강남의 물자와 병력도 북경으로 왔다.

요택을 건넌 당군은 요동성·백암성을 함락시키고 안시성에 다가섰다. 설계두가 속한 부대도 여기에 있었다. 북부 욕살 고연수 등이 이끄는 고구려군이 안시성을 구원하기 위해 왔다. 전투병과 보급병을 모두 합쳐 15만의 규모였다. 당태종은 고연수의 고구려군이 안시성에 들어가는 것을 우려했다. 어떻게든 고구려군을 주필산 쪽으로 유인하려고 했다. 태종의 계략이 맞아떨어졌다.

당의 장군 이적은 보병·기병 1만5천 명을 거느리고 성 서쪽 산 고개로 가서 진을 쳤다. 그는 고구려 군대와 정면 대결을 준비했다. 태종은 보병·기병 4천 명을 거느리고 고각과 정기로 전군을 지휘했으며, 고구려군 측면을 공격하는 역할을 맡았다. 당의 장군 장손무기는 1만1천 명의 기병으로 고연수의 배후를 치는 역할을 맡았다.

고구려군은 이적의 군대만 보고 앞으로 나아갔다. 하지만 장손무기와 당태종이 고구려군의 후면과 측면에 협공을 가했다. 이때 후퇴하던 이적의 장창보졸長槍步卒 1만이 갑자기 등을 돌려 고구려군을 향해 다가갔다. 보병 1만이 갑자기 장창을 세우고 정연한 대열을 유지하고 있는 모습은 멀리서 보면 고슴도치와 같았다.

고구려군은 당군에 의해 후면과 측면에 압박을 받고 있는 상태에서 이적의 장창보병의 대열에 부딪혔다. 이적의 기병 5천은 보병 대열의 양쪽 측면을 지켰다. 장손무기 휘하의 우진달이 이끄는 돌궐 기병이 고구려군에 충격을 주는 망치라고 한다면 한인으로 구성된 이적의 장창보병은 모루였다. 당은 안시성 앞에서 벌어진 싸움에서 한인 보병과 유목 기병을 절묘하게 결합시켜 전력의 효율성을 극대화시켰다.

좁은 시장이 인재를 밖으로 내몬다

설계두는 이 전투의 초반에 전사한 듯하다. 그가 속한 이적의 부대는 고구려군을 유인하기 위한 미끼로 던져졌다. 그것을 가능하게 하려면 처음에 고구려군의 진중에 깊이 들어가 싸우다가 밀려 퇴각하는 연기가 필요하다. 누군가는 해야 할 몫이었다. 고구려군을 당군의 포위망에 들어오게 하려면 누군가의 희생이 필요했던 것이다. 초반에 투입된 설계두는 자신의 공명을 위해 혼신의 힘을 다해 싸우다가 죽었다.

당태종은 자신의 옷을 벗어 설계두의 시신 위에 덮었다. 그리고 눈물을 흘렸다. 못다 한 꿈을 두고 죽어간 어느 이국인이 정말 불쌍해서였을까. 어떻든 그는 자신의 일처럼 마음 아파했다. 태종은 설계두의 마음을 깊이 이해한 것이 분명하다.

신라인 설계두는 자신의 출세를 위해 당나라로 갔다. 그는 진골 귀족 다음가는 6두품 귀족으로서 신라에서 관직을 가질 수 있었고 그럭저럭 먹고살 수도 있었다. 능력에 따라 고위직에 이르지 못한다는 것을 그는 참을 수 없었다.

이에 비해 이라크에서 전사한 김정진씨는 현대 미국사회의 일원으로 경찰 공무원이 되는 것이 꿈이었다. 그는 출세가 아니라 안정된 삶을 원했을 뿐이다. 하지만 공통점도 있다. 절망의 고국으로 돌아가고 싶지 않은 마음이 그것이다. 병역 기피자인 설계두에게는 고향 땅에 단두대가 기다리고 있었고, 유학생인 김씨에게는 미래의 부재가 똬리를 틀고 있었다. 그래서 둘은 체류지인 타국의 전쟁 인력 수요가 극대화된 시점에, 죽음으로 가는 문턱일지라도 희망이 있다고 여겨진 군대를 선택했다. 비극은 다양성이 인정되지 않는 조국의 좁은 시장에서 배태되었다. 그러한 곳에서는 아무리 능력이 있어도 소용이 없다. 1360년의 시차가 나지만 두 사람은 기회가 널려 있는 당 제국과 미 제국의 광활한 시장 속에서 살아가기를 원했다.

애국했지만
죄인이 된 사람들

로버트 김과 신라인 우로

강릉 앞바다에서 북한 잠수함이 좌초했다(1996년 9월 18일). 잠수함에서 내린 북한 특수요원들은 태백산맥으로 올라갔고, 한국군과의 치열한 교전이 벌어졌다. 주미 한국대사관 해군 무관으로 근무하던 백동일 대령이 바빠지기 시작했다. 무관은 정보기관의 세계에서는 '화이트White'로 불리는 공개된 스파이다. 미국은 여러 곳을 전전하며 첩보를 수집하는 백 대령을 '캐묻는 장교Inquisitive officer'라 불렀다.

한국은 대외 정보의 90퍼센트 이상을 미국에 의존하고 있었다. 하지만 당시 북한 핵 문제로 양국은 상당히 불편한 관계에 있었다. 한국은 북핵으로 최대의 피해자가 될 수 있는 상황이었지만 북미 간의 회담 내용이나 북한의 정보에 대해 무지했다. 백 대령의 머릿속은 한 치 앞도 알 수 없는 길을 걷던 조국에 대한 걱정으로 가득 차 있었다.

미 해군의 기밀 문서 300여 건 유출되다

백 대령은 로버트 김이란 사람을 만났다. 그는 당시 미 해군정보국 ONI에서 19년 동안 근무해왔던 재미 한국인이었다. ONI는 세계 각처에서 수집한 첩보를 취합·분석하는 곳이다. 로버트 김 또한 조국의 현실을 답답해하고 있었다. 그는 한국이 북한에 대한 올바른 정보도 없이 대처하고 있으며, 이러한 상황에서 의도하지 않은 돌발적인 파국을 맞이할 수도 있다고 생각했다.

만남이 있은 후 로버트 김은 자료를 우편으로 보내주기 시작했다. 전달한 정보들은 휴전선 부근의 북한군 배치 실태나 무기 수출입 현황, 해군의 동향 등이었다. FBI는 로버트 김이 미 해군의 기밀 문서 30여 건 이상을 넘겨주었다고 주장했다. 1996년 9월 24일, 로버트 김은 북한과 관련된 정보를 제공했다는 혐의로 체포됐다.

로버트 김은 법정에서 자신이 미국 시민이면서 법과 정보요원의 규율을 어기고 정보를 누설한 데 대해 잘못을 인정하고 그 죄를 기꺼이 받겠다고 했다. 1997년 7월 '국방기밀 취득 음모

미국에서 국가기밀 유출 혐의로 수감됐다 풀려난 로버트 김.

죄'로 징역 9년과 보호관찰 3년을 선고받았다. 그에게 더 가혹한 시련을 준 곳은 그가 사랑하던 '조국'이었다. 로버트 김이 체포되자 당시 한국 정부는 "우리와는 관계도 없고, 우리는 관심도 없다. 미 사법 당국에 넘어간 이상 미국 법 집행에 따르지 않을 수 없다"는 등의 방관적인 입장을 취했다. 우리 정부는 무책임을 선택했다. 백 대령도 고통의 나날을 보냈다. 그는 로버트 김에 대한 미안한 마음을 안은 채 미국에서 추방되었고, 2001년 1월 말 군복을 벗었다.

남편의 원수를 갚은 우로 부인

고대 신라에도 이러한 일이 있었다. 신라의 궁정 앞마당이었다. 가냘픈 여자가 처형대에 묶여 있었다. 남편의 복수를 했다는 죄목이었다. 처형 직전 그 운명의 여자 우로 부인에게 첨해왕(247~261)이 말했다.

"당신이 왜국의 재상 사신을 죽여서 환란을 자초했다. 왜국의 왕이 배에 수많은 병력을 싣고 동해안에 상륙하여 왕경으로 쳐들어오고 있다. 왜국 왕은 신하의 복수를 원하고 있는 것이다."

신라의 귀족들이 이구동성으로 맞장구를 쳤다.

"맞습니다."

형틀에 묶여 있던 우로 부인이 대답했다.

"과연 누구를 위한 전쟁이었나요? 남편이신 우로 장군은 우리 신라를 노략질하는 왜인들을 격퇴하는 데 앞장을 섰습니다. 그런데 당신들은 남편을 왜인들 손에 넘겼습니다. 그리고 심한 고문을 받다가 죽었습니다. 당신들이 그를 사지로 몰아넣었던 것입니다. 어떻게 나라를 위해 목숨을 걸고 왜인들과 싸운 애국자를 적의 손에 넘깁니까? 조국을 사랑한 것이 죄라면 누가 앞으로 조국을 위해 싸우겠습니까?"

이야기는 3세기 초반 어느 어두컴컴한 날로 거슬러 올라간다. 우로于老는 신라 왕궁인 반월성에서 석씨 나해왕의 아들로 태어났다. 어둠이 똬리를 틀고 있는 가난한 나라 신라였다. 한반도 동남쪽의 끝, 바다와 산맥으로 둘러싸여 있는 이 작은 나라는 결코 윤택하지 않았다. 끊임없이 계속된 전쟁이 모든 힘을 빼놓았기 때문이다. 도시라 해봤자 제대로 된 것이 없었으며, 본거지인 경주도 반월성 아래 허름한 집들이 옹기종기 모여 있는 읍락이었다.

언제나 거듭된 왜인들의 약탈과 방화 때문에 사람들은 안정된 생활을 영위하기 어려웠다. 오늘날까지 잔해만 남아 있는 반월성의 성채는 당시 흙과 목책으로 이루어진 토성에 불과했으며, 호사스러움과 사치스러움을 지닌 진짜 왕성의 모습과 거리가 멀었다. 그것은 전쟁 시 점령되지 않을 요새로만 여겨졌다.

왕경에는 큰 씨족 집단들과 각각 거기에 속한 예속민들이 살았다. 그 사이에 존재하는 중산층이 있다고 해도 극히 얇은 층위를 구성하고 있었다. 북쪽에 비옥한 들판이 있는데 사벌국(상주)이 버티고 있었으며, 서쪽에도 구릉지 분지가 있었다. 그곳은 골벌국(영천)의 소유였다. 남서쪽에는 철산이 풍부한 가야의 소국들이 왜와 낙랑지역과 무역을 하고 있었다. 이 시기에는 오히려 신라보다 가야 쪽이 번성했다.

사람들이 넘쳐나는 낙랑군처럼 교통 수단이 발달되어 있었던 것도 아니었고 무역을 하는 것은 더더욱 아니었다. 아직도 족장시대나 마찬가지였고, 사람들은 밭농사나 논농사를 지어 그럭저럭 연명해나갈 뿐이었다. 법이나 관습, 부유함과 문명이라는 측면에서도 신라는 당시의 낙랑이나 중국 대륙에 비해서 적어도 수백 년 이상 뒤져 있었다. 당시 신라 왕에게 친위대는 없었다. 단지 그 친족과 예속민으로 이루어진 병력만 존재했다. 그래도 주력은 육부의 주요 씨족(귀족)들과 그 예속민으로 이루어진 병력, 육부병六部兵이 있었다.

왕에게 그 친족들은 중요한 기반이었지만 동시에 장애이기도 했다. 우로의 아버지 나해왕은 주요직에 있는 친족들에게 더없이 겸손했다. 그것은 혈연에 대한 관용 때문이었다. 신라에는 부족 국가 시대의 관습, 나아가 그 기질이나 사고방식 속에 폐쇄성이 그대로 있어 혈족을 중히 여긴다. 당시 귀족과 예속민들은 씨족사회 속에서 생선 알처럼 뭉쳐서 살았기 때문에 공동체 밖으로 나올 수가 없었다. 왕은 육부 귀족들의 눈치를 봐야 했고 친족들의 심사도 살펴야 했다.

나해왕이 헐벗은 곤궁 위에 걸치고 있는 모든 것은 부유한 낙랑군으로부터 선물로 받은 것이었다. 그의 왕궁에 있는 조촐한 위세품들은 그 하나하나가 모두 비굴함의 대가로 얻은 것들이었다. 끝없는 빈곤은 왕이 정치적 힘을 가지지 못하게 하는 종기였다. 귀족들은 나름대로 독립된 자급자족적 경제 구조를 가지고 있어 왕권에 기생하여 사는 신료들과 거리가 멀었다.

230년 아버지 나해왕이 사망한 후 왕위는 사촌형인 조분에게 돌아갔다. 우로에게 왕위는 약속되어 있지 않았다. 왕위 계승은 전왕이 아니라 귀족회의체 화백에서 결정했다. 왕은 단지 각 귀족 가문의 수장인 작은 왕들의 중심에 있다는 것뿐이었다. 조분왕(230~247)은 키가 크고 덩치가 좋았을 뿐만 아니라 판단력이 있고 위엄도 갖추고 있었다. 귀족들이 그를 두려워하기도 했다. 하지만 신라 귀족들은 진정한 왕이 되고자 하는 자를 보기 싫은 경쟁자로 여겼다. 왕은 그들의 이익을 지켜주고 대변하는 선에서 만족해야 했다.

232년 동해안에 왜군이 상륙했다는 소식이 들렸다. 그들은 거침없이 진격해 신라의 왕경으로 들이닥쳤고, 사람들과 군인들이 모두 왕성(반월성)에 들어가 피신했다. 이윽고 왜군이 그 주위를 포위했다. 과거부터 왜군이 신라에 들어와 동해안 지역의 사람들을 잡아가고, 신라의 성을 공격하여 함락시키고, 그들을 막기 위해 출동한 신라 장군을 죽이기도 했으며, 나중에도 대마도에 기지를 두고 신라를 지속적으로 괴롭혔다. 하지만 왜병이 과감하게도 내륙 깊숙이 들어와 왕성을 포위한 것은 이때가 처음이었다.

신라군은 성문을 굳게 닫고 상대하지 않았다. 조분왕과 귀족들은 그들이 식량이 떨어지고 지칠 때까지 기다리기로 했다. 그런 후에야 왕이 직접 성문을 열고 나아가 그들과 싸웠다. 소극적이지만 현명한 선택이었다. 지친 왜군은 신라군의 기세에 밀렸다. 왜군은 천천히 앞을 보면서 뒤로 물러나기 시작하더니 몸을 돌려 허겁지겁 도주하기 시작했다. 신라의 경기병이 대열이 흩어져 도망하는 왜군을 추격했다. 천여 명의 왜군이 참살되거나 포로가 되었다.

하지만 왜군이 완전히 물러간 것은 아니었다. 그들은 이듬해(233년) 5월에 다시 동해안 지역에 나타났다. 또 노략질이 시작되었다. 두 달 뒤인 7월에 가서야 우로가 병력을 이끌고 출동했다. 늑장을 부렸다기보다 병력 출동을 결정하는 데 시간이 걸렸던 것이다. 병력은 각각 귀족의 휘하에 있었고, 왕은 그들을 설득해 병력을 모아야 했다.

귀족들은 왜군이 왕경의 지척에 와 있었지만 싸움에서 자신의 병력을 잃을까봐 서로 눈치만 보고 있었다. 그 싸움에서는 이겨도 이익이 없고 잘해봤자 본전이라는 생각이 그들의 머리에 들고 있었다. 후대의 왕들이 왜의 본거지인 대마도를 쳐서 근본 원인을 제거하려고 해도 귀족들은 번번이 반대만 했다. 그들의 머리는 자신의 이익과 체면 유지에만 신경을 쓰면서 경화되어갔다. 현상 유지에만 급급했으며, 막대한 이익이 없다면 어떠한 위험도 감수할 생각이 없었다.

석씨, 박씨, 김씨 족들은 서로 왕을 배출하기 위해 끊임없이 다투었다. 왕들은 언제나 외부의 적과 나라 안의 귀족들과 싸웠으며, 그들 안팎에는 언제나 불안이 자리 잡고 있었다. 평화는 없었다. 가장 충성스러워야 할 자들이 가장 불충한 짓을 했다. '음흉하고 강력하고 거칠고 제어할 수 없고 탐욕스러운' 귀족들이었다. 귀족들은 작은 왕들이었다. 질투심이 그들의 동기였으며, 그들의 욕망이 인생관이었다. 이익만이 신라 귀족들이 귀를 기울이는 유일한 노래였으며, 귀족의 의무, 명예, 정의, 미덕, 고귀한 행동 등을 그들에게 설교하려고 하면 웃음거리가 될 뿐이었다.

싸움터는 사도沙道(영일)라는 곳이었다. 우로는 그곳의 해안지형을 잘 알고 있었다. 해안의 모래사장이었는데 육지 쪽에서 바다 모래사장으로 내리막 경사가 있었다. 바다에서 밀고 들어온 왜군의 배가 모래사장에 머리를 박아놓고 있었다. 배와 배 사이에 천막을 걸쳐서 막사를 만들었다. 그것은 왜군의 해안 캠프였다. 우로의 군대가 다가오자 왜군은 그것을 막아내기 위해 캠프 앞에서 대열을 가다듬었다. 해안을 바라보고 다가서는 신라군은 지대가 높은 쪽에 있었고 육지 쪽을 바라보는 왜군은 그 반대였다. 신라군이 진격해올 것을 예상한 왜군은 밀집 대열을 만들었다. 그런데 예상했던 신라군이 몰려오지 않고 공처럼 생긴 사람의 키보다 높은 큰 불덩어리가 내리막으로 굴러왔다. 저녁 때라 육풍이 불 때였다. 불덩어리는 왜군을 갑자기 덮쳐 깔고 지나가 그들이 타고 온 뱃머리와 그 사이에 있는 막사를 덮쳤다. 대열이 흩어졌고 몸에 불이 붙은 왜군들은 바다를 향해 뛰어들었고, 배와 막사가 화염에 휩싸였다. 나머지 무사한 왜군은 육지 쪽으로 갈 수 없었다. 창을 빽빽이 앞으로 꼬나든 신라군들이 있었기 때문에 바다 쪽밖에 길이 없었다. 배는 불탔고 바다에 뛰어든 왜군들은 모두 익사하고 말았다.

전투가 끝난 이듬해 조분왕이 동해안을 직접 방문해 백성들을 위로했다. 그곳에서 왜군을 격퇴한 우로에 대한 자자한 칭송을 들었다. 그 이듬해에 신라의 위력을 깨달은 영천의 골벌국 왕 아음부가 사람들을 이끌고 와서 신라에 병합되기를 자청하기도 했으며, 그 후 이보다 훨씬 서쪽 변경에 위치한 고타(거창)에서도 신라에 공물을 바쳤다.

244년 우로는 신라 최고의 관등인 서발한舒發翰 자리에 올라 군사의 일을 겸하여 맡게 되었다. 그는 왜군을 격퇴한 영웅으로 정당한 대우를 받았고, 군사적 업적으로 어느덧 카리스마의 소유자가 되어 있었다. 하지만 단 한 번의 실패가 다가왔다. 북쪽에서 벌어진 어떤 전투에서 그는 참패하고 말았고 병사들의 눈치를 봐야 할 처지로 전락했다.

나쁜 일은 겹치는 법이다. 결정적인 실언도 했다. 사촌인 조분왕이 죽고 그의 친동생 첨해왕이 왕위에 올랐을 때의 일이다. 왜국 사신의 접대를 맡은 우로가 "조만간에 너희 왕을 소금을 만드는 노예[鹽奴]로 만들고 왕비를 밥 짓는 여자[婢]로 삼겠다"며 희롱한 것이다. 분개한 사신은 신라 왕에게 거세게 항의했으며, 돌아가 왜의 왕에게도 그대로 전했다. 왜왕은 군대를 일으켜 쳐들어왔다.

왜군의 침공 소식을 접한 첨해왕은 군대를 소집하기 위해 귀족 회의를 열었다. 왕은 우로가 자신의 혈육(4촌)이기에 살려보겠다는 의지를 겉으로라도 내비치지 않을 수 없었다. 하지만 회의 석상에는 침묵만 흘렀다. 말은 없었지만 표정들은 '누구를 위한 전쟁인가'라고 반문하고 있었다. 왕은 하는 수 없이 우로와 함께 자신이 속한 씨족의 병력만 이끌고 왜군이 있는 동해안으로 갔다.

겨울에 병든 개처럼 사기라곤 없었다. 바다로 향하면서 우로는 생각에 잠겼다.

'왕과 씨족원들이 함께하고 있지만 어디까지나 혈연에 대한 관용 때문이다. 그들도 나를 위해 싸울 마음은 없다. 설사 싸운다고 해도 병력 면에서 절대적 열세인 상황에서 병력을 다 잃을 것이 뻔하고 이는 내가 속한 씨족의 몰락으로 이어질 것이다.'

동해안 유촌柚村에 이르자 우로가 첨해왕에게 말을 했다.

"지금 이 환난은 제가 자초한 것이니 제가 책임지겠습니다."

그러고는 단신으로 왜군의 진영으로 갔다. 우로가 자청했다고 하지만 홀로 왜군의 진영에 가도록 허락한 것은 그야말로 사람으로서 못 할 짓이었다. 우로는 투기장에 내던져진 사형수와 같았다. 우로가 오자 왜인들은 그를 포박하여 바닷가로 끌고 갔다. 그리고 치죄하기 시작했다. 우로가 대답했다.

"나는 그저 술자리에서 농담을 했을 뿐이다."

그리고 비명이 들렸다. 왜인들은 우로의 다리를 포박하고 무릎 뼈를 빼냈다. 그가 포복한 돌 위에 피가 낭자했다. 잠시 후 우로는 참살되었다.

신라의 전쟁 영웅 우로가 최후를 맞이한 동해안 '유촌'과 멀지 않은 현재의 포항시 북구에서 발견된 영일 냉수리 신라비.

왕과 귀족들은 우로를 아주 결정적인 순간에 위험 속에 그대로 버려두었다. 그들은 왜군의 병영에서 전왕의 아들이 죽어가는 것을 알고서도 방관했다. 우로의 죽음은 신라 상층사회가 얼마나 이기적이고 분열되어 있으며, 위선적이었는가를 보여준다. 그러나 공범인 그들은 너무나 조용했다. 전왕의 아들이 죽었는데 침묵만 계속 흘렀다. 왕도 귀족도 어떠한 공식적인 발언도 하지 않고 거처에 숨었다.

우로의 아내는 복수보다 남편의 시신을 찾으려고 처절한 노력을 기울였다. 그녀는 우로의 영혼이 겪게 될 기나긴 고통을 생각하면서 괴로워했다. 당시 사람들은 죽는 것보다 매장되지 않는 것을 더 두려워했다. 우로가 그의 조상들의 묘원에 묻히기 전에는 영원한 안식을 얻을 수 없었다. 그녀는 남편이 어디에 암매장되었는지 알고 있는 어떤 왜인에게 접근했다. 그는 신라 조정에 남겨진 왜왕의 연락책이었다.

우로의 처가 그 왜인에게 말했다.

"남편의 시신이 묻혀 있는 곳을 그대가 말해준다면 반드시 후하게 사례하겠습니다. 그리고 나는 그대의 처가 되겠습니다."(『일본서기』권9 신공기)

어제까지만 해도 살인자를 향해 주먹을 불끈 쥐었던 그녀는 남편의 시신을 찾기 위해 하룻밤 사이에 증오를 감추는 법을 배웠다. 그녀는 조건부로 왜인에게 몸을 허락했다.

남편의 시신은 땅에 묻히지도 않았다. 그리고 살인자의 하수인은 자신의 주인이 가장 깊이 상처를 준 여자 앞에 나섰다. 왜인은 여기서 남편의 죽음을 듣고 살인자를 증오하며 통곡하던 복수의 여인을 볼 수 없었다. 가련하고 부서진 여인, 죽도록 피곤하고 병이 든, 시녀와 같이 순종적이고 부드러운 눈길로 자기를 올려다보는 여인을 보았을 뿐이었다.

자부심이 강한 고귀한 왕가의 젊은 여인이 앞으로 자신을 주인으로 모실 것이라고 느끼게 된 왜인은 달콤한 유혹에 빠져 그렇게 빠른 변화를 의심하지 않았다. 거만하던 왜인은 그녀에게만큼은 관대하고 부드러워졌다. 그는 그녀에게 우로의 시신이 묻혀 있는 곳을 말해주었다. 그러자 마지막 일격이 가해졌다. 돌변한 그녀는 사람을 시켜 곧바로 그 왜인을 죽였다. 그리고 남편의 시신을 찾아 매장했는데, 그 왜인을 우로의 관 아래에 묻었다.

『삼국사기』신라본기에는 "왜인이 서발한 우로를 죽였다"라고 간단히 기록되어 있다. 같은 책 열전 「석우로전」을 보면 우로 아내의 복수담이 나온다.

"미추왕대 왜국의 대신이 와서 문안하였는데 석우로의 아내가 국왕에게 청하여 왜국의 사신을 사적으로 접대하였다. 그가 취하자 장사를 시켜 마당에 끌어내 불태워 전일의 원한을 갚았다."

우로의 죽음과 그 처의 복수에 대한 기록이 한국과 일본에 동시에 남아 있다. 당대의 사람들에게 우로의 비극이 너무나 처참하고 인상적이었던 것이다.

우로 처의 복수는 곧장 왜에 전해졌고, 왜왕이 다시 군대를 일으켜 신라를 침략했다. 바다 위에 왜선이 가득한 것을 본 신라 왕과 귀족들은 겁이 났다. 그러자 그들은 회의를 열었다. 올바른 해결책을 내놓기 위한 목적이 아니었다. 책임을 분산시키겠다는 의도였다. 왕과 귀족들은 우로의 처를 불렀다.

그들은 왜군의 침공을 그녀 개인의 책임으로 몰아갔다. 그리고 조국을 위해 싸웠던 자의 여인이 남편을 사랑했다는 죄로 처형되었다. 신라의 왕과 귀족들은 그 가냘픈 여인의 시신을 왜왕에게 조아리며 바쳤고, 왜군은 물러갔다.

로버트 김의 사건으로 가장 피해를 본 사람 가운데 하나는 백 전 대령이었다. 로버트 김이 수감되어 있는 7년 반 동안 그의 마음도 창살 안에 있었고, 조국을 위해 열심히 일했다는 죄목으로 철저히 외면당했다. 정작 한국의 위험을 나 몰라라 하던 미국 정부는 한국 국방부에 백씨를 진급시키지 말 것을 요구했다. 한국 정부는 미국의 요청으로 그 유능한 백 전 대령을 장군으로 진급시키지 않고 전역시키는 비굴함을 보여주었다. 우로의 죽음과 로버트 김 사건은 1750년이란 장구한 시간의 차이가 있다. 하지만 두 사건은 우리에게 조국에 대한 어떤 강력한 의구심과 바람을 동시에 전해주고 있다.

"조국 당신을 사랑해도 됩니까? 우리는 조국을 사랑한 죄를 묻지 않는 강한 나라에서 살고 싶습니다."

무엇이든
받아들이는 **자가**
승리한다

"러시아의 욕심 많은 불곰들. 음흉하기 짝이 없고 뻔뻔한 자들."

흑해의 크림반도에서 벌어질 전쟁을 앞두고 있던 시점이었다(1850년
대 초). 영국 군인들이 매우 화가 나 있었다.

"영국과 싸울 러시아 군들이 전쟁 비용을 마련하기 위해 런던 시장에
서 공채를 매각하려 하고 있습니다."

"너무나 비열하고 비상식적인 행동입니다."

"더 큰 문제는 영국의 은행과 금융회사들에게 있어요."

"그럼 그 돈놀이꾼들이 러시아의 국채 상장을 묵인한다는 겁니까?"

"그래요. 내각까지도 여기에 가세했다니까……."

적국의 돈을 빌려 전쟁한 러시아

러시아는 런던 시장에서 전비를 조달할 수 있었다. 당시 영국은 오늘날에는 도저히 생각할 수 없는 '시장 지상주의' 국가였다. 자본 이동의 자유라는 철칙을 준수하고, 그 모습을 세계 만방에 보여주고 있었다. 영국인들은 자국의 은행들이 보유하고 있던 금 준비금이 해외로 빠져나가는 것을 몹시도 두려워했다. 경쟁국보다 무리한 고금리 정책을 실시해가면서까지 금이 베를린이나 뉴욕·파리·모스크바에서 런던의 은행으로 유입되게 만들었다. 그것을 가능하게 하는 기본 전제는 영국의 군사적 우월성이었다.

1588년 영국은 스페인의 무적함대를 굴복시킨 후부터 유럽 대륙에서 떨어진 섬이라는 위치를 이용해왔다. 대규모 상비 육군을 양성하지 않아도 됐다. 여윳돈을 해상권 장악에 마음껏 투자할 수 있었다. 해적질을 하거나 독점적인 무역으로 쟁취한 돈으로 스페인과 프랑스에 맞서는 동맹을 만들어내기도 했다.

힘의 균형추 영국

1815년 나폴레옹이 몰락한 후 영국의 대외정책은 동맹국과 우호적인 관계를 발전시키는 것이 아니었다. 계산된 이익을 개발하는 데 기반을 두고 있었다. 이로 인해 필요하다면 당장이라도 동맹관계나 우방을 바꿀 수 있었다.

러시아는 나폴레옹 전쟁 당시 영국의 최대 동맹국이었다. 하지만 1853년 7월 러시아군이 오스만튀르크의 영토인 흑해 연안의 크림반도를 점령하자 영국은 태도를 바꾸었다. 영국의 시각에서 보았을 때 러시아가 흑해를 점령하고, 나아가 오스만튀르크를 협박해 지중해로 진출해올 터였다. 영국은 러시아를 막기 위해 과거의 숙적이었던 오스만튀르크와 동맹을 결성했고, 프랑스 사르데냐가 참가했다.

흑해의 크림반도에서 일어난 크림 전쟁은 1854년 3월 28일부터 1856년 3월 30일까지 지속되었다. 결국 러시아가 패했고, 1856년의 파리 조약으로 종전을 맞는다. 그 결과로 러시아 제국은 다뉴브 하구 및 흑해 인근에서의 영향력을 잃게 되었다. 이후 흑해는 모든 국가에 대해 군함 통과 및 무장이 제한되며 중립이 선언된다.

영국의 거문도 점령

흑해에서 패한 러시아는 진출 방향을 아시아 태평양으로 돌렸다. 1860년 러시아는 블라디보스토크를 강제로 차지했고, 청나라와 북경 조약을 체결해 연해주를 합법적으로 영유하게 되었다. 하지만 블라디보스토크는 겨울이 되면 얼어붙는 항구였다. 그 남쪽 조선의 부동항에 러시아가 관심을 가지게 되었다.

1884년 러시아는 영국과 아프가니스탄 문제를 놓고 긴장이 고조되었다. 러시아는 아프간에서 페르시아를 거쳐 아라비아 해로 진출하고자 했는데, 영국과 충돌이 불가피하게 됐다. 조선에서도 양국의 충돌이 예

상되었다. 러시아의 조선 영흥만 점령 계획설이 나돌자 영국은 견제 수
단으로 조선의 거문도 점령을 추진하게 되었다.

거문도의 명소 신선바위에서 내려다본 바다. ⓒ국제신문

　천연의 요항인 거문도는 대한해협의 문호로서 한일 양국의 해상 통로
는 물론 러시아의 태평양 진출지의 요충지로도 손색이 없는 곳이었다.
1885년 2월 29일 영국 동양함대 사령관 W. M 도웰 제독은 영국 동양함
대 소속 군함 3척을 거느리고 일본 나가사키 항을 출발, 다음 날 거문도
를 불법 점령했다. 영국군은 자국기를 게양하고 섬 안에 포대를 구축하
고, 병영을 건설했으며, 항내에 수뢰까지 설치했다. 거문도 주둔군은
700~800명으로 증가했고, 군함도 10척까지 늘었다.

거문도의 중요성, 조선만 빼고 모두 알았다

3월 중순 조선 정부는 외신을 통해 점령 사실을 알았다. 대책 회의가 열렸다.

"거문도가 영국군에 의해 점령됐다고 합니다."

"예? 거문도가 어디지요?"

조선의 관리들 가운데 그 위치를 아는 자는 아무도 없었다. 병조판서 김윤식이 말했다.

"거문도는……. 아마도 강화도 앞에 있는 섬인 '주문도'인 것 같아요."

다른 관리들은 아무도 의문을 제시하지 않고 이구동성으로 대답했다.

"아, 그렇군요."

거문도는 전남 여수와 제주도 사이에 위치한 섬이었다. 웃지도 못할 코미디였다.

"영국 정부가 정식 통고를 해줄 때까지 기다려봅시다."

"예, 그렇게 합시다."

고종대 문과에 급제한 김윤식은 한말의 석학이자 문장가로 『운양집』 『천진담초』『음청사』 등 많은 저술을 남겼다. 그는 중국의 문헌에 정통해 태산의 위치나 공자와 맹자의 고향은 너무나 잘 알고 있었지만 자국의 영토에 대해서는 전혀 무지했다. 이것이 당시 조선 최고의 엘리트들의 모습이었다. 조선의 미래는 너무나 암울했다.

조선 정부의 무능에 대해 잘 알고 있었던 영국은 철저히 무시했다. 거문도를 점령한 후 그 사실을 일본과 청나라에 먼저 통보했으나(1884년 3

월 3일), 정작 조선 정부에는 한 달이나 지난 4월 6일에 알려주었다.

거문도 문제도 청나라의 북양군벌 이홍장李鴻章이 해결했다.

점령 초 청나라는 러시아에 대한 방비와 조선에 대한 종주권을 국제적으로 보장받으려는 목적으로 영국의 거문도 점령을 은근히 인정했다. 영국은 당초 청나라와 교섭해 거문도를 조차租借할 계획이었으므로, 3월 14일에 거문도 협정안을 제시했다. 그러나 청나라의 북양대신 이홍장이 영국의 거문도 조차에 반대하면서 조선 정부에 통고했다. 지금까지 애매한 태도로 있던 조선 정부는 이홍장이 주선을 하자 거문도 현지의 실정을 탐사하기로 결정했다. 혼자서는 무서워 할 수 없는 일이었다. 엄세영과 외교협판 묄렌도르프는 4월 3일 정여창과 함께 거문도에 도착해 점령지 함대 사령관에게 점령 이유를 따졌다. 그리고 곧바로 나가사키로 가서 영국 측과 외교 교섭을 추진했다. 하지만 그것은 그저 말뿐이었다.

러시아의 아프간 철수와 영국의 거문도 철수

러시아의 남하를 저지해야 했던 영국은 거문도에서 물러날 마음이 없었다. 여차하면 거문도에서 전함을 발진시켜 러시아의 블라디보스토크를 폭격할 태세였다. 거문도 문제는 국제적인 상황이 바뀌면서 해결의 단초가 열렸다.

1886년 4월 말부터 아프가니스탄 문제에 관한 영국·러시아 간의 긴장이 완화되고, 8월 2일 아프가니스탄 협정이 조인되었다. 그러니까 러시아가 아프간을 침공하자 이에 대한 대응으로 영국은 한반도 남단의 거문도를 점령했던 것이다. 러시아가 아프간에서 물러나자 영국군은 거문도에서 완전히 철수했다(1887년 2월 5일).

거문도 사건이 우리에게 전해주는 메시지가 있다. 지식의 수요는 명확한 목적에서 잉태된다는 점이다. 거문도를 정확히 간파하고 있었던 영국인들은 세계 경영을 위해 고심하던 자들이었다. 자국의 해외 시장을 위협할 수 있는 그 어느 나라도 용인하지 않았던 그들은 넓은 시야를 가져야 했다. 자신의 자리만을 지키는 데 연연했던 조선의 관리들은 그 반대였다. 거문도의 위치에 대해 알 필요도 없었고, 영토 주권이 무엇인지도 몰랐다.

"거문도가 나와 무슨 상관이 있지?"

영국은 일찍이 대한해협을 통제할 수 있는 거문도의 전략적 위치에 주목했다. 1845년에 사람을 보내 탐사를 한 뒤 포트 해밀턴Port Hamilton으로 명명했다. 1878년에 이곳을 다시 찾은 영국 실비아 호 선장 존은 아예 "동북아의 군함과 무역선 중간 기착지로서 최고의 조건을 가진 이곳을 차지해야 한다"고 주장했다.

늙은 대영제국과 젊은 일본 제국

하지만 대영제국도 스스로의 힘을 너무 믿었다. 너무 강했기 때문에 적수가 없다고 생각한 것이 제국을 패망으로 이끌고 갔다. 바야흐로 일본과 미국이 세계 패권을 두고 다투는 시대가 도래할 무렵이었다. 향료

무역을 하던 영국의 동인도회사에 끔찍한 소식이 전해졌다(1606년 봄).

"인도네시아의 반탐 항에 해적이 들이닥쳐 우리 영국 사람들을 무차별 학살하고 배들을 약탈했습니다."

"그런 짓을 저지를 인간은 네덜란드나 포르투갈 놈들밖에 없어!"

하지만 범인은 영국인 귀족 에드워드 미셸본 경이었다. 그는 런던 상인들에게 왕따를 당해 동인도회사에서 쫓겨난 후 복수의 칼을 갈았고, 제임스 왕에게 온갖 아첨을 해서 출항 허가를 받아냈다.

그의 배 타이거 호는 240톤에 불과한 소형선이었다. 상인들은 내심 그 배가 폭풍 속에 침몰되기를 기대했다. 하지만 무사히 인도네시아 반탐 부근에 도착했다.

당시 향료가 나는 섬들은 네덜란드인들이 모두 장악한 상태였고, 영국 상인들은 부스러기를 얻어먹고 있었다. 에드워드는 화가 났다.

"이거 장사도 못 해먹겠군. 그렇다고 빈 배로 돌아가면 파산할 수밖에 없어. 이렇게 된 바에야 약탈밖에 길이 없겠어."

파괴의 진혼곡이 시작됐다.

그는 수평선에 화물을 실은 배가 보이면 무엇이든 약탈했다. 국적을 구분하지 않았다. 영국, 네덜란드, 포르투갈, 인도 배를 불문했다. 그의 해적질은 영국인들 전체 이미지에 엄청난 타격을 주었다.

"영국인들은 모두 도둑과 다름없다!"

잘나가던 그도 임자를 만났다. 배가 말레이 반도 연안의 바다를 항해하고 있을 때 외침이 들렸다.

"거대한 정크선 갑판 위에 80명의 남자들이 칼을 차고 있는데 이상한 모습을 하고 있습니다. 난쟁이 체구에 무표정한 얼굴입니다."

영국 해적과 일본 해적의 승부

　일본 해적의 배였다. 중국은 물론 조선 동남아 연안 일대를 약탈하고 다니는 그들은 일본의 지독한 전국시대를 경험하고 임진왜란에 참전한 역전의 노장들이었다. 실직한 그들은 먹고살기 위해 해적이 된 자들이었다. 하지만 에드워드는 그 사실을 전혀 몰랐다. 그의 눈에는 약탈하기 쉬운 심약한 난쟁이들로 보였다.

오대양을 왕래하며 해적질을 했던 왜구의 정크선을 그린 그림.

　에드워드가 '저 배를 약탈하면 돈이 되겠어'라고 생각하는 순간 왜구의 상륙선이 성큼 다가와 있었다. 해적이 해적을 노략질하는 싸움이 벌어졌다. 왜구 22명이 영국 배에 올라와 번쩍이는 일본도를 휘둘렀다. 칼과 손이 얼마나 빠른지 보이지 않았다. 영국 해적들의 시신이 수북하게 쌓여갔다. 영국 해적들이 머스킷 총을 장전하기도 전에 난자당했다.

　하지만 사태가 반전되었다. 에드워드가 컬벌린포에 산탄을 장전했고, 선상 위의 왜구들을 향해 발사했다. 그러자 귀가 먹을 정도로 커다란 굉

음이 올리고 날카로운 비명소리가 들렸다. 파편과 판자가 여기저기 흩뿌려졌다. 고통에 찬 울부짖음이 들리더니 적막이 찾아왔다. 단 한 번의 포격으로 왜구들의 몸과 팔 다리가 처참히 토막 났다. 영국의 대포는 참으로 위력이 있었다.

타이거 호 위의 왜구가 일소되자 에드워드는 일본 정크선을 향해 빗발치듯 대포를 쏘아댔다. 정막이 흐를 때까지 그것은 지속됐다. 승리했지만 에드워드와 그의 선원들은 회복할 수 없을 정도로 상처를 입었고, 해적질을 그만둘 수밖에 없었다(향료 전쟁). 그리고 335년 후 영국과 일본의 해전이 말레이 반도 부근에서 재개됐다.

팽창을 멈출 수 없는 일본

1930년 미국에서 일어난 경제 대공황이 세계로 확산되자 어려움에 봉착한 일본에서 군부가 목소리를 내기 시작했고, 이듬해 만주를 점령했다. 1937년 7월 7일 베이징 교외의 노구교蘆溝橋에서 일본군은 군사 행동을 감행했고, 베이징 · 톈진 · 상하이 · 난징을 점령했다. 미국이 화가 났다.

더구나 그해 12월 일본은 난징 앞 양자강에 떠 있던 미국의 군함 파라이 호를 항공기로 격침시켰다. 그러자 미국은 일본에 대한 철강 수출을 중단했다. 1941년 7월 일본이 프랑스령 인도차이나를 점령했다. 미국은 자국 내 일본 재산을 동결시켰고, 일본에 대한 원유 수출을 중단했다. 네덜란드와 영국이 이 조치를 따랐다. 베트남에서 중국 산서성에 이르는 10개 성과 주요 도시의 대부분을 점거한 일본은 곤경에 빠졌다. 일본에는 18개월 동안 사용할 수 있는 석유밖에 남아 있지 않았다.

일본은 네덜란드령 인도네시아의 유전지역을 점령하지 않으면 나라가 망할 판이었다. 그것을 가능하게 하려면 영국령 말레이와 싱가포르를 점령해야 하고 직전에 하와이에 있는 미국 태평양 함대를 괴멸해야 했다. 1941년 12월 8일 일본은 하와이를 공습해 정박해 있는 대부분의 미국 전함과 순양함 등을 격침시켰다. 동시에 일본은 영국의 동양함대와 격돌하게 된다.

영국의 자존심 웨일스 호의 침몰

프린스 오브 웨일스 호가 싱가포르 항을 빠져나왔다(12월 8일). 웨일스 호 옆에는 순양전함 레펄스, 구축함 4대가 호위하고 있었다. 웨일스는 그해 취역한 영국의 최첨단 전함이었다. 14인치 쿼드포 2문, 14인치 2연장포 1문, 8연장 폼폼포 8문, 대공 기관총 다수와 정찰기 등으로 무장되어 있었다. 일본은 세계 최강의 영국 동양함대의 출전에 충격을 받았다.

다음날 아침 일본의 잠수함은 영국 함대의 위치를 탐지했다. 일본이 점령한 베트남 사이공 남방 650킬로미터 지점이었다. 11일 오전 11시 일본의 폭격기 8대가 영국 함대를 향해 날아왔다. 함대의 대공포가 하늘에 탄막을 형성했다. 폼폼포는 분당 6만 발을 쏟아냈다. 하지만 포탄 1발이 전함 레펄스의 포탑에 명중했다.

20분 뒤 어뢰를 실은 일본의 뇌격기가 몰려왔다. 8대의 비행기는 웨일스 호에 공격을 집중했다. 천하무적 웨일스 호는 2발의 어뢰를 맞았고,

일본 제로기의 결정타를 맞고 침몰한 영국 전함 웨일스 호.

좌현으로 13도 기울었다. 1시간 뒤 다른 일본 항공기 26대가 상공에 나타났다. 그 중 6대가 웨일스 호에 달려들었고, 2대가 격추되었다. 하지만 웨일스 호는 3발의 어뢰를 맞았다. 이어 나머지 20대가 좌우에서 레펄스 호를 공격하였고, 5발의 어뢰를 명중시켰다. 레펄스는 격침되었고, 1시간 뒤 웨일스 호도 뒤를 이었다. 이로서 영국의 동양함대 주력이 궤멸되었다.

오만은 패배를 부른다

"수상 각하, 우리의 웨일스 호와 레펄스 호가 격침되었습니다. 일본군 항공기 공격에 의한 피해입니다."

처칠은 수화기를 놓았다. 그는 피눈물을 흘렸다.

"동양의 난쟁이들에게 대영제국의 해군이 궤멸되다니. 아시아의 요충지 싱가포르가 일본의 수중에 들어가고, 곧 인도네시아의 유전 지대도 일본이 장악할 것이야. 대영제국은 망했어!"

그에게 충격을 더해준 것은 일본인들이 황인종이었다는 데 있다. 1905년 일본이 백인 러시아에 대하여 승리를 거두자 영국인들은 당황해했다. 영국이 일본에게 전함과 무기를 팔고 전비까지 빌려주었지만 그러했다. 당시 런던에 머물던 중국 혁명의 아버지 손문의 목격담은 이러하다.

"뉴스를 접한 영국인들은 미간을 찌푸리고 있었다. 백인의 패배는 유익한 것이 아니라 생각했다. 피는 물보다 진하다는 생각의 발로였다."

16세기 말 대포로 스페인의 무적함대를 격파한 영국이었다. 대포를 신봉했고 거대한 함포가 달린 전함들을 지속적으로 발전시켰다. 일본의 가미가제와 격돌하던 그때까지도 전함 거포주의를 숭상했다. 그들은 전함이 폭격기에 필적할 수 없다는 것을 인정하지 않았다.

약자인 일본인들은 무엇이든 받아들였다. 그들은 전함에 대한 폭격기의 우위를 빨리 간파했고, 전투기 개발과 항공모함 건조에 전력을 쏟았다. 일본의 전투기 미쓰비시 제로기는 당시 세계 최고의 성능을 보유하고 있었다. 하지만 영국 해군은 그것을 평가 절하했고, 비참한 패배를 불렀다. 대포로 흥한 대영제국은 거포를 실은 전함에 집착하다 망했다.

결과로 볼 때 제2차 세계대전에서 영국이 승전국이 되고 일본이 패전국이 되었지만 오만한 영국은 과거의 영광을 회복할 수 없었고, 새로운 것을 받아들인 일본은 세계 2위의 경제대국으로 다시 부활했다.

참고문헌

●1차 사료

『구오대사』『북사』『북제서』『구당서』『삼국지』『삼국사기』『수서』『신당서』『양서』『위서』『일본서기』『자치통감』『진서』『책부원귀』『태평환우기』『책부원귀』『후한서』

●국내 단행본

가이우스 율리우스 카이사르 지음, 『갈리아 전쟁기』, 김한영 옮김, 사이, 2005

――――――, 『내전기』, 김한영 옮김, 사이, 2005

강민수 지음, 『제주 조랑말의 활용-승마와 승마요법』, 제주대출판부, 2000

강철구 지음, 『현대 일본경제의 진실』, 교우사, 2005

강태현 지음, 『政·財·官의 삼각관계로 풀어보는 일본 전후 경제사』, 오름, 2000

개럿 매팅리 지음, 『아르마다(1·2)』, 가지않은길, 1997

고바야시 히데오 지음, 『일본주식회사』, 김웅렬 옮김, 일신사, 1998

고항민 지음, 『전두환 왕국』, 청사, 1988

공석구 지음, 『고구려 영역 확장사 연구』, 서경문화사, 1998

구종서 지음, 『항몽전쟁, 그 상세한 기록(1~3)』, 살림, 2007

그레그 캠벨 지음, 『다이아몬드 잔혹사』, 김승욱 옮김, 작가정신, 2004

김광호 지음, 『식량-생존과 번영의 조건』, 건국대출판부, 2004

김동춘 지음, 『미국의 엔진, 전쟁과 시장』, 창비, 2004

김병권 외 지음, 『베네수엘라, 혁명의 역사를 다시 쓰다』, 시대의창, 2007

김부식 지음, 『신편 고려사 世家 3』, 고전연구실 옮김, 신서원, 2001

김상현 지음, 『역사로 읽는 원효』, 고려원, 1984

김성훈 지음, 『쌀 어떻게 지킬 것인가』, 농민신문사, 1993

김영하 지음, 『한국 고대사회의 군사와 정치』, 고려대 민족문화연구원, 2002

김용만 지음, 『고구려의 발견』, 바다출판사, 1998

김종화 지음, 『스탈린그라드 전투』, 세주통산, 1995

김한규 지음, 『한중관계사』, 아르케, 1999

김훈 지음, 『칼의 노래(1~2)』, 생각의나무, 2003

――――――, 『현의 노래』, 생각의나무, 2004

김희영 지음, 『이야기 중국사』, 청아출판사, 2006

나가사와 가즈도시 지음, 『실크로드의 역사와 문화』, 민족사, 1990

남덕우 외 지음, 『80년대 경제개혁과 김재익 수석』, 삼성경제연구소, 2003

남도영 지음, 『한국마정사』, 한국마사회, 1996

남동신 지음, 『영원한 새벽 원효』, 새누리, 1999

노태돈 지음, 『고구려사 연구』, 사계절, 1999

니콜라스 크리스토프 외 지음, 『중국이 미국된다』, 신무영 옮김, 따뜻한손, 2004

다니가와 미치오 외 지음, 『중국 민중 반란사』, 혜안, 1996

데라다 다카노부 지음, 『중국의 역사: 대명제국』, 서인범 옮김, 혜안, 2006

랜스 커크 지음, 『리더십의 명장 알렉산더』, 김명철 옮김, 한국경제신문, 2005

레스터 브라운 지음, 『지구의 딜레마』, 고은주 옮김, 도요새, 2005

레스티 브라운 지음, 『중국을 누가 먹여살릴 것인가』, 지기환 옮김, 따님, 1998

레이 황 지음, 『허드슨 강변에서 중국사를 이야기하다』, 권중달 옮김, 푸른역사, 2001

로버트 그린 지음, 『전쟁의 기술』, 안진환 외 옮김, 웅진지식하우스, 2007

로버트 미첨 지음, 『처칠과 루스벨트』, 이중순 옮김, 조선일보사, 2004

로버트 베어 지음, 『악마와의 동침』, 곽인찬 옮김, 중심, 2004

로버트 J. 아트 지음, 『미국의 대전략』, 김동신·이석중 옮김, 나남출판, 2005

룩 콴텐 지음, 『유목민족 제국사』, 송기중 옮김, 민음사, 1984

리델 하트 엮음, 『롬멜전사록』, 황규만 옮김, 일조각, 2003

리사 자딘 지음, 『상품의 역사』, 이선근 옮김, 영림카디널, 2003

리처드 심킨 지음, 『기동전』, 연제욱 옮김, 책세상, 1999

리처드 오버리 지음, 『스탈린과 히틀러의 전쟁』, 류한수 옮김, 지식의풍경, 2003

마귈론 투생-사마 지음, 『먹거리의 역사(상·하)』, 이덕환 옮김, 까치, 2002

마이크 데이비스 지음, 『엘니뇨와 제국주의로 본 빈곤의 역사』, 정병선 옮김, 이후, 2008

마이클 우드 지음, 『알렉산드로스, 침략자 혹은 제왕』, 남경태 옮김, 랜덤하우스, 2002

맥스 부트 지음, 『전쟁이 만든 신세계』, 송대범 옮김, 플래닛미디어, 2007

미 CIA 테러분석가 지음, 『제국의 오만』, 황정일 옮김, 랜덤하우스코리아, 2004

미야자키 이치사다 지음, 『중국중세사』, 임중혁·박선희 옮김, 신서원, 1996

민승규 지음, 『기아와 포식의 세계식량』, 삼성경제연구소, 1997

르네 그루쎄 지음, 『유라시아 유목제국사』, 김호동 외 옮김, 사계절, 1998

박병구 지음, 『한중일 석유전쟁』, 한스미디어, 2008

박순교 지음, 『김춘추 외교의 승부사』, 푸른역사, 2006

박한제 지음, 『중국중세호한체제연구』, 일조각, 1988

————, 『제국으로 가는 긴 여정』, 사계절, 2003

발레리 한센 지음, 『열린제국-중국(고대~1600)』, 신성곤 옮김, 까치, 2005

백양 지음, 『맨얼굴의 중국사(1~5)』, 김영수 옮김, 창해, 2005

보문고시원 지음, 『政治學』, 보문사, 1999

브루스터 닌 지음, 『누가 우리의 밥상을 지배하는가』, 안진환 옮김, 시대의창, 2008

빅터 데이비스 핸슨 지음, 『살육과 문명』, 남경태 옮김, 푸른숲, 2002

빌 보너 외 지음, 『세계사를 바꿀 달러의 위기』, 이수정·이경호 옮김, 돈키호테, 2006

상청융·웨난 지음, 『법문사의 비밀』, 심규호·유소영 옮김, 일빛, 2000

성진근 지음, 『식량안보』, 농민신문사, 1996

스기야마 마사아키 지음, 『유목민이 본 세계사』, 이진복 옮김, 학민사, 1999

스탠리 스튜어트 지음, 『칭기즈 칸 제국을 달리다』, 김선희 옮김, 물푸레, 2005

시오노 나나미 지음, 『로마인 이야기(1~15)』, 김석희 옮김, 한길사, 1995

————, 『마키아벨리 어록』, 오정한 옮김, 한길사, 1996

심재윤 지음, 『서양중세사의 이해』, 선인, 2005

안정애·양정현 지음, 『중국사 100장면』, 가람기획, 1998

안혁 엮음, 『마피아』, 지성문화사, 2008

앤드류 나초스 지음,『북한의 기아』, 황재옥 옮김, 다할미디어, 2003

앤드류 던컨 지음,『낙타에서 캐딜락으로』, 일선기획, 1991

앤써니 샘슨 지음,『누가 지배하는가? 석유』, 정영민 옮김, 숲속의집, 2002

에릭 로랑 지음,『부시 가문의 전쟁』, 정의길·최기춘 옮김, 한울, 2003

연민수 지음,『고대한일교류사』, 혜안, 2003

오경찬 지음,『북한의 식량난 해결할 수 있다』, 대왕사, 1997

오찌아이 노부히꼬 지음,『석유전쟁 다시 온다』, 서울문화사, 1990

오함 지음,『주원장전』, 박원호 옮김, 지식산업사, 2003

왕건군 지음,『광개토왕비문연구』, 임동석 옮김, 역민사, 1985

월리엄 엥달 지음,『석유지정학이 파헤친 20세기 세계사의 진실』, 서미석 옮김, 길, 2007

윌리엄 맥닐 지음,『전쟁의 세계사』, 신미원 옮김, 이산, 2005

윤명철 지음,『말 타고 고구려 가다』, 청노루, 1997

이경원 지음,『국제곡물시장과 식량경제』, 한국경제신문사, 1986

이광숙 지음,『타키투스의 게르마니아』, 서울대출판부, 1999

이균 지음,『일본경제 근대화의 발자취』, 한국학술정보, 2007

이기백·이기동 지음,『한국사강좌-고대편』, 일조각, 1982

이덕일 외 지음,『고구려는 천자의 제국이었다』, 역사의아침, 2007

이도학 지음,『고구려 광개토왕릉 비문 연구』, 서경문화사, 2006

──────,『꿈이 담긴 한국 고대사 노트(상·하)』, 일지사, 1996

──────,『백제인물사』, 주류성, 2005

이명박 지음,『신화는 없다』, 김영사, 2005

이순자 지음,『시대의 선각자 김재익』, 운송신문사, 1998

이재성 지음,『고대 동몽고사연구』, 법인문화사, 1996

임용한 지음,『전쟁과 역사-삼국편』, 혜안, 2001

입간상개 지음,『인물로 보는 중국역사』, 신원문화사, 1994

장 이브 르 나우르 지음,『살아있는 무명 용사 이야기』, 황순희 옮김, 생각의나무, 2004

잭 워터포드 지음,『칭기스칸, 잠든 유럽을 깨우다』, 정영목 옮김, 사계절, 2005

전호태 지음,『고구려 고분벽화의 세계』, 서울대출판부, 2004

정성화 지음,『박정희시대 연구의 쟁점과 과제』, 선인, 2005

정순태 지음,『신격호의 비밀』, 지구촌, 1998

정주영 지음,『시련은 있어도 실패는 없다』, 제삼기획, 1991

제임스 레스턴 지음,『이슬람의 영웅 살라딘과 신의 전사들』, 이현주 옮김, 민음사, 2003

조갑제 지음,『내 무덤에 침을 뱉어라1』, 조선일보사, 1998

조너선 D. 스펜스 지음,『왕 여인의 죽음』, 이재정 옮김, 이산, 2002

──────,『강희제』, 이준갑 옮김, 이산, 2001

조지 소로스 지음,『미국 패권주의의 거품』, 최종옥 옮김, 세종연구원, 2004

존 K. 쿨리 지음,『추악한 전쟁』, 소병일 옮김, 이지북, 2001

지배선 지음,『중국동북아세아사 연구-모용왕국사』, 일조각, 1986

찰머스 존슨 지음,『제국의 슬픔』, 안병진 옮김, 삼우반, 2004

토마스 R. 마틴 지음,『고대 그리스의 역사』, 이종인 옮김, 가람기획, 2003

페터 벤더 지음,『제국의 부활』, 김미선 옮김, 이끌리오, 2006

프랑수아 슈아르 지음, 『알렉산더』, 김주경 옮김, 해냄, 2004

피터 W. 싱어 지음, 『전쟁 대행 주식회사』, 유강은 옮김, 지식의풍경, 2005

필립 지글러 지음, 『흑사병』, 한은경 옮김, 한길사, 2003

하자노프 지음, 『유목사회의 구조』, 김호동 옮김, 지식산업사, 1990

한국역사연구회 지음, 『개경의 생활사』, 휴머니스트, 2007

해럴드 램 지음, 『칭기즈칸』, 강영규 옮김, 현실과미래, 1998

허승일 지음, 『인물로 보는 서양고대사』, 길, 2006

홍하상 지음, 『이병철 경영대전』, 바다출판사, 2004

──────, 『주식회사 대한민국 CEO 박정희』, 국일미디어, 2005

후지요시 마스미 지음, 『비단버선은 흙먼지 속에 뒹굴고』, 정병준 옮김, 시공사, 2003

히다카 요시키 지음, 『피할 수 없는 전쟁』, 이정환 옮김, 풀빛, 2003

● 외서

Arthur F. Wright, The Sui dynasty(581~617), *The Cambridge History of China Vol. 3*, Cambridge University Press, Cambridge, 1979

Bert S. Hall, *Weapons and Warfare in Renaissance Europe*, The Johns Hopkins University Press, Baltimore&London, 1997

Howard J Wechsler, The founding of T'ang dynasty: Kao-tsu, *The Cambridge History of China Vol. 3*, Cambridge University Press, Cambridge, 1979

Howard J Wechsler, The founding of T'ang dynasty: Kao-tsu, *The Cambridge History of China Vol. 3*, Cambridge University Press, Cambridge, 1979

G. Deleuze & F. Guattari, *A Thousand Plateaus: Capitalism and Schizophrenia*, University of Minnesota Press, 1987

J. F. Verburggen, *The art of warfare Europe during Middle Age*, North-Holland, Amsterdam, 1977

John Keegan, *The Face of Battle*, Viking press, New York, 1976

Karl A. Wittfogel and Feng Chia-sheng, History of Chinese Society Liao(907-1125), *The American Philosophical Society*, Philadelphia, 1949

Ralph payne-Gallwey, *The Book of The Crossbow*, Dover Publication Inc., New York, 1995

池內宏, 「高句麗滅亡後遺民叛亂及び唐新羅關係」, 『滿鮮地理歷史硏究報告』12, 東京帝國大學文學部, 1927

江畑武, 「四─六世紀の朝鮮三國と日本」, 『朝鮮史硏究會論文集』4, 1968

武田幸男, 「朝鮮三國の動亂」, 『週刊朝日百科 日本の歷史』45, 1987

田中俊明, 「朝鮮古代の王都を訪れる 第四回 平壤(2)」, 『NHKラジオ-ハソグル』7月號, 日本放送出版協會, 1989

田中俊明, 「高句麗長安城の位置と遷都の有無」, 『士林』67-4, 京都大學, 1984

田中俊明, 「高句麗長安城城壁石刻の基礎的硏究」, 『士林』68-4, 京都大學, 1985

護雅夫, 「突闕と隋・唐兩王朝」, 『古代トルユ民族史硏究Ⅰ』, 東京 山川出版社, 1967

전쟁 기획자들

ⓒ 서영교 2014

초판인쇄 2014년 9월 22일
초판발행 2014년 9월 29일

지은이   서영교
펴낸이   강성민
편집   이은혜 박민수 이두루
편집보조   유지영 곽우정
마케팅   정민호 이연실 정현민 지문희 김주원
온라인마케팅 김희숙 김상만 한수진 이천희

펴낸곳 (주)글항아리 | 출판등록 2009년 1월 19일 제406-2009-000002호
주소 413-120 경기도 파주시 회동길 210
전자우편 bookpot@hanmail.net
전화번호 031-955-8891(마케팅) 031-955-8898(편집부)
팩스 031-955-2557

ISBN 978-89-6735-132-8 03320

글항아리는 (주)문학동네의 계열사입니다.

이 도서의 국립중앙도서관 출판시도서목록(CIP)은 e-CIP홈페이지(http://www.nl.go.kr/ecip)에서
이용하실 수 있습니다. (CIP제어번호 : CIP2014026773)

이 책은 대전대 군사연구원 학술총서(제2권)로 출간되는 것입니다.